全过程工程咨询工作指南

· 季更新　编著 ·

中国建筑工业出版社

图书在版编目（CIP）数据

全过程工程咨询工作指南 / 季更新编著. —北京：
中国建筑工业出版社，2020.8（2022.3 重印）
ISBN 978-7-112-25011-0

Ⅰ.①全… Ⅱ.①季… Ⅲ.①建筑工程 — 咨询服
务 — 指南 Ⅳ.① F407.9-62

中国版本图书馆CIP数据核字（2020）第057851号

本书旨在帮助全咨企业更好地开展全过程工程咨询业务，为咨询工程师工作提供一个简单通俗的作业指南。全书共分三篇19章，以注重实战性和可操作性为编写原则，以天津理工大学尹贻林教授所倡导的"1+N+X"的全过程咨询模式为全书主线，重点突出一个"管"字即项目管理，强调一个"简"字即把复杂问题简单化，落实一个"做"字即在全过程工程咨询工作中咨询工程师到底应该做什么，力争实现项目管理（1）、专业咨询（N）和咨询协调（X）三者的有机融合，力求做到关键环节不遗漏，流程节点交代清，工作成果标准化，化繁为简留痕迹的编写初心。

本书内容全面、通俗易懂，可供全过程工程咨询行业从业人员参考使用。

责任编辑：王砾瑶　范业庶
责任校对：张惠雯

全过程工程咨询工作指南

季更新　编著

*

中国建筑工业出版社出版、发行（北京海淀三里河路9号）

各地新华书店、建筑书店经销

北京点击世代文化传媒有限公司制版

北京中科印刷有限公司印刷

*

开本：787×1092毫米　1/16　印张：19　字数：390千字
2020年9月第一版　2022年3月第二次印刷
定价：69.00元
ISBN 978-7-112-25011-0
（35770）

理监耕深

理管展拓

谐全级开

力主赏争

王早生

二○二○年五月十二日

序

2017 年，国务院办公厅印发《关于促进建筑业持续健康发展的意见》（国办发〔2017〕19 号），鼓励工程咨询企业开展全过程工程咨询服务，在全国掀起了对全过程工程咨询探索与实践的热潮。季更新先生响应国务院办公厅的号召，适应当前对全咨的理论需求，针对全过程工程咨询和项目管理的范畴"量身定做"此书，填补了我国工程咨询类书籍的空白。季更新先生希望我为他写序，我欣然应允，一打开作者的文稿，瞬间倍感亲切，里面的不少思想，都与我不谋而合。

全咨切入是传统工程咨询向"新工程咨询"转型的最佳路径。波特《竞争战略》一书中指出了提高竞争力的几种方法，包括前向一体化、后向一体化，全咨就是传统工程咨询企业坚守主业，前向融资＋可勘设；后向招监造＋运维。如果你是传统的工程造价咨询企业，你的首要任务是横向增加工程监理和招标代理，然后向前一体化即融资加可（研）勘（察）设（计），向后一体化就是运维。实现了上述一体化进程，就进入了"全咨"领域。为什么说全咨切入是转入"新工程咨询"的关键呢，因为"新工程咨询"本质特征就是项目管理集成（顾问加管控＝项目价值回归），而全咨正好符合这一标准。

2018 年我率先提出全咨的内涵和外延就是"1+N+X"。1 就是代业主的"管"，N 就是各专项工程的"做"，"+"就是平台，管和做都在平台上，这个"+"才能真正的实现，绝不能把产业供应链内化为企业内部价值链，而应培育具有整合供应链能力的企业。

1. 1+N+X 基本模式

1 是项目管理；N 是全咨单位自己做的专项服务（可研、勘察、设计、招标代理、造价、监理），N 大于等于 1；X 是全咨单位不做但必须协调的专项服务（如勘察、设计）。有人问全咨是否可以 N=0？我说不行，因为这样全咨就等于是代建或项管，没有必要由国务院办公厅再发一次文强调全咨。另外各地已大多发文不许（代建＋监理），如果 N=0 则堵死了监理机构做全咨的道路。

2. 收费也是 1+N+X

1是项目管理费；N是各专项收费，可以叠加；X是统筹管理费，可以收1%，基数是建安工程费。

3. 除 1+N+X 外无更好方式解读全咨

我们试图用很多方法解释全咨，但没成功。迄今为止"1+N+X"是解释全咨的最佳模式。

2020年2月19日"住房和城乡建设部关于修改《工程造价咨询企业管理办法》《注册造价工程师管理办法》的决定"（住房和城乡建设部令第50号），于3月3日公布，我们倡导的"1+N+X"全咨模式明显获得助推，原来倡导全咨是一种咨询产品，但是没有符合标准的厂商（咨询人）。我们致力于培养总咨询师和团队，但是承接任务是企业，大多数企业资质不全，尤其是监理与造价咨询分隔，割裂了全咨核心项目管理的三大目标控制，使得全咨推行过程中步步艰难。现在把双60%这道"隔离墙"拆除，打通了工程造价咨询产业与其他咨询产业的链条，可以预见大量工程造价咨询企业与工程监理企业甚至勘察设计企业会合并成为"新工程咨询"企业，以全能、全资质的全咨崭新面貌服务。

现在做全咨有天时：疫情过后推新基建；有地利：传统工程咨询最接近新基建；又有人和：中央和地方全力推进全咨。天时地利人和占尽，我们又有什么理由不全力以赴转型呢！

本书作者季更新先生是我的学生兼好友，具有深厚的理论功底和实践基础，我与他每一次交流都能碰撞出思想的火花，促使学术界深入研究和再思考。他是高级工程师、国家注册咨询工程师、国家注册监理工程师，曾荣获"国家优质工程突出贡献者奖"，多次被评为省、市优秀项目总监、单位年度先进个人等荣誉称号。他编著的《全过程工程咨询指南》一书审时度势，集聚全面性、实操性、前瞻性，在咨询企业向全过程咨询转型的关口，根据其进行项目管理及工程咨询的经验，总结提炼了全过程工程咨询"1+N+X"的内涵，给出了可供实操的工作参考，填补了国内全过程工程咨询领域的空白。可以预见，未来工程咨询业的发展趋势，必然由基于分工范式的传统咨询向集成化的全过程工程咨询"1+N+X"模式发展。

教授、博士生导师、国家级教学名师

天津理工大学公共项目与工程造价研究所（IPPCE）所长

天津市建设工程造价和招投标管理协会理事长

前言

中华人民共和国成立 70 周年以来，我们积累了大量的社会财富，这些社会财富其中的 70% 以上都是因为固定资产投资获得的，特别是近年来随着我国固定资产投资和对外投资不断增加，全社会固定资产投资连续三年超过了 64 万亿人民币，固定资产投资无论是在建设规模，还是在增长速度上都呈现出迅猛发展的态势。

2017 年 10 月 18 日，中国共产党第十九次全国代表大会在北京开幕。十九大报告提出了中国发展新的历史方位——中国特色社会主义进入了新时代。党的十九大对历史发展阶段的准确定位，使我国工程咨询业迎来了春天。全过程工程咨询服务机构如雨后春笋在祖国大地相继成立，国际上先进的咨询理念与模式在我国工程咨询实践中逐步得到应用和推广，与此同时我国政府也出台了一系列相关政策文件，助力全过程工程咨询业务在工程领域的推广与规范。相信随着工程咨询业的蓬勃兴起与发展，将会破解以往工程咨询领域信息不对称、信息碎片化的难题，逐步实现工程咨询业信息共享的协同模式，为全社会提供高效、绿色、节能、舒适的建筑产品，最终实现咨询产品经济效益、环境效益、社会效益的高度统一与共赢，为工程项目建设提供咨询增值服务。

全过程工程咨询是工程咨询方综合运用多种学科知识、工程咨询经验、现代科学技术、经济管理方法，并融合多种服务方式，为委托方在工程项目策划决策、建设实施乃至运营维护阶段持续提供局部或整体解决方案。全过程工程咨询服务的最终目的是为项目建设提供增值服务，这其中包括了提高工程质量、节约项目投资、满足进度要求、满足用户使用功能、降低工程运营及维护成本等。

本书经过两年多时间的酝酿，特别是国务院办公厅《关于促进建筑业持续健康发展的指导意见》（国办发〔2017〕19 号）的发布后，进一步激发了笔者在全过程工程咨询领域进行深入探索研究的信心与勇气，也正是在这种内驱力的感召与鞭策下，萌发了编写《全过程工程咨询工作指南》的想法。后来通过大量的学习研究，特别是成为英国皇家特许测量师学会（RICS）会员后，吸收了大量国外咨询业先进的管理思维与模式。更为难得的是 2019 年 9 月 27 日拜读在国家教学名师尹贻林教授（博士生导师）名下，成为尹先生的正式弟子，从先生那里学习到了全过程工程咨询的精华，理解了"1+N+X"咨询模式博大精深内涵。借此，再次向恩师尹贻林教授致以崇高的敬意和衷心的感谢！

《全过程工程咨询指南》全书共分三篇、19个章节。本书结合全过程工程咨询相关理论及本人20多年的项目管理经验，旨在为咨询企业向全过程工程咨询的过渡起到抛砖引玉作用，为工程咨询人员开展全过程工程咨询业务提供一个通俗易懂、提纲挈领的工作参考。本书编写过程中以尹贻林教授提出并所倡导的"1+N+X"咨询模式为主线，重点突出一个"管"字——项目管理，强调一个"简"字——复杂问题简单化，落实一个"做"字——全过程工程咨询工作到底应该做什么，力求达到项目管理（1）、专业咨询（N）和咨询协调（X）三者的有机融合。实现关键环节不遗漏、关键要点交代清、化繁为简的编写初心。

《全过程工程咨询工作指南》编制得到中国监理协会王早生会长、天津理工大学尹贻林教授（博士生导师）、山东奥荣工程项目管理有限公司李军董事长的大力支持与鼓励。同时还得到中国工程咨询博物馆馆长、建设第一传媒创始人孙冲先生、地产成本圈（上海）创始人胡卫波先生的鼎力相助与指导，在此并表示衷心的感谢！

本书聘请了全国咨询行业33位优秀专家对书中的章节进行审核把关，他们为本书的出版付出了辛勤的汗水，在此对他们的工作表以衷心的感谢。本书审核专家如下：

孙冲冲	胡卫波	陈凌辉	曾开发	邵荣庆	刁先军	孙晓波
张高峰	路 彬	刘红芬	唐爱平	史占有	王雄伟	丁 洁
吴池光奇	薛婷怡	刘正涛	李勇刚	刘峻诚	费正翔	刘毓秀
肖鹏飞	童 敏	张敬亮	付元海	蔡 伟	周 艺	杨春慧
覃福其	李清连	张崇理	吴晓翔	季媛媛		

由于本人的水平和阅历有限，难免有不足之处，还请广大读者和咨询业内人士不吝指正！

季更新

2020年3月3日

目录

第三篇　全过程专业咨询服务“N”

第一篇

全过程工程咨询概论

在国际上工程咨询业已经历了一个多世纪的发展历程。我国咨询业的长足发展是随着改革开放的进一步深化，尤其是中国特色社会主义进入了新时代，中国工程咨询顺应时代发展的潮流，进一步推进和深化工程咨询业向纵深发展。在新时代下的工程咨询采取了多方协同的工程管理模式，全面整合建设工程全生命周期内各阶段业务，不断打破已有信息资源壁垒，全面提升工程项目综合管理水平，实现项目社会效益、环境效益、经济效益三者的和谐统一及整体提升，建立具有中国特色的全过程工程咨询新业态，加快与国际工程咨询体系的接轨与融合。

全过程工程咨询业务是涵盖多学科、多专业的综合性服务工作。其中，设计是主导，造价是灵魂，施工招投标是焦点，合同是咨询落地点，提供一体化工程定义交付文件是重点，造价融入咨询全过程是工作难点。

第1章　全过程工程咨询发展简述

1.1　中国工程咨询业发展历程

我们了解历史是为了更好地把握现在，开创未来。作为一名全过程工程咨询业内人士应当对我国工程咨询业的发展沿革有所知晓，并从历史规律中探明咨询业的发展趋势，为更好地实现与国际咨询业接轨找到更佳的切入点与路径。

众所周知，建筑业作为我国国民经济的支柱产业之一，长期以来归属劳动密集型行业，粗放型发展模式在行业中处于主导地位。中国工程咨询业在漫长的发展历程中，经历了从无到有、从小到大、从弱到强的历史沿革，特别是改革开放以来，国家相继出台了一系列相关政策、不断完善工程咨询体系，国际上先进的工程咨询管理理念与成熟的管理模式也陆续引入我国。这些无疑都为我国咨询业实现与国际工程咨询业的有效接轨，实现我国工程咨询业的发展腾飞奠定了坚实的基础，为我国建筑业的转型升级带来了千载难逢的历史发展机遇。

时至今日，国内众多的工程咨询企业在新时代的旗帜引领下正如雨后春笋，发展步伐明显加快，行业规模日益壮大，从业人员素质明显提升，服务质量稳步上升。

纵观我国工程咨询业的发展历程大体经历了以下几个关键阶段：

第一阶段：工程勘测设计院的建立

建国初期，我国各行各业百废待兴，大批的基础建设项目需要开工建设。在这个时期国家为了工程建设的需要，在投资决策体制上借鉴苏联的管理模式，先后成立了一批工程勘察设计院，使其肩负起对拟建工程项目进行技术、经济论证分析、规划选址、工程设计及类似可行性研究等项目前期工作。在这个时期，国家对工程勘察设计院的管理，主要是采取指令性计划的行政管理体系；对工程建设项目的管理活动，主要是通过派驻施工现场的"甲方代表"来实现对工程的管理。严格意义上讲，在这个时期建筑业还没有工程咨询业概念的出现。

第二阶段：工程咨询业起步阶段

我国工程咨询业的起步始于20世纪80年代。

1982年，国家计划委员会（国家发展改革委员会的前身）明确规定把项目可行性研究纳入基本建设程序之中。与此同时，为了扩大对外开放，实现与国际工程咨询模式的接轨，满足工程项目建设前期咨询工作的需要，国家计划委员会首次批准组建"中国国际工程咨询公司"。随后，各省、直辖市、自治区也相继成立了地方性的工程咨询公司。

1984 年 11 月，国务院在批转国家计划委员会《关于工程设计改革的几点意见的通知》中，对"工程咨询"概念做了进一步的明确，定义其工作内容为："工程建设前期工作的经济技术咨询、可行性研究、项目评价"。从某种意义上说这就是把工程设计业务进行了向前延伸，将工程咨询视为工程设计的一个组成部分。因此，许多勘察设计单位纷纷成立自己的工程咨询公司，在这阶段以勘察设计为主体的一大批工程咨询公司也随之孕育而生。

1985 年"中国勘察设计协会"成立，这标志着中国工程勘察设计行业的管理由传统的政府单一管理，过渡到政府依法指导与行业协会自律管理相结合的变革阶段。

1992 年中国工程咨询协会成立。

1994 年国家颁布了《工程咨询业管理暂行办法》，标志着我国工程咨询行业正式形成。然而，此时从事战略性规划和工程项目后评价等业务的工程咨询机构还是比较稀缺，工程咨询主业仍局限于前期论证、评估咨询，工程勘察设计单位的业务范围还是以工程勘察设计为主，综合性工程咨询公司少之甚少。

20 世纪 90 年代，随着中国工程监理协会和中国工程造价协会先后建立，至此，形成了由工程勘察设计、工程咨询、工程监理、工程造价四大基本板块构成的中国工程咨询业。

第三阶段：咨询业快速发展阶段

1996 年我国加入国际咨询工程师联合会（FIDIC）及 2001 年我国加入 WTO，我国对外开放不断深入、全新的管理模式不断地取代落后的管理体系，正是在此契机下，国内许多工程咨询单位实现了与政府机构脱钩改制工作，工程咨询业向市场化机制转变迈出了一大步。在此期间，国外工程咨询机构也在大力开拓中国市场，国内工程咨询企业也开始尝试进入国际市场，我国工程咨询业进入了全面迎接国际竞争的新时代。

2001 年，中国工程咨询协会启动了工程咨询单位资格认定实施办法的修订工作。

2002 年，人事部、国家计委决定对长期从事工程咨询工作、具有较高知识技术水平和丰富实践经验的人员，进行注册咨询工程师（投资）执业资格的认定工作。

2005 年，国家发展和改革委员会颁布实施《工程咨询单位资格认定办法》，并首次将工程咨询单位资格认定纳入行政许可范围。

2008 年，国务院正式明确了指导工程咨询业发展是国家发展和改革委员会的主要职能之一，在新中国历史上首次明确中国工程咨询业的归口管理部门。

2010 年，国际咨询工程师联合会和中国工程咨询协会共同正式启动了 FIDIC 工程师培训和认证试点工作，进一步加快了我国工程咨询行业的国际化进程。

2012 年，工程咨询行业成为国家鼓励类产业目录并被列入《服务业发展"十二五"

规划》，并于 2016 年列入《中华人民共和国国民经济和社会发展第十三个五年规划纲要》加快发展的生产性服务业。

2016 年，中国工程咨询协会出台了《工程咨询业 2016-2020 年发展规划》，分析了我国工程咨询行业发展状况和面临形势、提出了工程咨询行业发展的总体要求、具体内容和政策措施建议。

2017 年 2 月 21 日，《国务院办公厅关于促进建筑业持续健康发展的意见》（国办发〔2017〕19 号）在完善工程建设组织模式中提出了培育全过程工程咨询，在建筑工程的全产业链中首次明确了"全过程工程咨询"这一理念，政府投资工程将带头推行全过程工程咨询。鼓励投资咨询、勘察、设计、监理、招标代理、造价等企业采取联合经营、并购重组等方式发展全过程工程咨询，培育一批具有国际水平的全过程工程咨询企业。

2017 年 5 月 2 日，《住房城乡建设部关于开展全过程工程咨询试点工作的通知》（建市〔2017〕101 号），选择 8 省市和 40 家企业开展为期两年的全过程工程咨询试点工作。

2017 年 11 月 6 日，国家发展和改革委员会颁布《工程咨询行业管理办法》取消行政许可。行业管理由行政许可模式转为政府监管、行业自律、企业自主的管理模式，由静态管理转为动态管理，由事前许可管理转为事中事后监督管理。

2019 年 3 月 15 日，国家发展改革委员会和住房城乡建设部联合发布《关于推进全过程工程咨询服务发展的指导意见》（发改投资规〔2019〕515 号），明确提出以全过程咨询推动完善工程建设组织模式要求，并对以下几个方面作了全面的部署：

（1）以工程建设环节为重点推进全过程咨询。

（2）探索工程建设全过程咨询服务实施方式。

（3）促进工程建设全过程咨询服务发展。

（4）明确工程建设全过程咨询服务人员要求。

为深入贯彻习近平新时代中国特色社会主义思想，深化工程领域咨询服务供给侧结构性改革，破解工程咨询市场供需矛盾，必须完善政策措施，创新咨询服务组织实施方式，大力发展以市场需求为导向、满足委托方多样化需求的全过程工程咨询服务模式。要遵循项目全寿命周期规律和建设程序的客观要求，在项目决策和建设实施两个阶段，着力破除制度性障碍，重点培育发展投资决策综合性咨询和工程建设全过程咨询，为固定资产投资及工程建设活动提供高质量智力技术服务，全面提升投资效益、工程建设质量和运营效率，推动行业高质量的发展。

1.2   国内外工程咨询的对比分析

发达国家工程咨询业已经走过一百多年的发展历程，形成了规范化、成熟化的市场体系。这些国家的工程咨询业正依托其成熟的经营模式与智能化的分析手段，再加之高素质的咨询人才队伍活跃在国际工程咨询业市场上。而我国的咨询业在国家开放政策的推动下，虽然取得一定的发展，但整个行业发展水平与国际咨询业相比较仍处于初级阶段，在某些方面还不够成熟与完善，主要表现在中国工程咨询业整体发展水平与我国经济社会对咨询业的需求还不能完全匹配，制约行业发展的问题还比较突出，"碎片化"的咨询服务方式依然存在，工程咨询单位可持续发展能力还有待加强，咨询服务国际竞争能力和咨询服务质量有待提高，行业的高端咨询人才比较匮乏，咨询信息化建设仍出现滞后等，这些都是摆在我们咨询人面前，急需解决的问题，也是与国际咨询接轨必须打破的壁垒。

我国咨询业与国际咨询业的对比分析见表1-1。

我国咨询业与国际咨询业对比分析表　　　　　　　　　　　　表1-1

对比项	国内咨询业	国际咨询业
经营规模	经营规模较小、咨询产品比较单一	经营规模较大、咨询产品呈现多样化
发展模式	以企业自主规模壮大为主	利用金融手段进行企业兼并与重组
服务内容	以传统的技术咨询为主	管理咨询＋技术咨询两者并驾齐驱
服务能力	咨询碎片化服务为主，提供全生命周期咨询服务能力弱	提供全生命周期咨询服务
技术应用	高科技、新技术、信息化应用程度低	高科技、新技术、信息化应用程度高
队伍建设	复合型咨询人才缺乏	拥有一批设计、施工和工程管理经验非常丰富的咨询工程师
创新能力	单一行业服务特征明显，跨行业服务能力不强	综合性、多元化服务能力、咨询创新能力强
业务范围	以国内咨询业务为主	咨询业务全球布点，国际化合作，建立了全球化的咨询服务体系
各自优势	熟悉国情、了解国内政策及市场行情，更容易沟通协调	成熟的咨询服务模式，高质量的服务标准，一站式整合服务体系

第2章 全过程工程咨询概述

2.1 全过程工程咨询术语

（1）全过程工程咨询（Whole process engineering consulting）

是指对建设项目全生命周期提供组织、管理、经济和技术等各有关方面的工程咨询服务，包括项目的全过程工程项目管理以及投资咨询、勘察、设计、造价咨询、招标代理、监理、运行维护咨询以及 BIM 咨询等专业咨询服务。全过程工程咨询服务可采用多种组织方式，由投资人授权一家单位负责或牵头，为项目从决策至运营持续提供局部或整体解决方案以及管理服务。

（2）全过程工程咨询服务（Whole process engineering consulting services）

指采用多种组织方式，为项目决策、实施（设计、发承包、施工、竣工）和运营持续提供局部或整体解决方案及管理服务。从事工程咨询服务的企业，受委托人委托，在委托人授权范围内对工程建设全过程进行的专业化管理咨询服务活动。

（3）全过程工程咨询单位（Whole process engineering consulting unit）

是指建设项目全过程工程咨询的提供方。全过程工程咨询单位应具有国家现行法律规定的与工程规模和委托工作内容相适应的勘察、设计、监理、造价咨询等资质，可以是独立咨询单位或（总分包性质的）联合体。

（4）全过程工程咨询服务机构（Whole process engineering consulting service）

是指受托人派驻工程负责履行全过程工程咨询服务合同的组织机构，包括工程设计、工程监理、招标代理、造价咨询、项目管理等一个或多个法人单位组成的对项目进行全过程工程咨询服务机构。咨询服务机构应具备适应委托工作的设计、监理、造价咨询等资质中的一项或多项；当不具备工作内容的相应资质可分包给具有相应资质的咨询服务企业。

（5）总咨询师（Chief consultant）

是指全过程工程咨询机构委派或投资人指定，具有相关资格和能力为建设项目提供全过程工程咨询的项目总负责人，原则上由具有注册建筑师、注册结构工程师及其他勘察设计注册工程师、注册造价工程师、注册监理工程师、注册建造师、注册咨询工程师中一个或多个执业资格的人员担任。

（6）专业咨询工程师（Professional consulting engineer）

是指具备相应资格和能力、在总咨询师管理协调下，开展全过程工程咨询服务的相关专业咨询的专业人士。专业咨询工程师主要包括但不限于以下专业人士：注册建筑师、注册结构工程师及其他勘察设计注册工程师、注册造价工程师、注册监理工程师、注册建造师、注册咨询工程师等及相关执业人员。

（7）委托人（Principal）

是指委托全过程工程咨询服务的一方，及其合法的继承人，即项目建设方、业主（泛指从事开发建设的房地产开发公司、政府项目筹建指挥部等单位）或有权限的主管部门。

（8）受托人（Trustee）

是指提供全过程工程咨询服务的一方，即提供全过程工程咨询服务的企业。

（9）相关方（Related parties）

能够影响决策或活动、受决策或活动影响，或感觉自身受到决策或活动影响的个人或组织。

（10）项目（Project）

为完成依法立项的新建、扩建、改建工程而进行的、有起止日期的、达到规定要求的一组相互关联的受控活动，包括全过程工程项目管理、投资咨询、勘察、设计、造价咨询、招标采购、监理等工作，简称为项目。

（11）项目总目标（Project goal）

工程建设项目总目标是工程建设和运行所要达到的结果状态，它是工程总体方案策划、可行性研究、设计、施工、运行管理的依据。工程建设项目总目标通常包括功能目标（功能、产品或服务对象定位、工程规模）、技术目标、时间目标、经济目标（总投资、投资回报）、社会目标、生态目标等指标。项目目标一般分为两个层次，即项目宏观目标和具体目标。

（12）全过程工程咨询服务范围管理（Whole process engineering consulting service scope management）

对合同中约定的全过程工程咨询服务工作范围进行的定义、计划、控制和变更等活动。

（13）全过程工程项目管理（Full process engineering project management）

运用系统的理论和方法，对建设工程项目进行的计划、组织、指挥、协调和控制等活动，简称项目管理。

（14）专业咨询（Professional consulting）

全过程工程咨询服务中由专业咨询工程师所提供的投资咨询、勘察、设计、造价咨询、招标代理、监理等专业咨询工作。

（15）全过程工程咨询服务责任制（Whole process engineering consulting service responsibility system）

全过程工程咨询服务机构制定以全过程工程咨询服务总负责人及专业负责人为主体，确保全过程工程咨询服务目标实现的责任制度。

（16）全过程工程咨询服务目标责任书（Process engineering consulting service, target responsibility book）

全过程工程咨询服务机构的管理层与全过程工程咨询服务管理团队签订的，明确全过程工程咨询服务机构应达到的成本、质量、工期、安全和环境等管理目标及其承担的责任，并作为项目完成后考核评价依据的文件。

（17）全过程工程咨询服务管理策划（Whole process engineering consulting service management planning）

为达到全过程工程咨询管理目标，在调查、分析有关信息的基础上，遵循一定的程序，对未来（某项）工作进行全面的构思和安排，制定和选择合理可行的执行方案，并根据目标要求和环境变化对方案进行修改、调整的活动。

（18）采购管理（Purchasing management）

对项目的前期策划、勘察、设计、施工、监理、供应等产品和服务的获得工作进行的计划、组织、指挥、协调和控制等活动。

（19）招标管理（Bidding management）

为实现招标目的，按照招标文件规定的要求对整个招标过程进行的计划、组织、指挥、协调和控制等活动。

（20）合同管理（Contract management）

对项目合同的编制、订立、履行、变更、索赔、争议处理和终止等管理活动。

（21）设计管理（Design management）

对项目设计工作进行计划、组织、指挥、协调和控制等活动。

（22）进度管理（Progress management）

为实现项目的进度目标而进行的计划、组织、指挥、协调和控制等活动。

（23）质量管理（Quality control）

为确保项目的质量特性满足要求而进行的计划、组织、指挥、协调和控制等活动。

（24）成本管理（Cost management）

为实现项目成本目标而进行的预测、计划、控制、核算、分析和考核活动。

（25）安全生产管理（Safety production management）

为使建设项目实施人员和相关人员规避伤害、设备设施不受损及影响健康的风险而进行的计划、组织、指挥、协调和控制等活动。

（26）资源管理（Resource management）

对项目所需人力、材料、机具、设备和资金等进行的计划、组织、指挥、协调和控制等活动。

（27）信息管理（Information management）

对项目信息的收集、整理、分析、处理、存储、传递和使用等活动。

（28）风险管理（Risk Management）

对项目风险进行识别、分析、应对和监控的活动。

（29）收尾管理（Closing management）

对项目总结、资料文件归档、试运行、竣工结算、竣工决算、回访保修等进行的计划、组织、协调和控制等活动。

（30）BIM 技术（BIM technology）

建筑信息模型（Building Information Modeling）《建筑信息模型应用统一标准》GB/T 51212—2016 将 BIM 定义如下：在建设工程及设施全生命周期内，对其物理和功能特性进行数字化表达，并依此设计、施工、运营的过程和结果的总称。简称模型。

（31）BT 模式（Build-Transfer mode）

英文 Build-Transfer 缩写形式。意即建设 - 移交是政府利用非政府资金来进行非经营性基础设施建设项目的一种融资模式，是指一个项目的运作通过项目公司总承包，融资、建设验收合格后移交业主，业主向投资方支付项目总投资加上合理的回报的过程。

（32）BOT 模式（Build-Operate-Transfer mode）

英文 Build-Operate-Transfer 的缩写，以及建设 - 经营 - 移交，实质上是基础设施投资、建设和经营的一种方式。以政府和私人机构之间达成协议为前提，由政府向私人机构颁布特许，允许在一定时期内筹集资金建设某一基础设施，并管理和经营该设施及其相应的产品与服务。

（33）EPC 模式（Engineering-Procurement-Construction mode）

英文 Engineering-Procurement-Construction 的缩写，是指公司受业主委托，按合同约定对工程项目建设的设计、采购、施工、试运行等实施全过程或若干阶段的承包。通常公司在总价合同条件下，对其所承包的工程质量、安全、费用和进度负责，在EPC 模式中，Engineering 不仅包括具体的设计工作，而且可能包含整个建设阶段内容的总体策划，以及整个建设工程实施组织管理的策划和具体工作；Procurement 也不是一般意义上的设备材料采购，而更多的是专业设备材料的采购；Construction 是指建设，其内容包括施工、安装、试车、技术培训等。

（34）PPP 模式（Public-Private-Partnership mode）

英文 Public-Private-Partnership 字母的缩写，是指政府与私人组织之间，为了提供某种公共物品和服务，以特许权协议为基础，彼此之间形成一种伙伴式的合作关系，并通过签署合同来明确双方的权利与义务，以确保合作项目的顺利完成，最终是合作各方达到比预期的单独行动更为有利的结果。

PPP 模式将部分政府的责任以特许经营权的方式转移给社会主体（企业），政府和社会主体建立起"利益共享、风险共担、全程合作"的共同体关系，政府的财政负担减轻，社会主体的投资风险减小。

2.2 项目全生命周期概念及构成

2.2.1 项目全生命周期概念

国际咨询界对项目全生命周期概念的描述（或定义），比较权威的有以下几种表述：

美国项目管理协会（PMP）："为了更好地管理和控制项目，一个组织会将项目划分为一系列的项目阶段，以便更好地将组织的日常运作和项目管理结合在一起。项目是一项分阶段完成的独特任务，项目的各个阶段放在一起就构成了一个项目的（全）生命周期。"

英国皇家特许测量师学会（RICS）："项目的（全）生命周期是指包括整个项目的建造、使用以及最终清理的全过程。项目的（全）生命周期一般可划分为：项目的建造阶段、运营阶段以及清理阶段。项目的建造、运营和清理阶段还可以进一步划分为更详细的阶段，这些阶段构成了一个项目的全生命周期。"

中国建筑业协会（CCIA）："工程项目的生命周期包括工程项目的决策阶段、实施阶段和使用阶段。其中决策阶段包括项目建议书、可行性研究；实施阶段包括设计工作、建设准备、建设工程以及使用前竣工验收等。"

在具体的工程咨询工作中，我们对于项目全生命周期可以简单地理解为：从工程项目的提出，到整个工程项目的具体实施、竣工验收、交付生产与使用，再到工程项目终止使用所经历的全部过程。

2.2.2 项目全生命周期的构成阶段

（1）工程项目前期策划阶段

工程项目前期策划阶段是指从工程项目构思到批准立项的这一阶段。该阶段主要是从整体思维上分析，提出工程项目的总目标、总功能及相应要求。该阶段工作的主要实施主体是工程项目的投资者、建设单位和咨询单位。

（2）工程项目设计和准备阶段

工程项目设计和计划阶段是指从工程项目批准立项到开始施工这一阶段。工作内容主要包括工程项目设计、工程项目招投标和各种工程项目施工前的各项准备工作。该阶段工作的实施主体是工程项目的设计单位、建设单位和咨询单位。

（3）工程项目实施阶段

该阶段主要指工程项目的施工建造阶段，从工程项目开始施工、工程项目建成并通过竣工验收到交付使用为止的阶段。该阶段的实施主体是施工单位和相关单位（如提供工程项目监理咨询服务的监理单位或者工程咨询单位等）。

（4）工程项目拆除处置与再利用阶段

该阶段是工程项目实施阶段的逆过程，发生在工程项目无法继续实现工程项目原有价值或因拆迁等原因不得不被拆除时。该阶段的实施主体是施工单位和相关单位（如建筑材料的再利用单位）。

2.3　全过程工程咨询基本内涵

根据国务院办公厅《关于促进建筑业持续健康发展的意见》（国办发〔2017〕19 号），2019 年国家发展改革委员会和住房城乡建设部联合发布的《关于推进全过程工程咨询服务发展的指导意见》（发改投资规〔2019〕515 号）等相关文件精神，全过程工程咨询基本概念可以描述为：全过程工程咨询是对工程建设项目前期研究和决策以及工程项目实施和运营阶段的全生命周期提供组织、管理、经济和技术等各有关方面的工程咨询服务。

这一概念存在两个基本内涵：一是在服务时间范畴方面，全过程工程咨询是对工程建设项目前期研究和决策以及工程项目实施和运营的全生命周期的咨询服务；二是在服务范围方面，全过程工程咨询是提供包含设计和规划在内的涉及组织、管理、经济和技术等各有关方面的工程咨询服务活动。

按照国际工程咨询惯例，全过程工程咨询核心理念一般包括以下三个方面：第一方面是针对咨询过程中的信息碎片化做整体化的治理。也就是通过全过程过程咨询业务的开展，使工程咨询形成整体集成，改变以往工程咨询信息碎片化的状况；第二方面是以设计为主导开展全过程工程咨询业务。也就是让工程设计在工程咨询活动中发挥其主导作用，引领其他工程咨询业务的开展；第三方面是通过全过程工程咨询解决项目建设与运营的分离现象，改变以往工程项目只注重建设阶段而忽视运营阶段的状态，充分发挥项目建设的投资效益，实现全过程工程咨询为项目全生命周期提供增值服务的宗旨。

全过程工程咨询的目的是利用多方参与的协同工作平台、集成化的项目管理手段、提升项目科学决策水平、实现项目经济效益、社会效益、环境效益的充分实现，最终确保项目的成功，而不只是单纯的工程项目建设的成功。目前，我国的全过程工程咨询服务大部分还仅局限于为业主提供整体或局部的咨询服务。全过程工程咨询服务按时间段一般可划分为：项目决策、勘察设计、招标采购、工程施工、竣工验收、运营维护六个阶段。

根据尹贻林教授所提出并倡导的"1+N+X"咨询服务模式:"1"是指全过程工程项目管理,也是全过程工程咨询业务的必选项,不可缺失;"N"是指包括但不限于:前期咨询、勘察、设计、造价咨询、招标代理、监理、运营维护咨询等专业性咨询,在"N"的选项中是作为可选项,全过程工程咨询服务机构可根据委托方的要求选取其中一项或多些开展咨询业务;"X"是专业性协调咨询服务。

在开展全过程工程咨询业务中,咨询机构可根据投资人的委托,独立承担项目全部的专业性咨询业务,全面整合项目建设过程中所需的投资咨询、勘察、设计、造价咨询、招标代理、监理、运营维护咨询以及全过程工程项目管理等咨询服务业务,也可根据需要提供菜单式咨询服务。

全过程工程咨询机构可承担的咨询业务概括起来可包括以下主要内容:

(1)全过程工程咨询项目管理:主要包括项目策划管理、报建报批、勘察管理、设计管理、合同管理、投资管理、招标采购管理、施工组织管理、参建单位管理、验收管理、移交管理以及质量、进度、安全、信息、沟通、风险、人力资源等管理与协调工作。

(2)全过程工程咨询专业服务:

①项目决策阶段:包括但不限于机会研究、策划咨询、规划咨询、项目建议书、可行性研究、投资估算、方案比选等前期咨询服务;

②勘察设计阶段:包括但不限于初步勘察、方案设计、初步设计、设计概算、详细勘察、设计方案经济比选与优化、施工图设计、施工图预算、BIM及专项设计等设计阶段的咨询服务;

③招标采购阶段:包括但不限于招标策划、市场调查、招标文件(含工程量清单、投标限价)编审、合同条款策划、招投标过程管理等招采阶段的专业性咨询服务;

④工程施工阶段:包括但不限于工程质量、造价、进度控制,勘察及设计现场配合管理,安全生产管理,工程变更、索赔及合同争议处理,专业技术咨询,工程文件资料管理,安全文明施工与环境保护管理等该阶段的专业性咨询服务;

⑤竣工验收阶段:包括但不限于竣工策划、竣工验收、竣工资料管理、竣工结算、竣工移交、竣工决算、质量缺陷期管理等咨询服务;

⑥运营维护阶段:包括但不限于项目后评价、运营管理、项目绩效评价、设施管理、资产管理等与该阶段相关的专业咨询服务。

全过程工程咨询从一产生就定位在一种智力型服务的层面上,主要体现在全过程工程咨询工程师(或专业咨询人员)必须要运用与经济学、管理学、法学、工程技术等相关方面的理论实践,通过具体的咨询活动为业主(或委托方)提供为实现项目增值的高智力性咨询服务。同时,全过程工程咨询服务还要求咨询工程师在开展具体的询活动中，不仅要综合考虑项目质量、进度、投资、安全等目标的协调统一，还要考虑到合同管理、资源管理、技术管理、信息管理、风险管理、沟通管理等之间的相互关联，充分借助现代化的管理模式，依托智能化及BIM分析协同工作方式，实现对项目全面的集成化管理，为确保项目的成功提供优化的解决路径，实现咨询最是终为项目提供增值服务初心。

全过程工程咨询的特点是以项目目标和咨询委托方（或业主）长远利益为依归，充分发挥工程咨询的专业化、集成化、前置化咨询服务优势，为咨询委托方（或业主）提供节约工程造价、缩短建设周期、提升工程建设品质。同时，全过程工程咨询服务还能抓住建筑市场治理的"牛鼻子"，促使施工方、监理方、造价咨询、财政评审、政府审计等"合法、合规、归位"，搭建起业主方、咨询方、承包商的"铁三角"关系，规范建筑市场治理，有利于解决工程建设领域的腐败问题。

在我国工程建设领域推广全过程工程咨询服务，有利于提高工程咨询业的整体水平、有利于实现各种资源的优化整合、有利于咨询人员业务素质的不断提升、有利于打破以往碎片化管理模式、消除咨询过程中的信息壁垒与信息不对称现象，实现为项目提供咨询增值服务，加快我国工程咨询业发展的国际化进程。

2.4 全过程工程咨询服务范围

根据全过程工程咨询的内涵其服务范围应包括工程项目全寿命周期的各种咨询活动。从大的方面划分可将其分为三大阶段的咨询服务:决策阶段咨询服务、实施阶段(设计和施工)咨询服务和运营阶段咨询服务。在具体的工程咨询活动中，全过程工程咨询服务的具体工作范围，可根据全过程工程咨询服务合同约定的相应范围进行界定。

全过程工程咨询服务范围划分可根据不同的划分标准去加以认识。如:从宏观角度认识并划分咨询服务范围，工程咨询服务范围可划分为:规划咨询、项目咨询和评估咨询三大领域。

（1）规划咨询:包括总体规划咨询、专项规划咨询、区域规划咨询及行业规划咨询等。

（2）项目咨询:包含项目的投资机会研究、投融资策划、项目建议书（预可行性研究报告）、可行性研究报告、项目申请报告、资金申请报告的编制，政府和社会资本合作（PPP）项目咨询等。

（3）评估咨询:包括各级政府及有关部门委托的对规划、项目建议书、可行性研究报告、项目申请报告、资金申请报告、PPP项目实施方案、初步设计评估、规划和项目中期评估、后评估，项目概算、预算、决算的审查，及项目投资管理职能所需的专业咨询服务。

2.5 全过程工程咨询服务内容

根据国务院办公厅《关于促进建筑业持续健康发展的意见》（国办发〔2017〕19号）的文件精神,同时结合《工程咨询业管理办法》（2017年第9号令）等文件的规定,全过程工程咨询企业可以为项目提供全过程工程项目管理以及建设可行性研究、项目实施总体策划、工程规划、工程勘察、工程设计、工程监理、造价咨询、招标代理、BIM咨询及项目运行维护管理等全方位的全过程工程咨询服务。

全过程工程咨询服务的内容,根据不同的咨询服务阶段其提供相应的咨询产品各不相同。具体来说,在项目的决策阶段工程咨询服务的工作内容主要通过大量的与项目建设有关的环境调查、社会调查、市场分析、竞品调查、尽职调查等完成项目的规划咨询、投资机会研究、投融资策划、项目建议书编制（或审核）、可行性研究报告编制（或审核）评估等咨询工作。在这个阶段咨询服务工作主要回答为什么建、在哪里建、建什么项目的问题;在项目实施阶段咨询工作的主要任务机工作内容是要完成设计咨询及设计成果的输出。通过编制招标采购文件,实施招标采购流程获得优质专业建设队伍及相应的建设物资产品等。在实施阶段工程监理咨询单位受建设单位的委托,根据法律法规、工程建设标准、勘察设计文件及合同,在施工阶段对建设工程质量、进度、造价进行控制,对合同、信息进行管理,对工程建设相关方的关系进行协调,并履行建设工程安全生产管理法定职责的服务活动。在项目实施阶段全过程工程咨询的工作解决具体建什么、谁来建、如何建的一系列问题;运营阶段是将优质建设项目转化成资产、生产资料和办公场所,实现建筑物（或构筑物）的功能,并确保建筑产品的增值保值,实现项目建设目标,在这阶段的咨询工作内容及任务是完成对项目的评价、运维咨询等工作,解决评判该建设项目是否是优质建设项目,反馈运营阶段出现的问题,提出解决问题的路径与方法,为新项目的咨询工作积累原始数据与相应指标。

从项目管理的横向思维的角度来分析全过程工程咨询服务内容,可以把全过程工程咨询工作看作是在项目管理咨询的统领下,各专业咨询活动的有机组合:其中包括项目策划专业咨询、工程设计专业咨询、招标代理专业咨询、造价咨询专业咨询、工程监理咨询、运维管理专业咨询、其根据工程的实际需求提供的专业规划咨询、投融资专业咨询、BIM专业咨询、绿色建筑专业咨询、工程勘察专业咨询、工程检测专业咨询、海绵城市设计专业咨询、地质灾害危险性评估专业咨询、当地政府报批报建所需的报批专业咨询等。这些专业咨询涉及组织的搭建,团队的管理,工程经济和工程技术等相关方面的工程咨询服务工作。在一般的工程咨询活动中,咨询机构可根据建设项目业主方的需求进行菜单式选择（不少于三项）以确定咨询服务的具体内容。

全过程工程咨询活动中虽然各阶段的咨询工作内容与输出成果不同,但站在项目管理的角度去分析各咨询阶段的工作内容，其各个阶段的咨询工作又存在着相互联系、相互作用的辩证关系。其联系主要体现在以下方面：

（1）决策阶段咨询单位主要承担工程项目建设的前期策划与投资决策等任务。在这个阶段咨询工作是建立在充分调查研究基础上，通过了解与研究项目利益相关方的需求，分析项目内外部环境、组建项目咨询团队、确定优质建设项目的目标，汇集优质建设项目评判标准。通过项目建议书、可行性研究报告、评估报告等形成建设项目咨询成果，为下一步的设计咨询提供必要的技术参数与数据。可以说项目决策阶段咨询服务成果质量的高低对确保建设项目的成功作用与影响及其重大，也是全过程项目管理的主要和关键性阶段。

（2）设计阶段是对决策阶段形成的咨询成果进行深化和修正，是将参数与数据提升为信息的升级过程；是进行全面规划和具体描述事实意图的过程，是将科学技术有效的运用在实际施工中，以实现最大的经济效益的关键环节；是将项目利益相关方的需求，即优质建设目标，转化成设计图纸、概预算报告和咨询成果的过程。这阶段的咨询成果将为发承包阶段选择承包人提供指导方向。

项目设计阶段咨询服务也是全过程造价控制的重点与关键性阶段，这阶段的造价咨询成果对工程项目的建设工期、工程质量和建筑产品功能起着非常重要的作用。在这个阶段咨询工程师通过充分发挥其自身的技术优势，运用价值工程理论、贯彻限额设计的指导方针，为项目的建设提供物有所值的设计咨询成果文件。同时，设计咨询工程师在项目施工阶段还利用技术与信息优势为参建各方搭建起解决技术问题的桥梁与纽带。

（3）招标采购阶段结合决策、设计阶段的咨询成果，在深刻把握项目宗旨，充分领会设计意图的基础上，通过编制招标策划、合约规划、工程标底、工程量清单、招标公告书、招标文件、资格预审文件等招标过程服务等咨询文件，来确定评标、定标原则及办法，对投标报价中单项报价进行科学的比较分析，为业主选择承包单位提供依据，协助业主签订工程承发包合同，避免合同条款制定不严密，事后发生经济纠纷事件。这阶段的咨询成果为项目实施阶段各项工作的顺利开展提供了控制和管理的依据。

（4）实施阶段根据发承包阶段形成的合同文件约定进行成本、质量、进度的控制；合同和信息的管理；全面组织协调各参与方；最终完成建设项目实体。在实施过程中，形成的工程建设资料为竣工阶段的验收、移交提供了必要的支撑与准备。

全过程工程咨询机构一般早期就参与到项目的开发建设中，这样更有利于咨询人员熟悉设计图纸、设计要求、标底计算书等，明确造价控制中工程费用最易突破的环节所在，从而进一步明确投资控制的重点所在。咨询工程师提前参与项目建设还可为提前预测工程风险，发掘可能出现索赔的诱因，制定风险防范对策提供第一手的资料，从而避免或减少项目实施过程中索赔事件的发生。在施工过程中，监理咨询工程师依据国家法律法规、规范标准、设计文件、相关合同及时主动协调好各方面的关系，保证工程参与各方积极相互配合，推进工程项目的顺利进展；同时，在咨询工作中对出现的工程变更、设计修改进行严格把关，对建设项目的投资实行动态控制，定期或不定期地进行投资分析，确保工程项目的投资在可控范围内。

（5）工程项目竣工验收是建设项目建设过程的最后一个程序，是全面考核建设工作，检查设计、工程质量是否符合要求，是检验是工程项目否按照合同约定履约完成，最后将验收合格的建设项目以及相关资料移交给运营人，为运营阶段提供保障。工程项目的竣工阶段是投资成果转入生产或使用的标志与纽带。

工程咨询机构在这个阶段要核对工程内容是否符合合同条件要求，工程是否按合同中约定的结算方法、计价依据、取费标准、主材价格和优惠与承诺条件实施等。由于工程咨询机构全过程地跟踪了项目，对项目过程中发生的变更以及客观环境的变化等因素已经比较熟悉。因此在竣工验收阶段，工程咨询机构的结算、评估等工作更容易做到合理、公平、公正，也更容易得到项目各方的认可。从而达到使项目尽快完成并投入使用的投资目标。

（6）运营阶段是对建设项目进行评价，评价其是否是达到优质建设项目的标准。通过建设项目的运营是来充分体现优质建设项目的价值，实现决策阶段设定的建设目标，并对决策阶段设定的项目建设目标进行检验与反馈。最后把运营人的运营需求进行分析总结，对项目运营中暴露出的问题进行总结，并反馈到下一个项目的决策阶段，为以后的项目的决策提供必要的数据与经验支持。

总之，全过程工程咨询绝对不是传统意义上的碎片化、分割式的咨询服务，而是遵循建筑产品形成的内在规律与有机联系，具有目标明确的各类专业人员组成的集合体，通过统一规划、分工实施、协调管理、沟通融通，来提供综合性咨询服务。对于全过程工程咨询，设计是主导，造价是灵魂，重点是提供一体化工程定义交付文件，难点是把造价融入设计全过程，焦点是施工招投标，落地点是招标文件和施工合同。

专业工程咨询服务工作内容一览表（仅供参考，表 2-1）。

专业工程咨询服务工作内容　　　　　　　　　　　　　　　表 2-1

咨询阶段	专业咨询服务名称	咨询输出成果
项目决策阶段	规划或规划设计	概念性规划、城市设计、交通规划等
	项目投资机会研究	市场投资机会调研报告
	项目策划	项目定位策划、项目功能产品策划、产业策划、商业策划、投资估算报告、融资方案等
	立项咨询	编制项目建议书、项目可行性研究报告、项目申请报告和资金申请报告等
	评估咨询	可行性研究评估报告、环境影响评估报告、节能评估报告、社会稳定风险评估报告等

续表

咨询阶段	专业咨询服务名称	咨询输出成果
项目决策阶段	项目实施策划	项目实施策划报告、研究结论与建议
	报批报建和证照办理	相应行政许可证书的取得
项目实施阶段	工程勘察	勘察方案、勘察报告
	工程设计、设计优化、设计总包、设计管理等	设计文件、设计优化报告、设计概算、限额设计和设计方案比选等相关文件与报告
	招标采购	招标策划、招标文件、招标过程、总包模式、合约规划等
	造价咨询	建设过程造价动态管理报告、实施阶段造价咨询成果文件
	工程监理	按照《建设工程监理规范》要求提供相应的工程监理资料
运维阶段	项目后评价（估）	项目后评估报告
	运营管理	运维大数据维护及相关报告等
	拆除方案咨询	项目拆除方案

结合我国咨询业国情，参照国际咨询师服务范围与内容，全过程工程咨询的房屋建筑与市政工程可分为6个阶段，包括13项咨询服务内容：

（1）决策阶段

①项目建议书、选址意见书、设计任务书、可行性研究报告、建筑策划书、概念方案设计；

②项目前期其他咨询：环境影响评估报告、社会稳定评估报告、项目融资方案等。

（2）设计阶段

①方案设计（附投资估算报告）、初步设计（附投资概算报告）、施工图设计（附投资预算报告）；

②协助或代理业主办理规划报建手续；

③施工临建附属工程设计（如果需要）。

（3）发包与承包阶段

①招标工程量清单、产品说明书、产品封样、招标文件；

②协助或代理业主办理招标报建手续，组织施工方报名、资格预审、发标、评标、定标、签订合同。

（4）实施阶段

①监理大纲（或监理规划），批复施工组织设计，批复开工报告，协助或代理业主办理建设报建手续；

②现场监理、合同管理、设计变更、进度款审核，实现"三控两管一协调"目标。

（5）竣工阶段

①项目试运行，协助编制竣工图，竣工验收与项目竣工结算；

②维修保养；

③咨询方定期回访。

（6）运营阶段

项目后评估。

2.6 全过程工程咨询服务模式

在建设工程全生命的阶段划分中，我们一般根据咨询工作的具体需要把建设项目的全生命周期人为地划分成"决策、实施、运营"三大阶段，这其中由于实施阶段的跨度比较大、时间周期比较长、工程参与方比较多，而在具体的全过程工程咨询实践中把实施阶段细分成"设计、施工"两个小的阶段。这样全过程工程咨询服务阶段就由最初的三个大阶段拆分成四个阶段的咨询服务。在这四个阶段中，我们认为咨询服务涵盖其中三个或三个以上阶段的咨询服务，则可称之为"全过程工程咨询服务"或"相对全过程工程咨询"服务。只有提供其中某一阶段的咨询服务，我们称之为"阶段性工程咨询服务"。

我国咨询业目前大致采用以下三种咨询服务模式：

（1）顾问型模式：全过程工程咨询的顾问型服务模式是咨询顾问团队（或咨询顾问企业）受业主的委托，按照合同约定为工程项目的组织、实施提供全过程或若干阶段的顾问式咨询服务。这种咨询服务模式的特点是：咨询顾问团队只承担项目的咨询顾问工作，不直接参与项目的实施管理。

（2）全过程工程咨询管理型模式：该模式是指全过程工程咨询公司受业主的委托，按照合同约定，代表业主对工程项目的组织实施进行全过程工程咨询服务活动。其主要特点是顾问团队不仅仅是作顾问性工作，同时还代业主直接参与项目管理。

（3）全过程咨询一体化协同管理模式：该模式是指从事全过程工程咨询企业与业主共同组成项目管理团队，即"咨询公司＋业主"的一体化协同管理模式，对项目的组织实施进行全过程或若干阶段的管理和咨询服务。

根据尹贻林教授提出并倡导的"1+N+X"咨询模式，全过程工程咨询单位可根据投资人的委托，独立承担项目全过程全部专业咨询服务，全面整合项目建设过程中所需的投资咨询、勘察设计咨询、造价咨询、招标咨询、监理咨询、运营维护咨询、BIM咨询以及全过程工程项目管理等咨询服务业务。也可提供菜单式咨询服务，即"1+N+X"咨询模式，"1"是指全过程工程项目管理，"N"包括但不限于：投资咨询、勘察咨询、设计咨询、造价咨询、招标代理，监理咨询、运营维护咨询、BIM咨询等专业咨询。

全过程工程咨询"1+N+X"咨询模式见表2-2。

全过程工程咨询"1+N+X"咨询模式　　　　　　　　　　　　　　表 2-2

"1"全过程工程项目管理	"N"全过程各专业咨询	"X"全过程工程咨询协调服务
全过程项目策划、计划统筹、报建报批、勘察管理、设计管理、合同管理、投资管理、招标采购管理、现场实施管理、参建单位管理、验收管理等工作	投资咨询、工程勘察、工程设计、招标采购、造价咨询、工程监理、BIM技术辅助咨询、运维运营维护咨询	全过程工程咨询单位需协调的服务项目

第二篇

全过程工程咨询项目管理"1"

2019年12月22日，天津理工大学教授（博士生导师）、天津市建设工程造价和招投标管理协会会长、中国重大工程技术走出去投资模式与管控智库主席、公共项目与工程造价研究所所长——尹贻林先生，在"助力雄安"峰会上作题为"中国未来的工程咨询"演讲。其中，第一次提出了标准化的全过程工程咨询模型：全过程工程咨询标准模型为"1+N+X"（1=项目管理，N=3<招标代理+造价+监理>，X=3<投资咨询、勘察、设计>），并对全过程工程咨询服务合同的设置原则、全过程工程咨询服务的收费模式等进行了清晰地分析。

全过程工程咨询"1+N+X"基本模式中，"1"就是全过程工程咨询一体化项目管理，是贯穿项目全过程工程咨询服务工作的一条管理服务主链。在整个咨询服务活动中"项目管理"对工程项目决策、实施和运行各阶段的专业咨询起到组织、控制、协调的"统领"作用。在全过程工程咨询服务收费方面"1"收取的是项目管理费。

第3章 全过程工程项目管理概述

3.1 项目和工程项目

3.1.1 项目

（1）项目的概念

项目（Project）一词目前已广泛运用于社会经济及工程等多个领域。我们日常所说的"项目"是指为完成预先设定的目标，运用各种技术、经济方法，将人力、物力、财等资源进行优化整合，在给定时间和费用条件约束下，完成一项独立的、一次性的工作任务以实现项目目标。在工程领域对"项目"定义最具有权威性的有以下几种：

ISO10006《项目管理质量指南》中对于"项目"定义是这样的："有一组有启动时间的、相互协调的受控活动所组成的特定过程，该过程要达到符合规定要求的目标，包括时间、成本和资源的约束条件"。

美国项目管理协会（Project Management Institute，PMI）在其出版的《项目管理知识体系指南》（Project Management Body of Knowledge，PMBOK）中对"项目"的定义是："项目是为创造独特的产品、服务或成果而进行的临时性工作"。

《中国项目管理知识体系纲要》（2002版）中定义项目是："项目是创造独特产品、服务或其他成果的一次性工作任务"。

目前，在工程建设咨询领域普遍认为："项目"是一个专门的组织为实现某一特定明确目标，在特定时间、成本和资源限定的条件下，依据相关的规范、流程开展的一系列独特的、复杂的并相互关联的一次性活动任务，其最终形成独特的产品或服务。

（2）项目的特征

①项目目标的明确性：任何一个项目，都是为了实现特定组织的预期目标而服务的，并且这一目标必须是清晰明确的。根据项目目标的性质可将"项目目标"分为：成果性目标和约束性目标。成果性目标是度量项目产出物、用来检验项目结果的目标；约束性目标是度量项目活动本身，用来评价项目活动的目标。

②项目目标的特殊性：由于每个项目都具有不同于其他项目的特点，这就决定了每个项目所产生的产品或服务与已有的相似产品或服务存在某些方面的差异。虽然有时会出现项目产品和服务名称相同的情况，但因项目的目标和实施条件存在着差异，导致了项目的产品和服务也会不同，即项目的目标具有特殊性。

③项目实施的一次性：一次性是项目与其他常规运作的最大区别所在。项目有其明确的开始时间和结束时间，当一个项目的目标已经实现，或已经明确该项目不再需要或目标不可能实现时，则该项目达到了终点。

④项目特定的委托人：特定委托人既是项目结果的需求者，也是项目实施的资金提供者。

⑤项目生命周期性：每个项目都会经历从启动、实施到项目结束的生命周期，也即每个"项目"都有其生命周期性。

⑥项目风险性：在项目实施过程中，项目所需的各种资源及所处环境都会出现动态的变化，同时人们认识问题也存在着一定的有限性，从而会使项目的实际情况与目标产生一定的偏差，在某种程度上会引起投入与产出的不定性，导致项目风险性的存在。

⑦项目整体性：项目是为实现特定目标而展开的一系列工作的有机结合。项目中的一切活动都存在着相互关联，从而使项目成为有机统一的整体。

3.1.2　工程项目

本书中所提到的"工程项目"是特指建设（或建筑）工程项目，它是以建筑物或构筑物为目标产出物，在项目实施中需要支付一定的费用、按照一定的程序、在一定的时间内完成，并应符合合同约定的质量要求特指项目即"工程项目"。

根据《国务院关于投资体制改革的决定》的规定，在我国政府投资的项目，实行审批制管理程序；企业投资建设的重大和限制类项目，实行核准制管理程序；核准目录之外的企业投资建设项目，除国家法律法规和国务院专门规定禁止投资的项目外，实行备案制管理程序。

（1）工程项目的组成

根据《建筑工程施工质量验收统一标准》GB 50300—2013 规定，建筑工程项目可分为单项工程、单位工程、分部工程和分项工程。

①单项工程是一个建设单位中具有独立的设计文件、竣工后可以独立发挥生产能力或工程效益的工程，是建设项目的组成部分。例如，工业企业建设中的各个生产车间、办公楼、仓库等；民用建设中的教学楼、图书馆、学生宿舍、住宅等。

②单位工程是指竣工后不可以独立发挥生产能力或效益，但具有独立设计，能够独立组织施工的工程，是构成单项工程的组成部分。例：土建工程、给水排水工程等。

③分部工程。分部工程是建筑物按单位工程的部位、专业性质划分的，是单位工程的进一步分解，一般工业与民用建筑工程可分为基础工程、主体工程、地面与楼面工程、装修工程、屋面工程等分部工程，其相应的建筑设备安装工程由建筑采暖工程、煤气工程、建筑电气安装工程、通风与空调工程、电梯安装工程等组成。

当分部工程较大或较复杂时，可按材料种类、施工特点、施工顺序、专业系统及类别等划分为若干个子分部工程。

④分项工程。是分部工程的组成部分，一般按主要工种、材料、施工工艺、设备类别等进行划分。如钢筋工程、模板工程、混凝土工程、砌体工程、门窗制作工程等。分项工程是建筑施工生产活动的基础，各分项工程的作业活动既具有独特性，又存在相互联系、相互制约的整体性。

（2）工程项目的分类

①按建设性质划分可将工程项目分为：新建项目、扩建项目、改建项目。

新建项目是指从无到有，新开始建设的工程项目。

扩建项目是指现有企业（或单位）在原有场地内或其他地点为扩大产品生产能力或增加经济效益，而增建的生产车间、独立的生产线或分厂的项目。

改建项目是指原有企业，对原有设备或工程进行改造的项目。

②按项目建设规模分类：

按照国家规定基本建设项目可分为大型、中型和小型项目三类。按照投资额划分的基本建设项目，生产性建设项目中的能源、交通、原材料部门的工程项目，投资额达到 5000 万元以上为大中型项目；其他部门项目和非工业建设项目，投资额达到 3000 万元以上的为大中型建设项目，否则为小型（或限额以下）项目。

更新改造项目只按投资额标准划分，能源、交通、原材料部门投资额达到 5000 万元及以上的工程项目和其他部门投资额达到 3000 万元及以上的项目为限额以上项目，否则，为限额以下项目。

③按项目建设阶段分类：

建设工程项目划分为前期工作项目，预备项目、施工项目和建成投产项目。

项目建议书批准后、可行性研究报告批准前的项目称为前期工作项目。可行性研究报告批准后、开工前的项目称为预备项目。开始施工的项目称为施工项目。工验收交付使用的项目称为建成投产项目。

3.2 工程项目管理

3.2.1 工程项目管理基本概念

《建设工程项目管理规范》GB/T 50326 中对建设工程项目管理（Construction project management）是这样定义的："运用系统的理论和方法，对建设工程项目进行的计划、组织、指挥、协调和控制等专业化活动"简称"项目管理"。

建设工程项目管理的内涵可以理解为：自项目开始至项目完成，通过项目策划（Project planning）和项目控制（Project control），以使项目的费用目标、进度目标和质量目标得以实现。

工程项目管理是运用现代管理学知识及各种相关技术、方法与管理工具，达到满足或超越项目相关各方对项目的要求与期望，所开展的有计划、有组织、有控制的管理活动。工程项目管理实质上就是项目目标管理，就是通过工程的项目管理最终实现项目的费用目标、进度目标和质量目标。

3.2.2　工程项目管理四大要素

（1）资源（Project resource）

"资源"一词的经济学内涵是生产过程中所使用的投入，本质上讲"资源"就是生产要素的代名词。资源可划分为自然资源、人力资源和加工资源。

项目资源是指一切具有使用价值，可以为项目接受和利用，且属于项目发展过程所需求的客观存在。

（2）目标（Project objectives）

"目标"是实施项目所要达到的期望结果。项目目标是项目所能交付的成果或服务。项目管理过程实际就是一种追求预定目标的管理过程，因此，项目目标应该是被清楚定义，并且可以是最终实现的。

（3）组织（Project organization）

项目组织是为了实施某一个项目为目的，按照一定的形式组建起来的机构。在工程项目管理中组织存在两层含义：一是指工程项目实施过程中的组织形式、组织机构和项目团队，二是指工程项目实施中的组织行为。

（4）环境（Surroundings）

项目环境包括内部环境和外部环境。项目的外部环境主要包括自然环境、政治环境、经济环境，社会文化环境以及法律相关的法律、法规等；项目的内部环境包括项目本身、项目组织等。

3.2.3　工程项目管理模式

目前国际上比较流行的项目管理模式有以下几种：

（1）"建设管理"或"施工管理"模式（Construction management，简称：CM 模式）最早是由美国人 Charles.B.Thomsne 等人于 1968 年提出，是一种国外较流行的模式。

CM 模式特点是采用快速路径方式（Fast-Track Method 又称为阶段施工法 Phased Construction Method）这种模式采用的是"边设计、边发包、边施工"的阶段性发包模式，其出发点是为了缩短工程建设工期。它的基本思想是通过采用"Fast-Track"快速路径法的生产组织方式，设计一部分，招标一部分、施工一部分，实现设计与施工的充分搭接，以缩短整个工程建设的工期。

CM 模式由业主委托 CM 项目负责人（以下简称 CM 经理）与建筑师组成一个联

合小组，共同负责组织和管理工程的规划设计和施工，在项目总体规划布局和设计时就要考虑到项目的总进度的控制，在主体设计方案确定后，完成一部分工程设计时，即对这部分工程进行招标，发包给一家承包商施工，由业主直接与承包商签订施工承包合同。

CM 模式的优缺点如下：

优点：①可以缩短工程从规划设计到施工的工期。②设计的可施工性好，施工效率高，这是由于承包人在项目初期，在设计阶段就任命了 CM 项目经理，CM 经理早期介入了设计管理。③减少了以往设计和施工的对立局面，改善了交流渠道、提高了工作效率。

缺点：①在模式中采取的分项招标，增加了招标次数，导致招标所产生的费用增加。②风险较大，因为在招投标选择承包人时，项目费用的估计并不完全全面准确。

CM 模式有多种方式存在，目前我国工程咨询市场常用的有以下几种：

①代理型 CM 模式（Agency CM）

在此种模式下，项目经理是业主的咨询和代理，业主和 CM 经理的服务合同规定费用是固定酬金加管理费，其报酬一般按照项目总成本的 1%～3% 计算。业主在各施工阶段与承包商签订工程施工合同。但在这种模式下 CM 单位对设计单位没有指令权，只能向设计单位提出一些合理化建议，CM 单位与设计单位之间是一种协调关系。

②非代理型 CM 模式（At-Risk CM）

也称为风险型建筑工程管理模式。采用这种模式的项目管理，CM 经理在开发和设计阶段相当于业主的顾问，一般业主要求 CM 经理提出保证最大工程费用（Guaranteed Maximum Price 简称 GMP）以保证业主的最高投资得到控制。若最后结算超过了 GMP 则由 CM 经理所在公司负责赔偿；如果低于 GMP，节约的投资归业主，但可以通过合同约定给予 CM 经理所在公司一定比例的奖励或提成。

（2）设计 - 建造（Design-Build 简称 DB）模式

设计 - 建造模式是指承包商负责工程项目的设计、施工安装全过程的总承包。在这种模式下，业主首先聘请一家专业咨询公司为其研究及拟建项目的基本要求，在招标文件中明确项目完整的工作范围，在项目原则确定后，业主只需要选择一家公司对项目的设计、施工进行总承包。这种模式通常是以总价合同为基础，但允许价格调整，也允许某些部分采用单价合同。DB 总承包商对整个项目的成本负责，总承包商可以由本公司完成部分设计和施工工作，也可以通过再招标选择设计或施工分包商完成其他工作。

这种管理模式的优点如下：①业主与总承包商直接联系，工作沟通、交流效率大为提高，在项目实施中，业主的指令可以更快速地直接传递到总承包方，大大提高了工作效率。②由于单个承包商对整个项目实行总负责，有利于在项目设计阶段预先考虑到施工中的各种因素，增加了设计的可施工性，避免了由于设计和施工出现的沟通壁垒，同时也减少了设计错误引起的变更，以及设计文件解释引发的各种争端。③总承包商可对分包商采用阶段性招标方式，缩短了工期，项目可以提早投产，业主能节约费用，减少利息价格上涨等风险因素的影响。

缺点：①总承包商因水平原因而导致设计质量可能不高；②业主对最终设计和细节的控制能力降低；③由于总价包干可能影响设计和施工质量。

（3）设计 - 采购 - 建造（Engineering-Procure-Construct，简称 EPC）模式

随着工程项目体量的增大，分标段平行发包模式下，发包方的合同管理界面增多，随之交易成本陡增。发包方开始采用向承包方集成的措施，采用施工总承包模式实现项目管理效益的改善。在我国 EPC 模式又称之为工程总承包模式。该模式于 20 世纪 80 年代首先在美国出现，得到了那些希望尽早确定投资总额和建设周期的投资人的青睐，在国际工程承包市场中的应用逐渐得到扩大。

EPC 交钥匙模式是指承包商向业主提供，包括：设计、施工、设备采购、安装和调试直至项目竣工移交的全套服务，有时还包括融资方案的建议，EPC 交钥匙，总承包商的工作范围大致包括以下几个方面：

①设计（Engineering）：在这种模式下，设计除了包括提供设计计算书和设计图纸外，还应包括按"业主的要求"明确列出与设计相关的工作，如：项目的可行性研究、项目配套公用工程设计，辅助工程设施的设计等。

②采购（Procure）：包括获得项目或项目施工所需的融资、土地购买、专利产品，以及设备、材料采购等工作。

③施工（Construct）：在这种模式下，由总承包全面负责项目的施工管理、施工方法的优选、安全管理、质量管理、费用管理、进度管理，设备安装调试以及相关工作的协调等。

较传统工程承包模式而言，EPC 总承包模式具有以下三个方面优势：

① EPC 模式强调和充分发挥设计在整个工程建设过程中的主导作用。对设计在整个工程建设过程中的主导作用的强调和发挥，有利于工程项目建设整体方案的不断优化。

② EPC 模式有效克服了设计、采购、施工相互制约和相互脱节的矛盾，有利于设计、采购、施工各阶段工作的合理衔接，有效地实现建设项目的进度、成本和质量控制符合建设工程承包合同约定，确保获得较好的投资效益。

③ EPC 模式建设工程质量责任主体明确，有利于追究工程质量责任和确定工程质量责任的承担人。

④ EPC 模式属于总价包干合同，业主的投资成本在早期就可以得到保证。

⑤由于 EPC 模式采用了单个承包商对项目的设计、采购、施工安全全面负责，项

目的责任主体比较单一，简化了合同组织关系，有利于业主方的管理。

EPC 模式缺点：①能够承担 EPC 大型项目的承包商数量较少，给招投标工作带来了极大的困难。②承包商承担大部分风险。在 EPC 模式条件下，由于承包商承包的范围包括设计，自然需要承担设计风险，在其他模式下工程项目的效益、质量完全取决于 EPC 承包商的经验和水平。③工程造价可能较高。

（4）建造 - 运营 - 移交（Build-Operate-Transfer，简称 BOT 模式）

这种模式是私人资本进行基础设施建设的一种融资和建造的项目管理模式，可称为基础设施国有项目民营化或"特许经营权（Concession）"方式。

BOT 模式是指某一财团和若干投资人作为项目的发起人，从一个国家中的中央或地方政府获取某些基础设施的许建造经营权，然后由此类发起人联合其他各方组建股份制项目公司，负责整个项目的融资、设计、建造和运营，在整个特许期内项目公司通过项目的经营获取利润。政府对该机构提供的公共产品或服务的数量和价格可以有所限制，但保证私人资本具有获取利润的机会。整个过程中的风险由政府和私人机构分担。当特许期限结束时，私人机构按约定将该设施移交给政府部门，转由政府指定部门经营和管理。

BOT 模式的优点表现在：①能够减少政府直接投资的财政负担，避免了政府的债务风险；②扩大地方政府的资金来源，引进国外的先进技术和管理经验，有利于本国承包商的成长，同时又能转移风险；③对急需建设而政府又无力投资的基础设施项目，通过 BOT 方式，可以使基础设施项目提前建成并发挥作用，有利于满足社会和公众的需要。

BOT 模式的缺点表现在：①项目规模大、投资额高，建设和经营周期长，不可预见因素相对较多，风险因素也比较复杂；②合同关系十分复杂，参与方比较多，对项目的管理水平要求较高；③项目的收益不确定性较大。

（5）项目管理承包模式（Project Management Contract，简称 PMC 模式）

PMC 模式，国内通常称为"项目管理承包"，诞生于 20 世纪 80 年代。PMC 模式是指由投资人委托聘请一家有实力的项目管理承包商（公司或公司联营体）作为投资人代表或投资人的延伸，帮助项目投资人在项目前期策划、项目定义、项目计划、项目融资，以及设计、采购、施工、试运行等整个过程中实施有效的工程质量、进度和费用控制，进行集成化管理，达到项目全生命周期技术和经济指标的最优化。

根据 PMC 模式的工作范围，可将其分为三种类型：

①代表业主管理项目的 EPC 模式，在这种模式下项目管理承包人同时还承担一些界外及公用设施的设计 - 采购 - 施工（EPC）工作。采用此种工作方式对于 PMC 来说风险高，但相应的得到的回报利润也较高。

②作为业主管理团队的延伸，对 EPC 承包商进行管理，而不是承担任何 EPC 的

工作，这种 PMC 模式相应的风险和回报较代表业主管理项目的方式偏低。

③作为业主的顾问对项目进行监督、检查，并将工作及时向业主汇报。这种 PMC 模式下风险最低，几乎接近零，但回报率相应也低。

PMC 模式的优点表现在：①有利于提高整个建设期项目的管理水平，确保项目成功；②可方便的采用分阶段发包，有利于缩短工期；③有利于精简业主建设及管理机构；④有利于帮助业主节约项目投资；⑤有利于发挥管理承包商在项目管理方面的专项技能。

PMC 模式的缺点表现在：①与传统的模式相比，增加了一个管理层，相应地增加了管理费用；②项目的造价、质量、进度控制过度依赖于管理承包商；③业主与施工承包商没有合同关系，因而控制施工难度较大。

（6）PPP（Public-Private-Partnership 的缩写）

指政府 Public 与私人 Private 之间，基于提供产品和服务出发点，达成特许权协议，形成"利益共享、风险共担、全程合作"伙伴合作关系，PPP 优势在于使合作各方达到比单独行动预期更为有利的结果：政府的财政支出更少，企业的投资风险更轻。

政府和社会资本合作模式是在基础设施及公共服务领域建立的一种长期合作关系。通常模式是由社会资本承担设计、建设、运营、维护基础设施的大部分工作，并通过"使用者付费"及必要的"政府付费"获得合理投资回报；政府部门负责基础设施及公共服务价格和质量监管，以保证公共利益最大化。立足国内实践，借鉴国际成功经验，推广运用政府和社会资本合作模式，是国家确定的重大经济改革任务，对于加快基础设施及公共服务领域建设、提升国家治理能力、构建现代财政制度具有深远的重要意义。

PPP 模式的优点主要体现在：①更高的经济效益、更高的时间效率；②增加基础设施项目的投资、提高公共部门和私营机构的财务稳健性；③基础设施、公共服务的品质得到改善；④树立公共部门的新形象，私营机构得到稳定发展等。

PPP 模式的缺点：①私营机构融资成本较高、特许经营导致的垄断性；②复杂的交易结构带来的低效率；③长期合同缺乏灵活性，存在成本和服务之间的两难选择等。

3.2.4 工程项目管理组织结构

按照国际标准《质量管理—项目管理质量指南》ISO 10006，项目组织是指为完成特定工程项目任务而建立起来的，从事项目具体工作的组织。由于工程项目的特殊性决定了工程项目的组织结构有别于一般企业组织，社团的组织结构。项目组织的特点表现在其组织的目的性、一次性和暂时性、结构复杂性、相对柔性等。

（1）组织结构设计原则

①目的性原则

项目组织机构设计的根本目的是为了产生组织功能，实现工程项目管理总目标。

从这一根本目的出发在进行组织结构设计时就会因目的设事、因事设机构和定编制、按编制设岗位定人员，以人员岗位职责定制度、授权力。

②精干高效原则

项目组织机构的人员设置，以能实现工程项目管理所要求的工作任务为原则，尽量简化组织机构，做到组织机构精干而高效。

③管理跨度和分层统一原则

管理跨度亦称管理幅度，是指组织中一个管理人员直接管理下属人员的数量。跨度越大管理者管理下属人员的数量也随之增多，当管理跨度超过某个临界点后，随之会带来组织管理效率的大幅下滑。而组织结构的设计正是在管理跨度与管理分层之间找的一种最佳的匹配模式，实现组织管理效率的有效化与最大化。

④业务系统化管理原则

由于工程项目是一个开放的系统，是由许多子系统组成一个大系统，在各子系统之间、子系统内部各单位工程之间、不同组织之间、存在着大量结合部，这就要求项目组织也必须是一个完整的组织结构系统。

⑤弹性和流动性原则

工程建设项目的单件性、阶段性、露天性和流动性是项目建设活动的主要特点，这就必然会带来项目建设数量、质量和地点的变化，带来资源配置的品种和数量变化。要求项目管理工作和组织机构设计也随之进行动态调整，以使组织机构更好地适应项目管理任务的变化。

（2）项目组织结构设计的程序

①确定合理的项目目标。科学合理的项目目标是项目管理工作开展的基础与前提，同时也是作为项目管理者选择组织结构的重要基础。项目目标的合理确定应根据项目特点进行科学的设置并对目标进行有效地划分与分解。

②确定项目工作内容。在确定项目具体工作内容时应围绕项目的工作目标与任务，在工作任务分解的基础上确定项目的具体工作内容。

③确定组织目标和组织工作内容。这一阶段必须明确在项目工作内容中哪些是项目组织的工作内容。

④项目组织结构设计。根据项目的特点和项目内外环境因素选择一种适合项目管理工作的组织结构形式，并完成项目组织结构设计。组织设计包括：组织形式、组织跨度、组织层次，各层次的组织单元，相互关系框架的设计等。

⑤确定工作岗位与职责、职权。工作岗位的划分要有相对的独立性，同时应考虑其合理性与任务完成的可能性。在确定完工作岗位后，就应确定相应各岗位工作职责，并根据职权一致的原则对岗位进行授权。

⑥对岗位进行人员配置。项目岗位人员的配置原则应做到人员精干、以事选人。

根据不同层次的工作任务确定不同层次的人员，再根据授权原理将职权授予相对应的人员。

⑦明确工作与信息流程。在确定工作与信息流程时，要特别注意具体职能分工之间、各组织单元之间的接口衔接问题。

⑧制定组织考核标准。为了保证项目目标的最终实现，必须对组织内各岗位制定相应的考核标准。

（3）组织结构类型

项目管理组织结构（Organizational structure）的形式多种多样，一般可分为：职能（直线型）型、项目管理型和矩阵型组织结构。

1）职能型组织结构

职能型组织结构是一种传统的组织结构模式。这种模式下每一个职能部门只对应一种专业分工，见图 3-1。

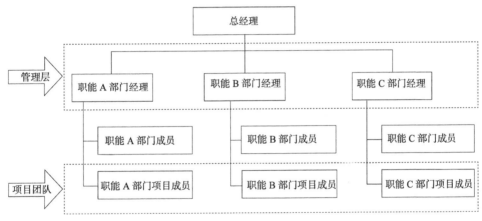

图 3-1　职能型组织结构图

职能型组织结构的优点：

①资源共享。充分利用公司内部资源，人员使用灵活，可根据项目的工作量配备资源。技术专家可以同时为不同的项目使用。项目团队中各成员有同一部门的专业人员作为技术支撑，有利于项目中的专业技术问题迅速、准确的解决。

②知识共享。职能型组织结构是按职能和专业进行划分的，有利于同一部门的专业人员在一起开展技术交流、钻研业务，从而使项目获得部门内部所有强有力的知识和技术支撑。

③事业的连续性。职能部门为本部门的专业人员日后的职业生涯提供了保证。

职能型组织结构的缺点：

由于项目成员来自不同的职能部门，部门之间缺乏横向联系，相互之间缺乏合作精神，交流沟通比较困难，容易在管理协调上出现问题。项目成员也可能不把项目任务看作自己的主要任务，在平时工作中优先考虑本部门的利益，导致整个项目工作得不到应有的重视。

2）项目型组织结构

项目组织结构是指根据项目设置企业的部门，以项目为目标的垂直组织结构，一个部门就是一个项目部，项目组成员是根据项目对人员和专业的技术需要进行设置，项目经理是该部门的领导（图3-2）。

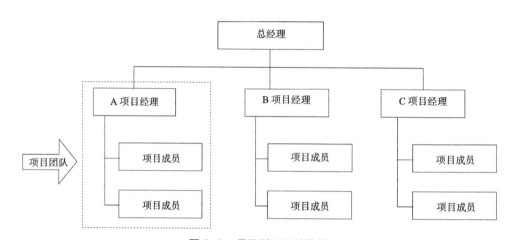

图3-2　项目型组织结构图

项目型组织结构的优点：

①项目团队成员全职。在项目组织实施结构中，项目团队的成员在项目实施期间相对固定，一般不具有双重身份，通常都是专职人员。

②充分发挥团队精神。每个部门都是基于项目而组建的，其首要目标就是完成项目的任务，项目成员能够目标明确、集中精力地参与项目目标的实施，使团队精神得到充分的发挥。

③项目经理对项目全权负责，享有最大限度的决策、管理自主权。

④沟通途径简洁。项目从职能部门中分离出来，项目经理就可以避开职能部门而直接与高层管理者进行工作沟通，这样既提高了沟通效率，又避免了沟通中由于层次较多，出现信息的失真的情况发生。

⑤命令协调一致。在项目型组织结构中，所有项目成员都在项目经理的领导下，避免了双重领导的问题。

项目型组织结构的缺点：

①资源配置重复。如果一个公司有多个项目，会造成各种资源的重复配置。

②专业知识难以共享。各项目团队的技术人员往往只注重自身项目中所需要的技

术，团队之间的互相沟通较少，不同的项目团队，很难做到知识共享。

③成员缺乏事业上的保证。一个项目做一个临时的组织，不能给成员提供长期稳定的职业发展路径。

3）矩阵型组织结构

矩阵型组织结构是指将职能型组织结构和项目型组织结构有机地结合起来，在企业内部形成一种混合的组织形式，充分发挥了两者各自的优点，避免两者缺点的出现。

在矩阵式项目组织中，存在横向和纵向两个系统，项目组织是横向、职能组织是纵向。横向系统比较适合工程项目的组织活动，而纵向系统有利于为企业发展开发提供资源。所以矩阵型组织结构既有明确的项目负责人组织项目管理，负责项目目标的实现，又能通过各职能部门为项目实施提供各种资源（图3-3）。

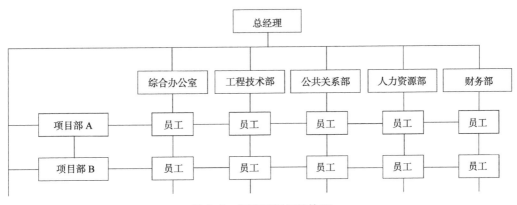

图3-3　矩阵型组织结构图

矩阵式组织结构的优点：

①项目是工作的焦点。对于矩阵型项目管理结构中，有全职的项目经理为项目负责人，在规定的时间及经费范围内完成项目，并可以有效利用全公司的资源。

②减少项目团队成员的忧虑。在项目结束后，项目人员依然可以回到原本的职能部门，不用担心失业。

③资源知识共享。可以分享各部门的技术人才储备，项目经理负责管理整个项目可以从职能部门临时抽调所需人员，当多个项目同时进行，这些人员可以灵活调动，从而充分利用项目人力资源。

④增加决策层对项目的信任。项目团队中有来自于公司，行政管理部门人员，他们能保证项目的规章制度在执行过程中与公司保持一致，这样就可以增加公司高层管理者对项目的信任。

矩阵型组织结构的缺点：

①存在多重领导。项目成员要同时接受两个指令源，可能会出现相矛盾的指令。

②容易造成项目经理之间的矛盾。由于公司资源有限，资源在职能部门与项目之间、不同项目之间的分配较为困难，可能会引起职能经理和项目经理以及各项目经理之间的争斗。

③项目与职能部门的责权不清。项目经理主管项目的技术问题，职能部门经理主管项目的行政事务，在实际运行中，要将项目经理和职能部门的责任和权利分清楚并不容易。

3.2.5　工程项目管理流程

工程项目中具有先后衔接关系的各个阶段所组成的全体称为工程项目管理流程。一般建设工程项目管理流程包括：项目启动、项目策划、项目实施、项目监控和项目收尾几个阶段性过程。项目管理流程的各个过程之间存在着既相互联系、又相互对立的关系。

（1）项目启动阶段：项目的启动标志着一个新项目的开始。在这个阶段项目管理机构应明确项目概念、初步确定项目范围、识别影响项目最终结果的内外部相关方。

内外部相关方包括建设单位、勘察单位、设计单位、施工单位、监理单位、供应单位及政府职能部门、媒体、行业协会、相关社区居民等与项目有联系的利益相关者。

（2）项目策划阶段：项目策划过程就是明确项目范围、协调项目相关方期望、优化项目目标的过程。项目策划是为实现项目目标而进行项目管理规划与项目管理配套策划。

（3）实施过程阶段：实施过程是在项目管理策划的基础上，为完成项目管理策划阶段所确定各项工作内容，对组织内的人员、资源实施具体的管理。

（4）监控过程阶段：是指在项目实施过程中，根据项目管理策划的具体内容，监督项目实施的各项活动，分析项目进展的情况、识别必要的变更需求，并付诸实施。

（5）项目收尾阶段：项目的收尾过程涉及整个项目的阶段性结束，即项目的干系人对项目产品的正式接收。这期间包含所有可交付成果的完成，如项目各阶段产生的文档、项目管理过程中的文档、与项目有关的各种记录等。

3.2.6　工程项目管理制度

（1）项目法人责任制：项目法人责任制，依据是原国家计委根据《中华人民共和国公司法》规定出台的《关于实行建设项目法人责任制的暂行规定》（计建设〔1996〕673号）文件，执行日期：1996年4月6日。

为了建立投资约束机制，规范建设单位的行为，建设工程应当按照政企分开的原则组建项目法人，实行项目法人责任制，即由项目法人对项目的策划、资金筹措、建设实施、生产经营、债务偿还和资金的保值增值，实行全过程负责的制度。

国家重点建设项目的公司章程，须报国家发展改革委员会备案，其他项目公司的章程按照项目隶属关系分别向有关部门、地方发展改革委员会备案。

（2）建设工程监理制：我国的建设工程监理制于1988年开始试点，原建设部发布的《关于开展建设监理工作的通知》中明确提出要建立建设工程监理制度。1997年《建筑法》以法律形式作出规定："国家推行建筑工程监理制度"，从而使建设工程监理在全国范围内进入全面推行阶段，从法律上明确了监理制度的法律地位。

《建筑法》第三十二条：建筑工程监理应依照法律、行政法规及有关技术标准、设计文件和建筑工程承包合同，对承包单位在施工质量、建设工期和建设资金等方面，代表建设单位实施监督。

《建设工程质量管理条例》中的有关规定：

第三十六条：工程监理单位应依照法律、法规以及有关技术标准、设计文件、建设工程承包合同，代表建设单位对施工质量实施监理，并对施工质量承担监理责任。

第三十七条：工程监理单位应当选派具备相应资格的总监理工程师和监理工程师进驻施工现场。未经监理工程师签字，建筑材料、建筑构配件和设备不得在工程上使用或安装，施工单位不得进行下一道工序的施工。未经总监理工程师签字，建设单位不得拨付工程款，不进行竣工验收。

第三十八条：监理工程师应当按照工程监理规范的要求，采取旁站、巡视和平行检验等形式，对建设工程实施监理。

《建设工程安全生产管理条例》中的有关规定：

第十四条：工程监理单位应当审查施工组织设计中的安全技术措施或者专项施工方案是否符合工程建设强制性标准。工程监理单位在实施监理过程中，发现存在安全隐患的应当要求施工单位整改；情况严重的，应当要求施工单位暂时停止施工，并及时报告建设单位。施工单位拒不整改或者不停止施工的，工程监理单位应当及时向有关主管部门报告。工程监理单位和监理工程师应当按照法律、法规和工程建设强制性标准实施监理，并对建设工程的安全生产承担监理责任。

第五十七条：违反本条例规定，工程监理单位有下列行为之一的，责令限期改正；逾期未改正的，责令停业整顿，并处10万元以上30万元以下的罚款；情节严重的，降低资质等级，直至吊销资质证书；造成重大安全事故，构成犯罪的，对直接责任人，依照刑法的有关规定追究刑事责任；造成损失的，依法承担赔偿责任。

未对施工组织设计中的安全技术措施或者专项方案进行审查的；

发现安全事故隐患未及时要求施工单位整改或者暂时停止施工的；

施工单位拒不整改或者不停止施工，未及时向有关主管部门报告的；

未依照法律、法规和工程建设强制性标准实施监理的。

（3）工程招标投标制：为了在工程建设领域，择优选定勘察单位、设计单位、监理单位、施工单位以及材料、设备供应单位，需要实行招标投标制。

《中华人民共和国招标投标法》对招标范围和规模标准、招标方式和程序、招标活动的监督等内容做出了相应的规定。

建设工程招投标是建设单位对拟建的建设工程项目通过法定的程序和方法吸引承包单位进行公平竞争，并从中选择条件优越者来完成建设工程任务的行为。

必须招标的范围：

《招标投标法》规定，在中华人民共和国境内进行下列工程建设项目包括项目的勘察、设计、施工、监理以及与工程建设有关的重要设备、材料等的采购，必须进行招标：

①大型基础设施、公共事业等关系社会公众利益、公共安全的项目；

②全部或者部分使用国有资金投资或者国家融资的项目；

③使用国际组织或者外国政府贷款、援助资金的项目。

必须招标的规模标准：

根据《工程建设项目招标范围和规模标准规定》，必须招标的范围内的各类工程建设项目，达到下列标准之一的，必须进行招标：

①施工单项合同估算在人民币200万元以上的；

②重要设备、材料等货物的采购，单项合同估算价在人民币100万元以上的；

③勘察、设计、监理等服务的采购单项合同估算将为人民币50万元以上的；

④单项合同估算价低于第①、②、③项规定的标准，但项目总投资额在人民币3000万元以上的。

可以不进行招标的建设工程项目：

根据《工程建设项目招标范围和规模标准规定》，建设项目的勘察、设计，采用特定专利或者专有技术的，或者其建筑艺术造型有特殊要求的，经项目主管部门批准，可以不进行招标。

《工程建设项目施工招投标办法》（七部委30号令）中规定，有下列情形之一的，经该办法规定的审批部门批准，可以不进行施工招标：

①涉及国家安全、国家秘密或者抢险救灾，而不是适宜招标的；

②属于利用扶贫资金实行以工代赈需要使用农民工的；

③施工主要技术采用特定的专利或者专有技术的；

④施工企业自用的工程，且该施工企业的资质等级符合工程要求的；

⑤在建工程追加的附属小型工程或者主体加层工程，原中标人仍具备承包能力的；

⑥法律、行政法规规定的其他情形。

（4）合同管理制：《合同法》明确了合同的订立、效力、履行、变更与转让、终止、违约责任等有关内容，以及包括建设工程合同、委托合同在内的十五类合同，为实行合同管理制度提供了重要的法律依据。

为了使建设工程勘察、设计、监理、施工和材料设备供应单位，依法履行各自责任和义务，住房城乡建设部和工商总局联合制定了各类建设工程示范合同文本，在工程建设中宜执行这些示范合同。

合同管理的基本内容是：建设工程的勘查、设计、施工、材料设备采购和建设工程监理都要依法订立合同，各类合同都要有明确的质量要求，履约担保和违约处罚条款，违约方要承担相应的法律责任。

（5）项目管理制度是项目管理的基本保障，由组织机构、职责、资源、过程和方法的规定要求集成，项目管理制度的内容包括：①规章制度：包括工作内容、范围和工作程序、方式，如管理细则、行政管理制度、经营管理制度等。②责任制度：包括工作责任职权和利益的界限及其关系，组织机构与管理职责制度、人力资源与劳务管理制度、劳动工资与劳动待遇管理制度等。科学有效的管理制度可以保证项目的正常运行和职工的合法权益得到保障。

（6）项目管理制度策划过程实施顺序：

①识别并确定项目管理过程；

②确立项目管理目标；

③建立健全项目管理机构；

④明确项目管理责任与权限；

⑤规定所需要的项目管理资源；

⑥监控、考核、评价项目管理绩效；

⑦确定并持续改进规章制度和责任制度。

3.2.7　工程项目范围管理

项目范围管理包括确保项目做且只做所需的全部工作，以成功完成项目各个过程工作。管理项目范围主要在于定义和控制哪些工作应该包括在项目范围内，哪些不应该包括在项目范围内。工程项目范围管理主要工作如下：

（1）规划范围管理：指为记录如何定义、确认和控制项目范围及产品范围，而创建范围管理计划的过程；

（2）收集需求：指为实现项目目标而确定、记录并管理相关方的需要和需求的过程；

（3）定义范围：制定项目和产品详细描述的过程；

（4）创建 WBS：将项目可交付成果和项目工作分解为较小的、更易于管理单元的过程；

（5）确认范围：正式验收已完成的项目可交付成果的过程；

（6）控制范围：监督项目和产品的范围状态，管理范围基准变更的过程。

3.2.8 工程项目系统管理

项目系统管理是指围绕项目整体目标而实施管理措施的过程。包括质量管理、进度管理、成本管理、安全管理、环境管理等。工程项目的系统管理所涉及的每个部分之间存在着相互兼容、相互支撑的动态发展进程，系统管理不仅要满足项目每个分目标的实施要求，而且还要确保整个系统的整体目标得到实现。

在一般的项目管理活动中，项目管理人员常采取系统分析法、系统设计法、系统实施法、系统综合评价法对项目实施系统化管理。在项目管理过程中应用系统管理方法应符合下列规定：

（1）在综合分析项目质量、安全、环保、工期和成本之间内在联系的基础上，结合各自目标的优先级分析和论证项目目标，在项目目标策划过程中兼顾各个目标的内在需求；

（2）对投资决策、招投标、勘察设计、采购、施工、试运行进行系统整合，在综合平衡项目各过程和专业之间关系的基础上实施项目系统管理；

（3）对项目实施的变更风险进行管理，兼顾相关需求、平衡各种管理关系，确保项目偏差的系统性控制；

（4）对项目系统管理的过程和结果进行监督和控制，评价项目系统管理绩效。

3.2.9 项目相关方管理

在全过程工程项目管理中，咨询机构应准确识别项目的所有相关方，了解其真实需求和期望，确保项目管理要求与相关方的期望一致。

项目相关方管理存在用于下列工作的各个过程：识别能够影响项目或会受项目影响的人员、团体或组织；分析相关方对项目的期望和影响，制定合适的管理策略来有效调动相关方参与项目决策和执行；分析相关方期望，评估他们对项目或受项目影响的程度；制定策略来有效引导相关方支持项目的决策、规划和执行，取得相关方对项目管理活动的理解与支持。

（1）识别相关方：识别相关方是定期识别项目相关方，分析和记录他们的利益需求、参与度、相互依赖性、影响力和对项目成功的潜在影响的过程；

（2）规划相关方参与：规划相关方参与是根据相关方的需求、期望、利益和对项目的潜在影响，制定项目相关方参与项目的方法的过程；

（3）管理相关方参与：管理相关方参与是与相关方进行沟通和协作，以满足其需求与期望，处理问题并促进相关方合理参与的过程；

（4）监督相关方参与：监督项目相关方参与，并通过修订参与策略和计划来引导相关方合理参与项目的过程。

　　总咨询师、项目经理、工程咨询团队在全过程工程咨询项目管理中，是否能正确识别并合理引导所有相关方参与方积极有效地参与到项目管理或咨询活动中来，对项目成功起着至关重要的作用。为提高项目成功的可能性，工程咨询团队尽早开始识别相关方并引导相关方积极参与。为了实现项目收益，识别相关方和引导相关方参与的过程需要迭代开展，至少要在以下时点开展这些活动：

　　（1）项目进入其生命周期的不同阶段；

　　（2）当前相关方不再与项目工作有关，或者在项目的相关方中出现了新的相关方成员；

　　（3）组织内部或更大区域的相关方范围发生重大变化。

　　在项目相关方管理活动中，建议将"共创"理念运用到具体的咨询活动中，该理念的关键点是将团队内受影响的相关方视为合作伙伴，关注并咨询最受项目工作或成果影响的相关方，分析、研究与相关方有效参与程度有关的正面及负面影响。

3.2.10　项目管理持续改进

　　全过程工程咨询项目管理机构应确保项目管理的持续改进，将外部需求与内部管理相互融合，以满足项目风险预防需求。项目管理机构应在内部采用下列项目管理持续改进方法：

　　（1）对于发现的不合格采取措施予以纠正；

　　（2）针对不合格的原因采取纠正措施，予以消除；

　　（3）对潜在的不合格原因采取措施，防止不合格的发生；

　　（4）针对项目管理的增值需求，采取措施予以持续满足。

第4章 工程项目报批管理

4.1 工程项目报批管理概述

工程项目报批是指由建设单位或其代理机构从项目立项开始直至最后竣工移交的整个过程中，需向当地的建设行政主管部门及相关职能部门申请建设项目各个阶段所需要办理的各项手续的行为。

工程项目的报批管理是指在项目全生命周期内，对项目报批的各个阶段、各个流程、各个环节进行计划、报批、取得相关证书（或文件）的过程进行有效科学的管理。

工程项目报批管理作为工程项目管理工作中一项重要工作内容，贯穿于项目的立项、征地、设计、招标、施工及竣工验收各阶段，其工作程序相对烦琐复杂，涉及部门较多，办事环节多、程序相互穿插。项目管理者如何优化工程项目的报批管理，合理进行报批过程中的工作穿插与有效搭接，缩短报建、报批时间，就成为报批管理的工作重点，也是确保工程项目建设向前顺利推进、实现工程项目建设成功的基本保证措施之一。

在具体的工程报批活动中，项目报批咨询管理团队应在熟知当地项目报批流程及要求的基础上，把该工程项目建设报批、审批流程进行合理优化并向业主作详细交底，使业主明确本工程项目建设报批的关键环节与关键点所在，需要主业提前准备好相关项目资料有哪些，需参建各方配合协调报批工作的事项又有哪些。从而使整个报批工作有条不紊、统一部署、有序推进，为项目建设赢得宝贵的时间，确保总体工期目标的实现。

4.2 工程项目报批流程

具体根据当地政府主管部门的要求，进行相应的调整及修改（图4-1）。

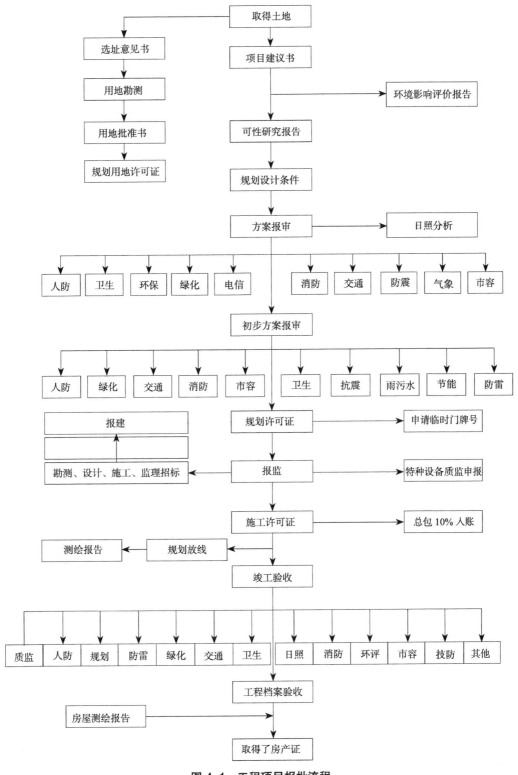

图 4-1　工程项目报批流程

4.3 工程项目报批管理环节

4.3.1 项目前期配套报批管理

在我国不同投资性质的项目，其项目立项手续办理存在差异。对于政府投资项目需配合可行性研究报告、评估等相关工作，经审批部门审批通过，才能获得立项批准文件；而对于非政府投资项目实行的是核准制或登记备案制。

项目前期配套报批管理主要工作如下：

（1）建设用地手续的办理

获取建设用地方式有出让、划拨、转让三种方式。根据业主（或委托方）的具体需求，项目咨询机构在此期间可为业主提供获取建设用地相关法律、政策方面的咨询及相关咨询服务，配合业主取得建设用地相关手续的办理工作。

（2）项目立项管理

项目立项是经项目实施组织决策者和政府有关部门的批准，并列入项目实施组织或者政府计划的过程。在我国建设项目立项报批程序包括：备案制、核准制和审批制三种方式。项目管理团队根据业主委托及建设项目的投资性质，收集整理立项手续办理所需的相关资料提交给发改委，经发改委相关职能部门批准后，项目立项报批程序结束则项目立项完成。

根据《国务院关于投资体制改革的决定》（国发〔2004〕20号）政府投资项目实行审批制，非政府投资项目实行核准或登记备案制。

政府投资项目，对于采用直接投资和资本金注入方式的政府投资项目，政府需要从投资决策的角度审批项目建议书和可行性研究报告，除特殊情况外，不再审批开工报告，同时还要严格审批其初步设计和概算；对于采用投资补助、转贷和贷款贴息方式的政府投资项目，则只审批资金申请报告。

政府投资项目一般都要经过符合资质要求的咨询中介机构的评估论证，特别重大的项目还应实行专家评议制度。国家将逐步实行政府投资项目公示制度，以广泛听取各方面的意见和建议。

非政府投资项目，对于企业不使用政府资金投资建设的项目，政府不再进行投资决策性质的审批，区别不同情况实行核准制或登记备案制。

（3）项目前期第三方评估

在对项目前期配套的第三方评估管理方面，项目管理的主要工作是从总体上协调第三方评估机构的实施进度，协调相关配合单位的工作，使第三方评估的实施时间满足项目管理总体计划要求。建设项目前期需第三方评估的主要工作有：节能评估、环境评估、交通影响评估、日照分析、抗震评估等。具体评估工作需要根据项目所在地相关政府职能部门的要求确定。

①节能评估

节能评估是指根据国家节能法律法规、节能标准，对投资项目的能源利用是否科学合理进行分析评估。节能评估由具有工程咨询资质的第三方评估单位编制，发改委相关职能部门进行审批。节能评估有节能评估报告书、节能评估报告表和节能登记表三种形式。

年综合能源消费量 300t 标准煤以上（含 3000t 标准煤，电力折算系数按当量值，下同），或年电力消费量 500 万 kW·h 以上，或年石油消费量 100t 以上，或年天然气消费量 100 万 m^3 以上的固定资产投资项目，编制节能评估报告书。

年综合能源消费量 100 ~ 3000t 标准煤（不含 3000t，下同），或年电力消费量 5 万 ~ 200 万 kW·h，或年石油消费量 100 ~ 500t，或年天然气消费量 1 万 ~ 5 万 m^3 的固定资产投资项目，编制节能评估报告表。

上述条款以外的固定资产投资项目，应由项目建设方填写节能登记表。

项目节能报告应包括下列内容：分析评价依据；项目建设方案的节能分析和比选，包括总平面布置、生产工艺、用能工艺、用能设备和能源计量器具等方面；选取节能效果好、技术经济可行的节能技术和管理措施；项目能源消费量、能源消费结构、能源效率等方面的分析；对所在地完成能源消耗总量和强度目标、煤炭消费减量替代目标的影响等方面的分析评价。

②环境影响评价

国家根据建设项目对环境的影响程度，按照《建设项目环境保护管理条例》（2017年 7 月 16 日修订版）的规定，对建设项目的环境影响评价实行分类管理。

建设项目对环境可能造成重大环境影响的，应当编制环境影响报告书，对建设项目产生的污染和对环境的影响进行全面、详细的评价；

建设项目对环境可能造成轻度环境影响的，应当编制环境影响报告表，对建设项目产生的污染和对环境的影响进行分析或者专项评价；

建设项目对环境影响很小、不需要进行环境影响评价的，应当填报环境影响登记表。

具体分类名录见《建设项目环境影响评价分类管理名录》（2017 年 9 月 1 日起施行）。

环境影响评价由具有相应工程咨询资质的第三方评估单位编制，环保局审批。

③其他第三方评价

根据项目所在地相关政府职能部门的要求，在建设工程项目前期，委托具有相应资质的单位编制各项评价报告，如交通影响评价、地质灾害评估、水土保持评估、社会评价等，以保证建设工程项目的顺利进行。

（4）建设用地规划许可

《建设用地规划许可证》是建设单位在向土地管理部门申请征用、划拨土地前，经城乡规划行政主管部门确认建设项目位置和范围符合城乡规划的法定凭证，是建设单位用地的法律凭证。

在办理建设用地规划许可证时报批咨询的主要工作是，协助建设单位向土地管理部门申请征用、划拨土地前，经城乡规划行政主管部门确认建设项目位置和范围符合城乡规划的法定凭证；协助建设单位收集整理办理建设用地规划许可证的条件资料，递交申请资料给土地管理部门审核，申请建设用地规划许可证。办理建设用地规划许可的条件如下：

①建设项目符合城乡规划；

②以划拨方式获得土地使用权的建设项目，取得《建设项目选址意见书》（有效期内）和国有主管部门对建设项目用地的预审意见或其他相关文件；

③以出让方式获得土地使用权的建设项目，取得《国有土地使用权出让合同》；

④取得项目批准（或核准、备案）文件的建设项目涉及环保、城管、国家安全、消防、文物保护等部门的，需提供各相关行政主管部门的书面意见；

⑤《建设用地规划许可证》及附图，有效期限一年。以划拨方式获得土地使用权的建设项目，还包括以规划条件为主要内容的附件。在有效期限内取得《国有土地使用证》的，有效期与《国有土地使用证》相同。

逾期未办理土地使用手续或在有效期届满30日前未申请办理延期手续的，上述证件及附图自行失效。

（5）建设工程规划许可

在通过划拨、出让或转让方式取得建设用地后，需办理规划申请。其主要包括：项目选址意见书申请、项目用地预审及项目用地规划许可证的办理等。《建设工程规划许可证》是城市规划行政主管部门依法核发的，确认有关建设工程符合城市规划要求的法律凭证。在办理建设工程规划许可证期间，项目管理部门主要工作是根据项目所在地主管部门的要求，收集整理申请工程规划许可证的相关材料；协调工程设计、第三方评估机构等咨询企业提供相应项目资料，递交申请资料给城市规划部门审核，申请建设工程规划许可证。

城市规划区内各类建设项目（包括住宅、工业、仓储、办公楼、学校、医院、市政交通基础设施等）的新建、改建、扩建、翻建，均需依法办理《建设工程规划许可证》。具体包括以下工程：

①新建、改建、扩建建筑工程；

②各类市政工程、管线工程、道路工程等；

③文物保护单位和优秀近代建筑的大修工程以及改变原有外貌、结构、平面的装修工程；

④沿城市道路或者在广场设置的城市雕塑等美化工程；

⑤户外广告设施；

⑥各类临时性建筑物、构筑物。

（6）设计阶段的报建报批工作

设计阶段报批的工作量非常大，且受外部环境因素制约的影响非常多。在这个阶段应充分发挥设计人员的技术优势和专业沟通能力。这阶段主要的报批工作如下：

①修建性详细规划审批；

②建筑设计方案审查；

③征求消防、环保、人防、卫生、防雷、航空、国安、节能等部门的意见；

④初步设计技术审查；

⑤扩大初步设计技术审查备案；

⑥办理建筑工程规划许可证；

⑦超限高层建筑工程抗震设防专项审查；

⑧施工图设计审查及备案；

⑨绿色建筑评价标识申报；

⑩设计概算审批；

⑪施工图预算审批。

（7）施工图审查

施工图审查阶段项目管理主要工作是进度跟踪，协助建设单位送审施工图设计文件。施工图设计文件递交给施工图审查机构，施工图审查机构按照相关规范、标准进行施工图审查；审查机构在规定的时间内完成审查并提供审查报告，并颁发施工图审查批准书；对不合格的项目，工程设计根据审查报告进行施工图纸修改，并重新送审。

（8）施工许可

除国务院建设行政主管部门确定的限额以下的小型工程外，建筑工程开工前，建设单位应当按照国家有关规定向工程所在地县级以上人民政府建设行政主管部门申请领取施工许可证。按照国务院规定的权限和程序批准开工报告的建筑工程，不再领取施工许可证。

申请领取施工许可证，应当具备如下条件：

①已办理建筑工程用地批准手续；

②在城市规划区内的建筑工程，已取得规划许可证；

③拆迁的，其拆迁进度符合施工要求；

④已经确定建筑施工单位；

⑤有满足施工需要的施工图纸及技术资料；

⑥有保证工程质量和安全的具体措施；

⑦建设资金已落实；

⑧法律、行政法规规定的其他条件。

建设单位应当自领取施工许可证之日起 3 个月内开工。因故不能按期开工的，应当向发证机关申请延期；延期以两次为限，每次不超过 3 个月。既不开工又不申请延期或者超过延期时限的，施工许可证自行废止。

在建的建筑工程因故中止施工的，建设单位应当自中止施工之日起 1 个月内，向发证机关报告，并按照规定做好建设工程的维护管理工作。

建筑工程恢复施工时，应当向发证机关报告；中止施工满 1 年的工程恢复施工前，建设单位应当报发证机关核验施工许可证。

按照国务院有关规定批准开工报告的建筑工程，因故不能按期开工或者中止施工的，应当及时向批准机关报告情况。因故不能按期开工超过 6 个月的，应当重新办理开工报告的批准手续。

4.3.2　工程项目竣工验收报批管理

竣工验收是投资成果转入生产或投入使用的重要标志，也是全面考核工程建设成果、检验设计和工程质量的重要步骤。

（1）专项验收

项目专项验收包括消防验收、环保验收、绿化验收、交通验收、防雷验收、档案验收、规划验收及特种设备验收，项目管理在此期间主要是监督施工单位按设计图纸、相应规范要求完成施工，组织相应单位完成专项验收初验，协助建设单位与施工单位完成项目专项验收。

建筑工程质量验收条件：

①检验批的合格质量应符合下列要求：

主控项目和一般项目的质量经抽样检查合格；具有完整的施工操作依据，质量检查记录。

②分项工程的合格质量应符合下列要求：

分项工程所含的检验批均应符合合格质量的规定；分项工程所含的检验批的质量验收记录应完整。

③分部工程的合格质量应符合下列要求：

分部工程（子分部）所含的分项工程均应符合合格质量的规定；质量控制资料应完整；地基与基础，主体结构和设备安装等分部工程有关工程安全和功能的检验和抽样检测结果应符合有关规定；观感质量验收应符合要求。

④单位工程的合格质量应符合下列要求：

单位工程（子单位）所含的分部工程（子分部）均应符合合格质量的规定；质量控制资料应完整；单位工程（子单位）所含的分部工程有关工程安全和功能的检测资

料应完整；主要功能项目的抽查结果应符合相关质量验收规范的规定；观感质量验收应符合要求。

当建筑工程质量不符合要求时，应按照下列规定进行：

经过返工重做或更换器具，设备的检验批，应重新进行评定；

经过有资质的检测单位鉴定，能够达到设计要求的检验批，应进行验收；经过有资质的检测单位鉴定，达不到设计要求，但是经过原设计单位核算认可能够达到满足结构安全和使用功能的检验批，可进行验收；经过返修或加固处理的分项工程，分部工程，虽然改变了外形尺寸但仍能够满足安全使用功能，可以按照技术处理方案和协商文件验收；经过返修或加固处理的仍不能满足安全使用要求的分部工程、单位工程，严禁验收。

（2）工程质量验收备案

施工单位根据合同及施工图纸完成项目所有施工工作后，项目管理协助建设单位申请项目竣工验收，工程竣工验收合格后，建设单位应当自建设工程竣工验收合格之日起 15 日内，将建设工程竣工验收报告和规划、消防、环保等部门出具的验收文件报建设行政主管部门或者其他有关部门备案。

第5章 工程项目合同管理

工程项目合同管理是建设工程全生命周期管理工作中重要内容之一。我们这里所说的"合同管理"是指在建设工程活动中，对合同的策划、签订、履行、变更和解除等过程所作的控制与管理。由于建设工程的特点是实施周期比较长、涉及的参与者众多，会涉及许多多的合同，比如：设计合同、咨询合同、施工承包合同、供货合同、总承包合同、分包合同等。特别是一些大型建设项目如：PPP项目、EPC项目会涉及更多的合同数量，有的甚至可达成百上千。这就要求合同管理人员应当在熟悉工程项目全生命周期工程特点的基础上，在项目初始阶段根据项目战略进行合同策划，合同执行阶段对合同的履行和变更进行严格、有效管理，在工程项目管理中，只有把"合同管理"工作做好了才能理顺各方关系，为保证工程项目建设得以顺利进展创造良好的基础。

在一般工程项目管理中，合同管理的主要工作内容包括：根据工程项目特点和要求确定设计任务委托模式和施工任务承包模式（合同结构）、选择合适的合同文本、确定合同计价方式及支付方式、对合同履行过程的管理与控制、合同索赔的处理等。

5.1 合同管理的重要性

合同管理工作随着社会经济与法律环境的不断完善而得到发展，也随着人们法律意识的不断提高其内容也在不断完善而走向成熟。在全过程工程项目管理中，合同管理作为项目管理的一大职能，已越来越受到管理者的重视。在工程实践中履行好合同管理工作，对项目的各参与者运用法律手段维护合法权益、防止财产流失、提高经济效益，增强市场竞争力起到至关重要的作用。

在全过程工程项目管理中合同管理这项工作已变得越来越复杂、对合同管理者的专业化管理要求也随之提高，主要表现在：工程项目中相关的合同数量众多，一般有几十份，几百份甚至上千份的合同，他们之间又存在复杂的关系；合同本身特别是工程承包合同其文件繁多，包括了合同协议书、投标书、图纸、规范、工程量表、工程计价等；由于合同的寿命周期相对延长，合同履行过程变长，出现争议较多、索赔较多，合同条款变得越来越多、越来越细。

由于合同将工期、成本、质量目标统一起来，明确划分了各方的责任与权利，所以在项目管理中合同管理居于核心地位，成为项目管理的一条主线，贯穿于项目管理的全过程。可以说没有合同管理，就不能形成有效的项目管理体系。

如今严格科学的工程项目合同管理已与国际合同惯例形成有效的对接，工程项目管理的国际化成为一种趋势。特别是国际上通用的合同管理条件，如 FIDIC 合同条件的引入为我国合同管理走向国际化起到了巨大的推动作用。

5.2　工程项目合同的种类

一个建设工程项目的实施，涉及很多的参与单位，一般包括：建设单位、勘察单位、设计单位、施工单位、咨询单位、监理单位、材料设备供应单位、检测单位等，在工程项目建设中，这些主体都要依靠合同确立相互之间的关系，明确双方的任务、责任和权利。

根据合同中的阶段和职能可将合同划分为：勘察合同、设计合同、施工承包合同、物资采购合同、工程监理合同、咨询合同、代理合同等。根据《中华人民共和国合同法》，勘察合同、设计合同、施工承包合同属于建设工程合同，工程监理合同、咨询合同等属于委托合同。

建设工程勘察合同即发包人与勘察人就完成商定的勘察任务明确双方权利义务关系的协议。建设工程勘察是根据建设工程的要求，查明、分析、评价建设场地的地质地理环境和岩土工程条件，编制建设工程勘察文件的活动。

建设工程设计合同即发包人与设计人就完成商定的工程设计任务明确双方权利义务关系的协议。建设工程设计是指根据建设工程的要求，对建设工程所需的技术、经济、资源、环境等条件进行综合分析、论证，编制建设工程设计文件的活动。

建设工程施工承包合同即发包人与承包人为完成商定的建设工程项目的施工任务明确双方权利义务与关系的协议。建设工程施工是指根据建设工程设计文件的要求，对建设工程进行新建、扩建、改建的施工活动。

物资采购合同分建筑材料采购合同和设备采购合同，是指采购方（发包人或者承包人）与供货方（物资供应公司或者生产单位）就建设物资的供应明确双方权利与义务关系的协议。工程建设过程中的物资包括建筑材料和设备等，建筑材料和设备的供应一般需要经过订货、生产（加工）、运输、储存、使用（安装）等各个环节，经历一个非常复杂的过程。

建设工程监理合同是建设单位（委托人）与监理单位签订，委托监理单位承担工程监理任务而明确双方权利义务关系的协议。

咨询服务合同是由委托人与咨询服务的提供者之间就咨询服务的内容、咨询服务的方式等签订的明确双方权利义务关系的协议。咨询服务根据其咨询服务的内容和服务的对象不同又可以分为多种形式。

工程建设过程中的代理活动有工程代建、招投标代理等,委托人应该就代理的内容,代理人的权限、责任、义务以及权利等与代理人签订协议。

5.3 建设工程合同的特征

（1）合同主体的严格性

建设工程合同主体一般只能是法人。发包人一般是经过批准进行工程项目建设的法人,具有国家批准的建设项目,投资计划已经落实,并具备相应的协调能力;承包人则必须具备法人资格,而且应当具备相应的从事勘察、设计、施工等资质。无营业执照或无承包资质的单位不能作为建设工程合同的主体,资质等级低的单位不能越级承包建设工程。

（2）合同标的的特殊性

建设工程合同的标的是各类建筑产品,建筑产品作为不动产决定了每个建设工程合同的标的的特殊性,其相互间具有不可替代性。另外建筑产品因其种类庞杂、外观结构、使用目的、使用人都不相同,要求每一个建筑产品都需要进行单独的设计和施工,即建筑产品是单体生产,这也决定了建筑工程合同标的特殊性。

（3）合同履行期限的长期性

建设工程由于结构复杂、体积大、建筑材料类型多、工作量大,使得合同履行期限都较长。而且,建设工程合同的订立和履行一般都需要较长的准备期,在合同的履行过程中,还可能因为不可抗力、工程变更、材料供应不及时等原因而导致合同期限顺延。所有这些情况,决定了建设工程合同的履行期限具有长期性。

（4）计划和程序的严格性

由于工程建设对国家的经济发展、人们的工作和生活都有重大的影响。因此,国家对建设工程的计划和程序都有严格的管理制度。订立建设工程合同必须以国家批准的投资计划为前提,即便是国家投资以外的,以其他方式筹集的投资也要受到当年的贷款规模和批准限额的限制,纳入当年投资规模,并经过严格的审批程序。建设工程合同的订立和履行还必须符合国家关于建设程序的规定。

（5）合同形式的特殊性

我国《合同法》对合同形式确立了以不要式为主的原则,即在一般情况下对合同形式采用书面形式还是口头形式没有限制。但是,考虑到建设工程的重要性、复杂性和合同履行的长期性,同时在履行过程中经常会发生影响合同履行的纠纷,因此,《中华人民共和国合同法》明确规定,建设工程合同应当采用书面形式。

5.4 合同管理原则

合同管理是法律手段与市场经济调节手段的结合体,是进行工程项目管理的有效方法之一。合同管理具有很强的原则性、权威性和可执行性,这也是合同管理能真正发挥效力的关键所在。合同管理一般应遵循以下几项基本原则:

(1)合同权威性原则

在建设工程的各项活动中,工程合同起到规定和协调双方权利、约束各方经济行为的作用,成为确保工程建设的顺利进行的有效途径之一。

任何一个国家的法律只是对人们经济活动中的主体行为的准则的基本框架作了法律方面的规定,而经济活动中的具体行为细节则还需要用合同来进行详细、明确的确定。如:国际上通用的 FIDIC 合同,可适用于各类国家,其中包括了法律健全的或不健全的,但对它的解释却比较统一。许多国际工程专家曾告诫,承包人应注意签订一个有利的和完备的合同,并圆满地执行合同,这无论是对于工程的实施,还是对于各方利益的保护都是很重要的。

(2)合同自由性原则

合同自由性原则主要体现在以下两个方面:

①真实意愿表达的自由。在合同签订前合同双方是在平等自由的条件下,通过双方进行商讨、自由表达各自观点与意见,自己把握该合同的签订与否,自己对自己的行为负责。我国法律规定任何人不得对对方进行胁迫,利用权力、暴力或其他手段签订违背对方意愿的合同。

②合同自由构成。合同的形式、内容、范围由双方商定;合同的签订、修改、变更、补充、解除,以及合同争端的解决等由双方商定,只要双方一致同意即可。

(3)合同合法性原则

①法律法规合同不能与法律法规相抵触,否则是无效合同,这也是对合同有效性的控制;

②合同不能危害社会公共利益;

③法律对合法合同提供充分保护。

(4)诚实信用原则

合同是在双方诚实信用的基础上签订的,合同目标必须依靠合同双方及合同相关方的真诚合作才能得以实现。

(5)公平合理原则

①承包人提供的工程(或服务)与投资人支付的价格之间应体现公平,这种公平通常以当时的市场价格为依据。

②合同工权利和义务应平衡,任何一方在享有某一项权利的同时必须履行对应的

义务，反之在承担某项义务的同时也应享有对应的权利。

③风险的分担合理。由于在工程建设中存在着一些客观条件的不可预见因素，导致一些事故和意外事件的发生从而使投资人或承包人蒙受损失。一个项目的顺利完成离不开投资人与承包人的通力合作，自然，工程中的风险也应由双方合理承担，并且这种风险分担体现在公平合理的基础上，与双方的责任、权利相对应。

④工程合同应能体现出工程惯例。

5.5 合同管理基本流程

合同管理基本流程图见图 5-1。

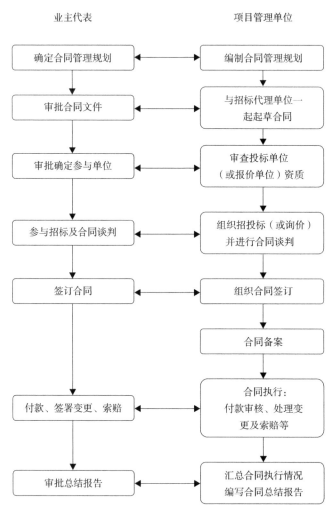

图 5-1 合同管理基本流程图

5.6　项目合同编码设置

在全过程工程项目管理工作中，为了便于对合同管理应建立相应的合同编码体系。合同编码的设计一般采用"父码＋子码"的方法编制。合同结构分解在第一级表示某一合同体系，为了表示合同特征以及与其他合同的区别，可用 1～2 位数字或字母表示，或英文缩写，或汉语拼音缩写，以方便识别。第二级代表合同体系中的主要合同，同样可以采用 1～2 位的数字和英文字母缩写、汉语拼音缩写等表示。根据合同分解结构从高层向低层对各个合同进行编码，要求每个合同有唯一的编码。

（1）合同编码应具有以下特征：

①统一性和包容性

在建设工程项目许许多多合同中，所有合同的编码必须统一，且编码适用于所有合同文件。

②编码的唯一性

在各类合同中存在着多种合同，为了区分这些合同，合同编码必须保持唯一性。比如技术合同中有咨询合同、质量检测合同等。

③编码的可扩充性

合同编码应能反映该项目的对象系统。在项目实施过程中可能会出现合同数量的增加或减少的调整，要求合同编码体系应当适应这种变更需求，在一旦对象系统发生变化，在保证其编码规则和方法不变的情况下，能够适应描述变化了的对象系统。

④便于查询、检索和汇总

编码体系应尽可能便于管理人员识别和记忆，从合同编码中能够"读出"对应的合同，同时适合计算机对其进行处理。

（2）合同编码的原则服从于信息管理中一般的编码原则，根据合同分类示例如图 5-2 所示。

图 5-2　合同编码原则

5.7　项目合同策划要点

合同策划是指依据投资人的项目管理模式和组织机构职能，制定工程的整体合同文件体系以及施工、设计某一类别的合同文件体系，详细分析、研究和确定合同协商、签订、履行合争议中的各项问题，形成合同策划方案，从而指导工程合同的签订实施。在建设工程实践中，建设工程合同一般选用标准合同条件。工程项目的合同策划要点如下：

（1）选择合同文本

为防范合同法律风险，提高合同会审、签订效率，在合同签订前必须选择合适的合同示范文本。

合同示范文本总结了以往在合同咨询过程中存在的问题与漏洞，合同条款相对较为完善，框架结构也较为合理，可以作为合同双方签订合同的有益参考，从而有效预防因合同条款缺陷引发的法律风险，利于提高合同会审、签订的工作效率。

由于每份合同都具有其特殊性，合同示范文本的内容有时可能无法满足其特殊性要求，因此合同双方在使用合同示范文本起草合同时，必须根据实际情况，及时调整合同条款的相关内容。

合同示范文本在条款的约定上有着紧密的关联性，合同双方应注意合同示范文本条款的关联性，避免出现合同条款约定前后矛盾现象。例如，验收标准条款与验收程序、方法条款相互关联，工程款支付条款与验收程序、方法条款相互关联，质保期及其起算期限条款与验收程序、方法条款及质保金的返还条款相互关联，违约责任条款与合同示范文本约定的双方当事人的义务条款相互关联。因此，对合同示范文本前述条款的修订，都将会导致其关联条款的修订。

（2）合同计价类型选择

建设工程合同的计价方式可分为：单价合同、总价合同和成本加酬金合同。

①单价合同

单价合同是最常见的合同类型，适用范围广。当施工图不完整或准备发包的工程项目内容、技术经济指标一时还不能明确时，往往要采用单价合同形式。这样在不能比较精确地计算工程量的情况下，可以避免凭运气而使发包方或承包方任何一方承担过大的风险。在具体的工程咨询实践中当采用的工程量清单计价方式的工程，一般都采用单价合同形式。FIDIC施工合同条件也属于这种合同类型。在这种合同条件下，承包人仅按合同规定承担报价的风险，即对报价（主要为单价）的正确性和适宜性承担责任，而工程量变化的风险由投资人承担。由于单价合同风险分配比较合理，能够适用大多数工程，能调动承包人和投资人双方的管理积极性，在工程实践中得到广泛地应用。

工程单价合同可细分为估算工程量单价合同和纯单价合同两种不同形式。

估算工程量单价合同是以工程量清单和工程单价表为基础和依据来计算合同价格。通常是由发包方委托招标代理单位或造价工程师提出总工程量估算表，即"暂估工程量清单"，列出分部分项工程量，由承包方以此为基础填报单价。最后工程的总价应按照实际完成工程量计算，由合同中分部分项工程单价乘以实际工程量，得出工程结算的总价。采用估算工程量单价合同可以使承包方对其投标的工程范围有一个明确的概念。

这种合同一般适用于工程性质比较清楚，但任务及其要求标准不能完全确定的情况。采用这种合同时工程量是统一计算出来的，承包方只要填上适当的单价就可以了，承担风险比较小。因此，估算工程量单价合同在实际中运用较多，目前国内推行的工程量清单招标所形成的合同就是估算工程量单价合同。

纯单价合同是发包方只向承包方给出发包工程的有关分部分项工程以及工程范围，不需对工程量作任何规定。承包方在投标时只需要对这种给定范围的分部分项工程作出报价即可，而工程量则按实际完成的数量结算。这种合同形式主要适用于没有施工图、工程量不明，却急需开工的紧迫工程。

②总价合同：所谓总价合同是指根据合同规定的内容和有关条件，业主应付的合同价款是一个固定的金额，即明确的总价。总价合同也称作总价包干合同，即当合同内容和有关条件不发生变化时，业主支付的价款总额就不发生变化。在这类合同中承包人承担了工程量增加和价格上涨的风险，除非设计有重大变更，一般不允许调整合同价格。

总价合同又可分为固定总价合同和可调总价合同两种类型。

固定总价合同的价格计算是以图纸及规定、规范为基础，工程任务和内容明确，业主的要求和条件清楚，合同总价一次包死，固定不变，即不再因为环境的变化和工程量的增减而变化。在这类合同中，承包商承担了全部的工作量和价格的风险。因此，承包商在报价时应对一切费用的价格变动因素以及不可预见因素作全面考虑，并将其包含在合同价格之中。

在我国这种合同类型常应用于建设规模较小、技术难度较低、承包人已审查完详细的施工设计图纸，并充分考虑了一些费用的上涨因素，工程施工工期比较短（一般不超过一年），对工程项目要求十分明确的项目。

对业主而言，在合同签订时就可以基本确定项目的总投资额，这对业主的投资控制是有利。在双方都无法预测的风险条件下及可能有工程变更的情况下，承包商承担了较大的风险，业主承担的风险相对较小。但是，工程变更和不可预见的困难也常常引起合同双方的纠纷或者诉讼，最终导致其他费用的增加。

当然，在固定总价合同中还可以约定在发生重大工程变更、累计工程变更超过一定幅度或者其他特殊条件下，可以对合同价格作出调整。因此，这就要求在合同中约定重大工程变更的含义、累计工程变更的金额以及什么样的特殊条件才能调整合同价格，以及合同价款调整的计算方式等。

当采用固定总价合同时，双方结算变得相对比较简单。但是由于承包商承担了较大的风险，因此报价中不可避免地要增加一笔较高的不可预见风险费。在这种合同模式下承包商的风险主要来自两个方面：一是价格风险；二是工程量风险。价格风险有报价计算错误、漏报项目、物价和人工费上涨等；工作量风险有工程量计算错误、工程范围不确定、工程变更或者由于设计深度不够所造成的误差等。

固定总价合同一般适用于工程量小、工期短，估计在施工过程中环境因素变化小，工程条件稳定并合理；工程设计详细，图纸完整、清楚，工程任务和范围明确；工程结构和技术简单，风险小；投标期相对宽裕，承包商可以有充足的时间详细考察现场、复核工程量，分析招标文件，拟定施工计划的项目。

可调总价合同又可称为变动总价合同。在这种合同体系下，合同价格是以图纸及相关规定、规范为基础，按照时价进行计算，得到包括全部工程任务和内容的暂定合同价格。它是一种相对固定的价格，在合同执行过程中，由于通货膨胀等原因而使所使用的工、料成本增加超过约定的幅度时，可以按照合同约定对合同总价进行相应的调整。当然，一般由于设计变更、工程量变化和其他工程条件变化所引起的费用变化也可以进行调整。因此，在这种合同模式下通货膨胀等不可预见因素的风险由业主承担，对承包商而言，其风险相对较小，但对业主而言，不利于投资控制，突破投资的风险将会增大。

③成本加酬金合同：也称为成本补偿合同，是指工程施工的最终合同价格是按照工程实际成本加上一定酬金进行计算。在合同签订时，工程实际成本往往不能确定，只能确定酬金的取值比例或者计算原则。成本加酬金合同是与固定总价合同正好相反的合同。

采用这种合同，承包商不承担任何价格变化或工程量变化的风险，这些风险主要由业主承担，对业主的投资控制不利，而承包商往往缺乏控制成本的积极性，常常不仅不愿意控制成本，甚至还会期望提高成本以提高自己的经济效益，因此这种合同容易被那些不道德或不称职的承包商滥用，从而损害工程的整理效益。故应尽量避免采用这种合同。

成本加酬金合同的使用条件：工程特别复杂、工程技术、结构方案不能预先确定，或者尽管可以确定工程技术和结构方案，但是不可能进行竞争性的招标活动并以总价合同或单价合同的形式确定承包商，如研究开发性质的项目；时间特别紧迫，如抢险、救灾，来不及进行详细计划和商谈的工程。

对业主而言，成本加酬金合同的优点：可以通过分段施工缩短工期，而不必等待所有施工图完成才开始招标和施工；可以减少承包商的对立情绪，承包商对工程变更和不可预见条件的反应会比较积极和快捷；可以利用承包商的施工技术专家，帮助改进或弥补设计中的不足；业主可以根据自身力量和需要，较深入地介入和控制工程的施工管理;可以通过确定最大保证价格约束工程成本不超过某一限制,来转移部分风险。

对承包商而言,成本加酬金合同的优点:比固定总价合同的风险低,利润也有保证,工作积极性比较高。其缺点是合同的不确定性,由于设计未完成,无法准确确定合同的工程内容、工程量以及合同的终止时间,有时难以对工程计划进行合理安排。

成本加酬金合同的形式:成本加固定费用合同;成本加固定比例费用合同;成本加奖金合同;最大成本加费用合同。

在国际上,许多项目管理合同、咨询服务合同等也多采用成本加酬金合同方式。在施工承包合同中采用成本加酬金计价方式时,业主与承包商应注意以下两方面的问题:

一是必须有一个明确的如何向承包商支付酬金的条款,包括支付时间和金额百分比。如果发生变更和其他变化时,酬金支付如何进行调整。

二是应列出工程费用清单,要规定一套详细的工程现场有关的数据记录、信息存储甚至记账的格式和方法,以便对工程实际发生的人工、机械和材料消耗等数据认真而及时地记录,并保留有关工程实际成本的发票或付款的账单、表明款额已经支付的记录或证明等,以便业主进行审核和结算。

5.8　合同履约过程管理

5.8.1　合同分析

合同分析是从合同执行的角度去分析、补充和解释合同的具体内容和要求,将合同目标和合同规定落实到合同实施的具体问题和具体时间上,用以指导具体工作,使合同能符合项目管理的需要,使工程项目按合同要求实施,为合同执行和控制确定依据。

合同分析的内容:①合同的法律依据;②承包人的任务;③发包人的责任;④合同价格;⑤合同工期;⑥违约责任;⑦验收,移交及保修;⑧索赔程序和争议解决。

合同履约分析主要对合同执行问题进行研究,分析合同要求和对合同条款的解释,将合同中的规定落实到相关项目的实施具体问题,通过合同的履约分析使合同成为一份可执行的文件。合同分析的关键点是:承包商的主要合同责任,工程范围和权利;业主的主要责任和权利;不同计价方法的风险分析;合同的工期要求和补偿条件;项目实施中出现问题的处理方法;工程变更、争议解决等。

5.8.2　动态管理

在工程项目合同签订后,合同签订的各方责任主体,将承担合同约定的法律责任与义务。合同的双方及相关监督部门在合同的履行过程中,必须对合同的履行情况进行及时跟踪、监督和控制,确保合同义务的完全履行。

在合同跟踪的过程中，当出现合同实施中存在偏差，即工程实施实际情况偏离了工程计划和工程目标时，应及时分析偏差产生的原因、并采取措施纠正偏差避免损失。在实际的合同管理中，合同实施偏差的处理措施通常有以下几种：

（1）组织措施：如增加人员投入，调整人员安排，调整工作流程和工作计划等；

（2）技术措施：如变更技术方案，采用新的高效率的施工方案等；

（3）经济措施：如增加投入，采取经济激励措施等；

（4）合同措施：如进行合同变更，签订附加协议，采取索赔手段等。

5.8.3　合同交底

合同交底是指为了将合同的内容贯彻落实下去，让相关的人员清楚相关的合同条款，并遵照执行，防止因对合同不熟悉、不理解、掌握不透彻而出现违反合同的行为。

在工程项目合同实施前，必须对相关合同内容与条款进行认真的分析和相应的合同交底。合同交底的内容是以合同目标的实现为原则，以合同分析为基础、以合同内容为核心的工作，涉及合同的全部内容，特别是关系到合同目标能否顺利实施的核心条款。内容主要包括合同目标、合同标的物、合同要素、合同履行程序、合同资料整理。合同交底是将合同的要求落实到具体的责任人、各职能人员、相关工程负责人和分包商等。

5.8.4　合同控制

（1）设立漏洞工程师

在工程施工现场，项目组织机构必须设立专职的合同管理工程师，启动漏洞工程师的作用。该岗位并不是寻求与其他方面的对抗，因为任何对抗只会导致项目实施的困难，而是以积极合作的精神，协助各方面完成各自合同。其具体工作如下：

①实施前寻找合同和计划中的漏洞，以防造成对工程实施的干扰，从而起到对工程实施的预警作用，使计划工作安排得更加完善；

②及时发现在合同执行过程中出现的漏洞和失误。特别是在发出指令或做出一个决策时，要充分考虑是否会违反到合同的相关条款，是否会导致出现索赔情况；

③及时寻找对方在合同执行中出现的漏洞，并及时提出警告或提出索赔要求。

总之，合同工程师在合同执行中所做的这一切工作，不仅是可以使工程实施得以顺利进行，而且可以提前预防合同执行过程中出现的合同争议及其索赔事件。

（2）合同控制的主要工作

在合同实施工过程中，合同工程师需重点做好如下工作：

①协助项目经理正确使用合同中规定的各项权利，防止出现违约行为；

②对工程项目的各个合同的执行进行协调；

③对来往文件、会议纪要、相关指令进行法律方面的审查把关；

④进行合同实施档案管理工作，及时记录工程范围的变更、商务企业法律条款变更，以及因此导致的工程成本变化，进度变更等；记录与工程相关的谈判记录和往来文件；

⑤对合同的实施过程进行监督，做好合同协调和管理工作，以确保项目机构、各承包商、业主的工作都能满足合同要求；

⑥及时向业主、总咨询师或项目经理汇报合同的动态执行情况，对合同的实施提出合理化建议；

⑦调解合同争执，包括各个合同争执及合同之间的界面争执；

⑧协助处理索赔与反索赔事务。

由于在项目实施过程中，其工期、成本、质量为合同定义的目标，所以合同控制必须与进度控制、成本控制、质量控制协调一致地进行，充分利用合同所赋予的权利，对各方面工作进行严格管理，完成合同约定的相关内容，实现工程项目的三大目标；对工程实施进行跟踪检查，充分以合同为依据分析工程实施过程中出现问题的原因，处理好工程实施中的各种差异，并落实相关责任；在对工程实施进行调整时，要充分利用合同将对方的要求降到最小。

5.8.5　变更与索赔

（1）合同变更管理

合同变更一般是指在工程施工过程中，根据合同约定对项目实施的程序、工程内容、数量、质量要求及标准等作出的变更。合同变更一般主要由以下几个方面原因引起：

①业主新的变更指令导致对建筑的新要求，如业主有新的意图、修改项目计划、削减项目预算等；

②由于设计人员、监理人员、承包商事先没有很好理解业主的意图，或设计的错误导致图纸修改；

③工程环境的变化，预定的工程条件不准确，导致实施方案或实施计划出现变更；

④由于产生新技术和知识，有必要改变原设计、原实施方案或实施计划，或由于业主指令及业主责任的原因造成承包商施工方案的改变；

⑤政府部门对工程新的要求，如国家计划变化、环境保护要求、城市规划变动等；

⑥由于合同实施出现问题，必须调整合同目标或修改合同条款。

（2）合同索赔管理

合同索赔通常是指在工程合同履行过程中，合同当事人一方因对方不履行或未能正确履行合同或者由于其他非自身因素而受到经济损失或权利损害，通过合同规定的程序向对方提出经济或时间补偿要求的行为，索赔是一种正当的权利要求，它是合同当事人之间一项正常的而且普遍存在的合同管理工作，是一种以法律和合同为依据的合情合理的行为。

反索赔就是反驳、反击或者防止对方提出的索赔，不让对方索赔成功或者全部成功。一般认为，索赔是双向的，业主和承包商都可以向对方提出索赔要求，任何一方也都可以对方提出的索赔要求进行反驳和反击，这种反击和反驳就是反索赔。

在工程实践过程中，当合同一方向对方提出索赔要求，合同另一方对方的索赔要求和索赔文件无非有以下三种选择方式：①全部认可对方的索赔，包括索赔的数额；②全部否定对方的索赔；③部分否定对方的索赔。

在处理索赔事件中，针对一方提出的索赔要求，反索赔一方应以事实为依据，以合同为准绳，反驳和拒绝对方的不合理要求或索赔要求中的不合理部分。索赔可能由以下一个或几个方面的原因引起：①合同对方违约，不履行或未能正确履行合同义务与责任；②合同错误，如合同条文不全、错误、矛盾等，设计图纸、技术规范错误等；③合同变更；④工程环境变化，包括法律、物价和自然条件的变化等；⑤不可抗力因素，如恶劣气候条件、地震、洪水、战争状态等。

索赔成立的前提条件：与合同对照，实际已造成了承包人工程项目成本的额外支出，或者直接工期损失；造成费用增加或工期损失的原因，按合同约定不属于承包人的行为责任或风险责任；承包人按合同约定的程序和时间提交索赔意见通知和索赔报告。

5.8.6　风险管理

建设项目合同风险是建设项目各类合同从签订到履行过程中所面临的各种风险。其中既有客观原因带来的风险，也有人为因素造成的风险。是指合同中的以及由合同引起的不确定性。

（1）合同风险的分类：按合同风险产生的原因，可以分为合同工程风险和合同信用风险；按合同的不同阶段，可以分为合同订立风险和合同履约风险。

（2）合同风险产生的原因：

①合同的不确定性。由于人们对外在环境的不确定性无法完全预期，在合同中不可能把所有可能发生的未来事件都写入合同条款中，更不可能制定好处理未来事件的所有具体条款。所以，在外部环境复杂且无法全面预测的情况下，一个工程的实施会存在各种各样的风险事件，如不利的自然条件、工程变更、政策法规的变化、物价及汇率的变化等；

②合同的条款用词不严密或出现矛盾现象，有可能导致合同的不完全性，容易使合同双方在对合同条文的理解上出现歧义甚至发生争端；

③合同条文不全面、不完整，没有将双方的责权利关系全面表达清楚，没有预计到合同实施过程中可能发生的各种情况；

④由于存在着交易成本，人们签订的合同在某些方面肯定是不完全的。缔约各方愿意遗漏许多意外事件，认为等一等、看一看，要比把许多不大可能发生的事件考虑进去要好得多；

⑤信息不对称。信息不对称是合同不完全的根源，多数情况下合同执行出现了问题都可以从信息的不对称中寻找到答案。

（3）合同风险管理程序

建设项目合同风险管理是对建设项目合同存在的风险因素进行识别、度量和评价，并制定、选择和实施风险处理方案，从而达到风险管理目的的过程。

建设项目合同风险管理全过程分为两个主要阶段：风险分析阶段和风险控制阶段。风险分析阶段主要包括风险识别与风险评价两大内容，而风险控制阶段则是在风险分析的基础上，对风险因素制定控制计划，并对控制机制本身进行监督以确保其成功。风险分析阶段和风险控制阶段是一个连续不断的循环过程，是贯穿于整个项目运行的全过程管理工作。

（4）合同风险防范对策

项目合同风险防范对策主要有以下四种：风险回避、风险监控、风险转移和风险自留。

①风险回避

风险回避是指管理者预测到项目可能发生的风险，为避免风险带来的损失，主动放弃项目改变项目目标。风险回避能使项目避免可能发生的风险，但项目也失去了从风险中获利的可能性。

②风险监控

风险监控是在项目实施过程中对风险进行监测和实施控制措施的工作。风险监控工作有两方面主要内容：一是实施风险监控计划中预订规避措施对项目风险进行有效控制，妥善处理风险事件造成的不利后果；二是监测项目风险的变化，并及时作出反馈与调整。

使用此对策时，可以对项目建设全过程风险进行分析和识别，并制定相应的控制措施，形成项目风险管理表。

③风险转移

风险转移是指将风险有意识地转给其他参与者或项目以外的第三方，这是风险管理中经常采用的方法。风险转移主要有两种方式：保险转移和非保险转移。

保险风险转移是指通过购买保险的方法将风险转移给保险公司。非保险转移是指通过签订合作或分包协议的方式将风险转移出去。

④风险自留

风险自留是一种财务性的管理技术，由自己承担风险所造成的损失，对既不能转移又不能分散的工程风险，由风险承担人自留。采用这种风险处理方式，往往是因为风险是实施特定项目所无法避免的，但特定项目所带来的收益远远大于风险所造成的损失；或处理风险的成本远远大于风险发生后对项目造成的损失。

5.9 合同后评价

按照工程项目全生命周期管理要求，在合同执行后必须对合同进行后评价。将合同签订和执行过程中的利弊经验总结出来，编制分析报告以作为后期合同管理的借鉴。由于合同管理工作比较偏重经验，只有在不断总结经验基础上才能提高合同管理水平，才能培养出高水平的合同管理者。合同后评价包括的主要内容如下：

（1）合同签订情况评价。具体包括预订合同战略和策划是否正确，是否已经得到顺利实现；招标文件分析和合同风险分析的准确程度如何；该合同环境调查、实施方案、工程预算以及报价方面的问题及经验教训；合同谈判中的问题及经验教训，以后签订同类合同的注意点；各相关合同之间的协调问题。

（2）合同执行情况评价。具体包括合同执行战略是否正确、是否符合实际、是否达到理想的结果；本合同执行中出现了哪些特殊情况，采取了什么预防措施防止、避免或减少损失；合同风险控制的利弊和得失，各相关合同在执行中的协调问题。

（3）合同管理工作评价。具体包括合同管理工作对工程项目总体贡献或影响；合同分析的准确程度；在招标报价和工程实施中，工程管理各系统及其职能的协调问题，需要改进的地方；索赔处理其纠纷处理的经验教训。

（4）合同条款分析。具体包括合同的具体条款，特别是对本工程有重大影响的合同条款的表达和执行利弊得失；合同签订和执行过程中所遇到的突出问题的分析结果；对具体的合同条款如何表达更为有利。

5.10 合同管理要点

项目合同管理中咨询工程师应从以下几方面采取措施进行合同管理：

（1）加强合法性审查

在合同签约及执行过程中，应对合同签约方的资质及从业人员的资格进行审，以确保合同签署及履行的合法性。

（2）加强承发包管理

在合同履行中加强对合同转包、分包管理。严禁工程转包，主体工程不能分包，也不得将工程肢解分包。工程分包除招标文件、投标文件或合同中明确的以外，应经业主认可后方可分包。

（3）定期对合同履行情况检查

合同履行中，检查合同承包方是否按投标书或合同约定全面履行合同，如施工承包合同中，施工方项目经理是否实际到位，技术合同中设计总监、施工总监是否实际到位等，对承包方不按合同约定履行合同的行为，按合同进行索赔。

（4）合同造价管理

合同履行过程中，若发生与合同约定不一致的地方，应在遵守招投标文件及合同原则的基础上，会同监理、造价咨询单位对变更内容进行审核、提出意见。项目建设工程中应尽量避免在施工过程中变更事件的发生，变更事项确定后及时通知相关单位，以减少材料、设备的损失。

（5）合同质量管理

合同条款中要有明确的合同质量要求，并对其有相应的奖罚规定，如：在施工过程中通过监理机构加强对材料质量的把关和对施工过程的严格控制等。

（6）合同工期管理

合同工期管理是工程项目管理的重要内容，也是工程项目管理难点所在。工程项目涉及的流程复杂，消耗人力物力多，再加上一些不可预见因素，都为工期控制增加了难度。为确保建设工程项目按期完成，合同工期应服从并服务于项目总体进度计划，在合同中应有对工期的拖延的惩罚措施。

5.11　合同管理措施

（1）严格执行建设工程合同管理法律法规

随着我国《民法通则》《中华人民共和国合同法》《中华人民共和国招标投标法》《中华人民共和国建筑法》及一系列建设行政法规、规章,地方性建设法规的颁布与实施,建设工程合同管理的法律体系已基本健全。然而，在工程项目建设实施过程中，仍会暴露出许多问题，有待我们通过与合同相关的法律法规、规章制度、规范标准去解决，通过合同相关条款去约束双方的行为。在当前市场经济环境下，只有严格依法执行建设工程的合同相关条款、规范合同管理，才能有效提高建设工程合同管理的水平，才能预防和解决工程领域出现的诸多问题。

（2）建立健全合同目标管理制度

工程建设是一个极为复杂的社会生产过程，由于现代社会化大生产和专业化分工，许多单位都会参与到工程建设中，期间各类合同则是维系和规范各参与单位之间关系的纽带桥梁。为了全面、高效地管理工程项目合同，使其标准化、规范化、制度化，应针对项目量身定制一套完善的合同管理制度体系，以全面完成工程项目的合同管理工作十分必要。

合同管理制度一般包括项目合同归口管理制度、考核制度、合同用章管理制度、合同台账及归档制度等。

（3）培养合同管理人员

在现代市场经济条件下，不论是施工阶段的监理工程师、项目经理，还是建设工程各个阶段的咨询工程师、合同管理人员、合同当事人，都应当学习掌握与合同相关的法律知识，增强合同观念和合同意识，在工程实践中不断培养出懂法律、会管理的合同管理人员，不断强化建设工程合同管理工作。

（4）建立合同履约保证体系

全过程工程咨询管理机构，应对合同的履行情况进行动态分析、全面落实合同管理责任、严格合同交底制度，实施有效的合同监督，进行合同跟踪、项目竣工后进行合同评价、总结项目投资决策机制、规范管理过程。在合同的执行过程中，建立并完善合同履约保证体系，分析比较合同文件与执行产出的偏差，采取有针对性的纠偏措施，及时总结合同履行中的经验教训，为后续项目合同管理积累宝贵经验。

（5）推行合同示范文本制度

推行合同示范文本制度，一方面有助于当事人了解、掌握有关法律、法规，避免合同出漏项及显失公平条款的出现。另一方面还有利于行政管理机构对合同履约的有效监督，有助于仲裁机构或人民法院处理、仲裁、判决合同出现的纠纷，有效维护当事人的合法权益。

5.12 合同纠纷处理

合同纠纷处理方式一般有：协商、调解、仲裁、诉讼四种方式。

5.12.1 协商

当事人自行协商解决合同纠纷，是指合同纠纷的当事人，在自愿互谅的基础上，按照国家有关法律、政策和合同的约定，通过摆事实、讲道理，以达成和解协议，自行解决合同纠纷的一种方式。合同签订之后．在履行过程中，由于各种因素的影响容易产生纠纷，合同的双方应当从有利于维护团结、有利于合同履行的角度出发，怀着互让、互谅的态度，争取在较短的时间内，通过协商求得纠纷的解决。对于合同纠纷，尽管可以用仲裁、诉讼等方法解决，但由于这样解决不仅费时、费力、费钱财，而且也不利于团结，不利于以后的合作与往来。而采用协商方式解决，程序简便、及时迅速，有利于减轻仲裁和审判机关的压力，节省仲裁、诉讼费用，有效地防止经济损失的进一步扩大。同时也有利于增强纠纷当事人之间的友谊，有利于巩固和加强双方的协作关系，扩大往来，推动经济的发展。

由于这种处理方法较好，在涉外经济合同纠纷的处理中，应用也相当盛行。合同双方当事人之间自行协商解决纠纷，应当遵守以下原则：一是平等自愿原则，不允许任何一方以行政命令手段，强迫对方进行协商，更不能以断绝供应、终止协作等手段相威胁，迫使对方达成只有对方尽义务，没有自己负责任的"霸王协议"。二是合法原则，即双方达成的和解协议，其内容要符合法律和政策规定。

5.12.2 调解

合同纠纷的调解，是指双方当事人自愿在第三者（即调解的人）的主持下，在查明事实、分清是非的基础上，由第三者对纠纷双方当事人进行说明劝导，促使他们互谅互让，达成和解协议，从而解决纠纷的活动。调解有以下三个特征：

（1）调解是在第三方的主持下进行的，这与双方自行和解有着明显的不同；

（2）主持调解的第三方在调解中只是说服劝导双方当事人互相谅解，达成调解协议而不是作出裁决，这表明调解和仲裁不同；

（3）调解是依据事实和法律、政策，进行合法调解，而不是不分是非，不顾法律与政策在"和稀泥"。

5.12.3 仲裁

仲裁也称公断。合同仲裁，即由第三者依据双方当事人在合同中订立的仲裁条款或自愿达成的仲裁协议，按照法律规定对合同争议事项进行居中裁断，以解决合同纠纷的一种方式。仲裁是现代世界各国普遍设立的解决争议的一种法律制度，合同争议仲裁也是各国商贸活动中通行的惯例。

根据我国《仲裁法》规定，通过仲裁解决的争议事项，一般仅限于在经济、贸易、海事、运输和劳动中产生的纠纷。如果是因人身关系和与人身关系相联系的财产关系而产生的纠纷、则不能通过仲裁解决，而且依法应当由行政机关处理的行政争议，也不能通过仲裁解决。

仲裁有以下几个基本特征：①仲裁以双方当事人自愿为前提；②仲裁机构是民间性的组织；③仲裁的裁决具有强制性的法律效力；④仲裁过程和结果具有保密性；⑤仲裁具有快捷性。

5.12.4 诉讼

合同纠纷诉讼是指人民法院根据合同当事人的请求，在所有诉讼参与人的参加下，审理和解决合同争议的活动，以及由此而产生的一系列法律关系的总和。

人民法院是国家的审判机关，在经济诉讼中，它代表国家依法行使审判权并履行相应的职责。作为案件的审判者，人民法院在经济诉讼中既是诉讼的参加者，也是诉讼的组织者和指挥者，法律赋予人民法院审判权，使其可以依照法律规定的程序和方式进行活动，依法行使诉讼权利和履行诉讼义务。所以，人民法院在经济诉讼中处于主导地位，对经济纠纷案件的解决起着决定性作用。法律依据:《中华人民共和国刑法》第一百零三条:人民法院审理附带民事诉讼案件，可以进行调解，或者根据物质损失情况作出判决、裁定。《中华人民共和国刑法》第一百零四条:附带民事诉讼应当同刑事案件一并审判，只有为了防止刑事案件审判的过分迟延，才可以在刑事案件审判后，由同一审判组织继续审理附带民事诉讼。具体诉讼程序如下:

（1）准备诉状和证据，交到法院;

（2）法院审查后，符合法律规定，安排调解;

（3）调解不成，通知开庭审理;

（4）人民法院依据审理情况作出判决;

（5）对一审判决不服，可在 15 日内向上一级人民法院提起上诉。

5.13　工程项目合同管理实用工具

（1）合同管理软件

合同管理软件，是建立在现代信息技术基础上，利用先进的企业管理理念，为建设各方提供决策、计划、控制与经营绩效评估的全方位、系统化的合同管理平台。合同管理软件主要基于协同产品商务管理，把客户需求、制造活动、采购管理、账款管理、业务流程看作是一个紧密连接的协作链系统，采用全程一体化建模技术，将建设项目内部信息管理划分成几个相互协同作业的子系统，对协作链上的所有环节有效地实施管理。

合同管理软件必须解决实际业务管理中的问题，专注于工程项目合同管理的动态化、智能化、网络化，为建设方提供合理的流程和业务约束以及全方位的合同管理功能，包括合同起草、合同审批、文本管理、履约监督、结算安排、智能提醒合同收付款、项目管理、合同结款情况统计分析、报表输出。

合同管理软件以合同管理为切入点，为合同管理提供相应解决方案，从合同的起草、谈判、签订到执行进度以及收付款进度进行全方位管理，同时还提供了项目管理、合同往来单位管理,强大的提醒功能等综合性功能。合同涉及的各种信息可快捷、准确、清晰地得到查询,使用户在对外结算及支付过程中成竹在胸,充分体现优化资源的目的。

合同管理信息系统是以先进的工程项目管理思维与运行模式为基础，以一流的计算机网络技术为实现手段，将先进的管理理念、管理制度和管理方法融入系统流程中，并进行管理创新，以此建立良好的管理规范和管理流程，构建扎实的合同管理基础，实现合同科学管理，提高工程项目的整体管理水平。

（2）关系数据库管理系统（Access）

Access 有强大的数据处理、统计分析能力，利用 Access 的查询功能，可以方便地进行各类统计计算，并可灵活设置统计条件。比如在统计分析上万条记录、十几万条记录及以上的数据时，速度快且操作方便，这一点是 Excel 无法与之相比的。

（3）宏语言（VBA）

VBA（Visual Basic for Applications）是 Visual Basic 的一种宏语言，通常用来扩展 Windows 的应用程序功能，特别是 Microsoft Office 软件。通过 VBA 可以让 Excel、Work、Access 等程序进行自动化工作，极大地提高合同管理工作效率。

第6章 工程项目进度管理

6.1 一般规定

工程项目的进度管理是指为实现项目的进度目标而进行的计划、组织、指挥、协调和控制等活动。项目管理团队应建立全过程工程咨询服务进度管理制度，明确进度管理程序，规定进度管理职责及工作要求。项目全过程咨询单位中的监理咨询机构，应审查施工单位报审的施工总进度计划和阶段性施工计划，提出审查意见，并由总监理工程师批准后报投资人。进度管理应遵循下列程序：

（1）编制进度计划；

（2）进度计划交底，落实管理责任；

（3）实施进度计划；

（4）进行进度控制和变更管理。

6.2 进度目标

（1）项目建议书阶段的进度控制目标应是在项目建议书报批文件中提出项目总进度建议。

（2）可行性研究阶段的进度控制目标应是在可行性研究报告中提出项目总进度控制方案。

（3）设计阶段的进度控制的目标应是提供设计文件的日期并预测施工进度。

（4）建设准备阶段应以下列各项为进度控制目标。

①征地、拆迁、场地清障与平整的进度；

②水、电、道路等建设条件的准备进度；

③材料、设备的订货进度；

④施工招标和签订施工合同进度；

⑤编制与审批施工组织设计进度；

⑥编制施工总进度计划和单位工程施工进度计划。

（5）建设实施阶段的进度控制目标应是施工总进度计划和单体工程施工进度计划提供的里程碑事件日程。

（6）项目结束阶段以下列各项为进度控制目标：

①项目收尾进度；

②竣工验收进度；

③结算与决算进度；

④试运转进度；

⑤交工进度。

6.3　进度计划

项目进度计划亦称"进度计划"。包括每一具体活动的计划开始日期和期望完成日期。既可用"主进度计划"形式或详细形式表示，又可用表格形式表示，但更常以图示法表示。常用的表示方法有以下几种：

（1）有日期信息的项目网络图。这些图能显示出项目工序间前后次序的逻辑关系，同时也显示了项目关键路径与相应的活动。

（2）横道图也称"甘特图"。该图显示了活动开始和结束日期，也显示了期望活动时间，但图中显示不出相关性。条形图易读，通常用于直观显示。

（3）重大事件图。类似于条形图，可显示出主要工作细目的开始和完成时间。

（4）有时间尺度的项目网络图，是项目网络图和条形图的一种混合图。显示了项目工序的前后逻辑关系、活动所需时间和进度方面信息。

6.3.1　项目进度计划的编制依据

（1）合同文件和相关要求；（2）项目管理规划文件；（3）资源条件，内部与外部约束条件。

6.3.2　进度计划分类

全过程工程咨询服务项目管理机构应根据组织的控制性进度计划，编制项目的作业性进度计划。

（1）控制性进度计划一般包括以下几种：

①项目总进度计划；②分阶段进度计划；③子项目进度计划和单体进度计划；④年（季）度计划。

（2）作业性进度计划可包括下列种类：

①分部分项工程进度计划；②月（周）进度计划。

6.3.3 进度计划内容

（1）编制说明；（2）进度安排；（3）资源需求计划；（4）进度保证措施。

6.3.4 进度计划的编制步骤

（1）确定进度计划目标；（2）进行工作结构分解与工作活动定义；（3）确定工作之间的顺序关系；（4）估算各项工作投入的资源；（5）估算工作的持续时间；（6）编制进度计划图（表）；（7）编制资源需求计划；（8）审批并发布。

全过程工程咨询项目管理进度计划实施前，应由项目负责人向执行者交底，落实进度责任，进度计划执行者应制定实施计划的具体措施。

6.3.5 进度计划的表现方式

（1）里程碑表；（2）工作列表；（3）横道计划；（4）网络计划。

6.4 进度控制

6.4.1 工程项目进度控制原理

（1）动态控制原理

由于工程项目是在动态条件下实施的，为了实现项目的进度目标，进度控制过程就必须随着项目的进展，需不断检查工程的实际进展情况，并将实际情况与计划安排进行对比，从中得出其偏离计划的信息。然后，在分析偏差及其产生原因的基础上，通过采取组织、技术、经济等措施，维持原计划的正常实施。如果采取措施后不能维持原计划，则需要对原计划进行调整和修正，再按新的进度计划实施，这样在进度计划的执行过程中，进行不间断的检查和调整，以保证建设项目工程进度得到有效的控制。

根据动态控制原理，工程进度控制人员在进度计划执行过程中，应做好以下动态控制工作：

①进度目标的分析和论证。其目的是论证进度目标是否合理，进度目标有无可能实现。如果经过科学的论证，目标不可能实现，则必须调整或修正目标。

②在收集资料和调查研究的基础上编制进度计划。全过程工程咨询服务进度计划编制依据应包括：合同文件和相关要求；全过程工程咨询服务管理规划文件；资源条件、内部与外部约束条件（政府相关审批流程时间）等。

③进度计划的跟踪检查与调整。包括定期跟踪检查所编制进度计划的执行情况，若其执行有偏差，则采取纠偏措施，并再次审视计划的合理性，视需要调整进度计划。

（2）系统性原理

为了能够对工程项目进行有效地进度计划控制，就应编制项目的各种进度计划，包括项目总进度计划、单位工程进度计划、分部分项进度计划以及季度和月（周）进度计划，所有这些计划组成了工程项目的进度计划体系。进度计划的编制对象是由大到小，计划的内容是从粗到细。在编制时从总工期计划到局部计划，一层一层进行控制目标分解，以便保证计划控制目标落实。在执行计划时，从月（周）进度计划开始实施，逐级按目标控制，这样就达到了对工程项目整体进度的目标控制。

（3）信息反馈原理

项目信息反馈是工程项目进度控制的一个主要环节，项目的实际进度通过信息反馈到基层进度控制管理人员，在分工的职责范围内，对信息进行加工，再将信息逐级向上反馈，直到主控制人整理统计各方面的信息，经过比较分析及时调整进度偏差，使其仍符合预定工期目标。工程项目进度控制的过程实际上就是信息反馈的过程。

（4）弹性原理

由于工程项目的实施周期一般较长、影响进度的因素也比较多，其中有的影响因素已被管理人员所掌握，并根据统计经验预测到影响进度的程度以及出现的可能性，在制定进度目标时，对实施目标进行风险分析。计划编制人员具备了这些知识和实践经验之后，在编制项目进度计划时就会留有余地，使进度计划具有一定的弹性。

（5）封闭循环原理

工程项目进度管理的全过程是计划、实施、检查、比较分析、确定调整措施、再计划。自编制项目进度计划开始，经过对实施过程中的跟踪检查，收集有关实际进度的信息，进行比较和分析实际进度与施工计划进度之间的偏差，查出产生的原因提出解决办法并实施，或采取调整措施，对原进度计划进行完善，形成一个封闭循环系统。

（6）网络计划技术原理

在工程项目进度的控制中通过利用网络计划技术原理编制进度计划。根据收集的实际进度信息，比较和分析进度计划，然后又利用网络计划进行工期优化，优化和资源优化理论调整进度计划。网络计划技术原理是项目进度控制运用工期 - 成本、计划管理和分析计算的理论基础。

6.4.2　影响进度的因素

在工程项目建设中，影响进度的常见因素表现在如下几个方面：

（1）建设单位因素

建设单位使用要求改变而进行的设计变更；应提供的施工场地条件不能及时提供，或所提供的场地不能满足工程正常需求；不能及时向施工承包单位或材料供应商付款等。

（2）勘察设计单位因素

勘察资料不准确，特别是地质资料错误或遗漏；设计图纸内容不完整、不规范、设计出现缺陷和错误；设计对施工的可能性未加考虑或考虑不周，缺乏可施工性问题；施工图纸提供不及时、不配套等。

（3）施工技术因素

施工工艺出现错误、不合理的施工方案、施工安全措施不当、不可靠的技术应用等。

（4）自然环境因素

复杂的工程地质条件、不明的水文气象条件、地下埋藏物文物的保护处理、洪水、地震、台风等不可抗力因素。

（5）社会环境因素

节假日交通车辆拥堵对材料运输的影响、市容整顿的限制、临时停水、停电的影响、常见的法律法规及制度的变化、经济制裁、战争、骚乱、罢工、企业倒闭等。

（6）组织管理因素

申请报批手续出现延误，合同签订条款不严密、出现条款遗漏；计划安排不周密、组织协调不力，导致停工待料相关作业脱节；指挥不力或出现错误，导致各参建单位配合上出现差错，甚至出现矛盾。

（7）材料设备因素

材料、构配件及设备供应环节出现差错；材料的品种、规格、质量、数量，不能满足工程需要；特殊材料及新材料不合理使用；供应设备不配套、选型不当，安装失误、出现故障。

（8）资金因素

有关方拖欠建设资金、建设资金不到位、资金短缺；汇率浮动、出现通货膨胀等。

6.4.3 全过程工程咨询服务进度控制的步骤

（1）熟悉进度计划的目标、顺序、步骤、数量、时间和技术要求；

（2）实施跟踪检查，进行数据记录与统计；

（3）将实际数据与计划目标对照，分析计划执行情况；

（4）采取纠偏措施，确保各项计划目标实现。

6.4.4 进度管理的要点

全过程工程咨询项目管理团队对任务承接阶段、项目准备阶段、工程设计阶段、招标阶段、工程施工阶段、工程竣工阶段的进度管理，应在确保进度工作界面的合理衔接，管理、协调工作符合提高合同履行效率，实现为项目提供增值服务的目的。

（1）任务承接阶段的进度管理

承接任务阶段的主要工作内容包括投标、中标、签订合同。在此阶段，承包方对进度的控制有相当的难度，通常只能响应标书对进度的要求，但也有一定的灵活性，可以在合同生效的条款上（例如在预付款支付的条款、保函开立的条款、现场交付的条款以及当地政府主管部门的大量协调工作的条款等方面）为承包方尽可能地争取工期。

（2）项目准备阶段的进度管理

签订合同后，承包商应全面展开项目的准备工作，收集项目的原始资料，了解项目的现场情况，调查项目当地的物资、技术、施工力量，研究和掌握项目的特点及项目实施的进度要求，摸清项目实施的客观条件，合理部署力量，从技术上、组织上、人力、物力等各方面为项目实施创造必要的条件。认真仔细地做好准备工作，对加快实施速度、保证项目质量与安全、合理使用材料、增加项目效益等方面起着重要的作用。

项目准备阶段往往周期长、衔接工作量很大、工作很杂，也常常在不知不觉中延误项目的实施进度，必须引起足够的重视。

（3）设计阶段的进度管理

设计工作对项目的进度控制起着决定性的作用。本来它既可以算作项目准备阶段的工作，也可以算作招投标阶段的工作，在此单独讲述，是因为在项目实施过程中能否加快进度，保证质量和节约成本，在很大程度上取决于设计工作的进度和设计质量的优劣。

（4）招标阶段的进度管理

招标工作是项目实施过程中重要的工作之一，在国内外都有相关的法律法规要求对项目进行招投标。目前在我国普遍采用经过评审的合理低价中标原则。这其中特别强调是经过评审的合理低价，包括对投标单位的资质、信誉、业绩、技术力量、人员配置、机具设备状况和财务状况等多方面的评价，不仅仅考虑价格因素，还要综合考虑进度快速、质量优良、最好有过良好合作关系的单位中标，这样可以为项目顺利、快捷地实施打下良好基础。况且，项目管理的理念是与项目建设参与方共赢，一味地压低价格或其他苛刻的合作条件会使参与方在质量上、进度上甚至在安全上打折扣，最终可能影响招标人的整体利益，不利于对项目进度的控制。

（5）施工阶段的进度管理

项目的施工阶段，首先要做好施工组织，尤其要做好施工组织设计，对施工活动进行全面的计划安排。根据项目的特点，施工单位要首先编制施工组织总设计，然后根据批准后的施工组织总设计，编制单位工程施工组织设计。施工组织设计一般应明确施工方案、施工的技术组织措施，施工准备工作计划、施工平面布置、施工进度计划、施工生产要素供给计划、落实执行施工项目计划的责任人和组织方式。

（6）竣工验收阶段的进度控制

竣工验收阶段是项目实施的最后阶段，在竣工验收之前，施工单位内部要做好预验收，检查各分部、分项工程的施工质量，尽快全面地消除项目的缺陷，整理各项交工验收的技术经济资料，把自身的工作做扎实，努力缩短交工验收时间。

6.4.5　进度管理措施

为了对进度实施有效控制，咨询工程师必须根据建设工程的具体情况，认真制定进度控制措施，以确保建设工程进度控制目标的实现。进度管理措施一般包括：组织措施、技术措施、经济措施及合同措施。

（1）组织措施

①在项目组织结构中应有专门的工作部门和符合进度控制岗位资格的专人负责进度管理工作，在项目管理组织设计的任务分工表和管理职能分工表中应明示和落实进度控制人员及相应的工作职责；

②建立工程进度报告制度及建筑信息沟通网络；

③建立进度计划审核制度和进度计划实施中的检查分析制度；

④建立进度协调会议制度，包括协调会议举行的时间、地点，协调会议的参加人员等；

⑤建立图纸会审、工程变更和设计变更管理制度。

（2）经济措施

①及时办理工程预付款及工程进度款的支付手续；

②应用对于加快进度的赶工费用；

③对工期提前用给予奖励；

④工程延误收取延误其造成损失的赔偿金。

（3）技术措施

①审查承包商提交的进度计划，使承包商能在合理的状态下进行施工。

②不同的设计理念、设计技术路线、设计方案会对工程进度产生不同的影响，在设计工作的前期，特别是在设计方案评审和选用时，应对设计技术与工程项目进度的关系作分析比较。在工程项目进度受阻时，应分析是否存在设计技术的影响因素，为实现进度目标是否有设计变更的可能性。

③施工方案对工程项目进度有直接的影响。在施工方案选用的决策过程中，不仅应分析技术的先进性和经济合理性，还应考虑其对进度的影响。在工程进度受阻时，应分析是否存在施工技术的影响因素，为实现进度目标是否有改变施工技术、施工方法和施工机械的可能性。

④采用网络信息技术（包括相应的软件、局域网、互联网以及数据处理系统）结

合科学适用的计算方法，对建设工程进度实施动态控制。虽然信息技术对进度控制而言只是一种管理手段，但它的应用有利于提高工程进度信息处理的效率，有利于提高工程进度信息的透明度，有利于促进工程进度信息的交流和项目各参与方的协同工作。

采用网络计划的方法编制进度计划必须很严谨地分析和考虑工作之间的逻辑关系，通过网络计算可发现关键工作和关键线路，也可知道非关键工作可使用的时差，网络计划的方法有利于实现进度控制的科学化。

（4）合同措施

①加强合同管理，协调合同工期与进度计划之间的关系，保证合同中的进度目标的实现。根据项目的具体情况及总工期的要求，选择合理的合同结构，以免过多的合同交界面而影响工程的进展。工程物资的采购模式对进度也有直接的影响，对此应作比较分析。

②严格控制合同变更，对方提出工程的工程变更和设计变更，要进行严格审核后再补充到合同文件中。

③降风险管理，在合同中应充分考虑到风险因素及其对进度的影响，以及相应的处理方法。

④加强索赔管理，公正地处理索赔事件。

6.5 进度变更管理

全过程工程咨询项目管理团队应根据进度管理报告提供的信息，纠正进度计划执行中的偏差，对进度计划进行变更调整。当采取措施后仍不能实现原目标时，全过程工程咨询项目管理团队应变更进度计划，报本项目全过程工程咨询总负责人审查，并配合全过程工程咨询总负责人与委托人进行汇报讨论，以便获得最终的批准。

（1）项目进度计划的变更控制应符合下列规定：

①调整相关资源供应计划，并与相关方进行沟通；

②变更计划的实施应与全过程工程咨询服务管理规定及相关合同要求相一致。

（2）项目管理机构要能识别进度计划变更所带来的风险，并在进度计划变更前制定下列预防风险措施：

①组织措施；②技术措施；③经济措施；④沟通协调措施。

第7章 工程项目质量管理

建筑工程质量的不仅直接关系到人民的生命财产安全，同时还影响到工程项目的投资，最终将直接影响到我国社会的经济发展。由于工程项目建设是一个极其复杂、多方参与的综合性活动，诸多的内外部环境因素都在不同程度上对工程质量产生直接或间接地影响。因此，要求工程项目的质量管理，在充分了解并掌握质量管理内涵及质量管理方法的基础上，借助"人、机、料、法、环"五大要素的管理理论，对全过程工程项目的质量管理进行深入分析，形成有针对性的管理措施，并在工程质量管理活动中付诸实施。

7.1 工程项目质量的基本概念

我国国家标准《质量管理 体系基础和术语》GB/T 19000—2016 关于"质量"的定义是：一个关注质量的组织倡导一种通过满足顾客和其他有关相关方的需求和期望来实现其价值的文化，这种文化将反映在其行为、态度、活动和过程中。

组织的产品和服务质量取决于满足顾客的能力，以及对有关相关方的有意和无意的影响。

产品和服务的质量不仅包括其预期的功能和性能，而且还涉及顾客对其价值和受益的感知。

"工程项目质量"是指通过项目实施形成的工程实体质量，是反映建筑工程满足相关标准规定或合同约定的要求，其中包括其在安全、使用功能及耐久性能、环境保护等方面所有明显和隐含能力的特性总和。其质量特性主要体现在适用性、安全性、耐久性、可靠性、经济性及与环境的协调性六个方面。

"工程项目质量管理"是确定质量管理的方针、目标和责任，并在质量体系中实施质量策划、质量控制、质量保证和质量改进等管理职能的全部活动。

（1）质量管理的首要任务是确定机构的质量方针、质量目标，及质量方针和目标所涉及的各种责任。

质量方针是机构最高管理者正式颁布的该机构质量管理的纲领性文件，是机构总方针的一个重要组成部分。质量方针体现了机构在质量方面的追求方向及对客户的质量承诺，反映了客户对项目产品的最高期望和要求，是机构质量管理方面的最高行动准则。

质量目标是质量方针在各项质量管理活动中的具体化、定量化的表达，是各项质量活动是否达到要求的判定准则，质量目标具有可测量的特点。

（2）工程项目质量管理活动是在质量管理体系内开展的全员活动，要求对在活动中影响质量目标实现的各种因素都要纳入质量管理范围之内。

（3）质量活动是对质量策划、质量控制、质量保证、质量改进的重点管控：

质量策划：分析并明确质量目标所涉及的各种管理因素，然后，策划出对这些因素控制方法、步骤和具体要求，并根据需要提供各种资源。

质量控制：是对各种质量活动进行的测量和检查，对照规定标准要求，及时发现质量活动中出现的各种偏差，制定纠偏措施、纠正活动偏差。

质量保证：提供各种质量活动实施控制的客观证据，使管理者和客户确信本机构开展的质量活动，能够保证持续提供符合规定要求的产品和服务。

质量改进：在整质量管理活动中，管理团队要与时俱进，根据外部环境的变化及项目质量管理的实际需求，及时采取有效措施，以不断提高质量活动和过程的效率和效果。

工程项目质量管理要立足工程实际，不能出现走极端的现象，要充分考虑各种风险，成本管控、进度节点等因素对工程质量的影响，平衡影响项目成功的各种经济因素。注重吸收同类项目的经验和教训。

7.2　全过程质量管理的一般规定

（1）根据需求制定全过程工程咨询服务质量管理和质量管理绩效考核制度，配备质量管理资源。

（2）全过程工程咨询服务质量管理应坚持缺陷预防的原则，按照策划、实施、检查、处置的循环方式进行系统运作。

（3）全过程工程咨询项目管理团队应通过对人员、机具、材料、方法、环境要素的全过程管理，确保工程质量满足质量标准和相关方要求。

（4）全过程工程咨询服务质量管理应按下列程序实施：

①确定质量计划；

②实施质量控制；

③开展质量检查与处置；

④落实质量改进。

7.3 影响工程质量的五大因素

影响工程质量的因素很多，归纳起来有 5 个方面：即人（Man）、材料（Material）、机械（Machine）、方法（Method）和环境（Environment）简称是 4M1E。

（1）人的因素

工程建设的规划、决策、勘察、设计、施工与竣工验收等全过程，都是通过人的工作来完成。人员的素质及人员的文化水平、技术水平、决策能力、管理能力、组织能力和控制能力、身体素质及职业道德等人的因素，都直接或间接地对项目的规划、决策、勘察设计及施工质量产生一定的影响。

参与工程建设各方人员按其作用性质可划分为：

①决策层：参与工程建设的决策者。

②管理层：决策意图的执行者，包含各级职能部门、项目部的职能人员。

③作业层：工程实施中各项作业的操作者，包括技术工人和辅助工。

人的因素影响主要是指上述人员个人的质量意识及质量活动能力对施工质量形成的影响。作为控制对象，人应尽量避免失误；作为控制动力，应充分调动人的积极性，发挥人的主导作用。必须有效控制参与施工的人员素质，不断提高人的质量活动能力，才能保证施工质量。我国建筑工程领域实行资质管理和各类人员资格管理，及执证上岗等相关制度都是为该行业从业人员素质提出的要求及采取的重要管理措施。

（2）机的因素

这里的"机"指的是工程机具设备，工程机具设备是工程实施机械化的重要物质基础，对工程质量和进度都会产生直接影响。机具设备可分为两类：一是指组成工程实体配套的工艺设备和各类机具，如电梯、泵机、通风设备等（简称工程用机具设备）。它们的作用是与工程实体结合，保证工程形成完整的使用功能。其质量的优劣，直接影响到工程使用功能的发挥；二是是指施工过程中使用的各类施工机械和各类施工工器具，它们包括施工过程中使用的各类机具设备，包括大型垂直与横向移动建筑物件的运输设备，各类操作工具，各种施工安全措施，各类测量仪器、计量工具等。施工机械设备是所有施工方案和工法得以实施的重要物质基础，是现代化工程建设中必不可少的设施。合理选择和正确使用施工机械设备是保证施工质量的重要措施。

（3）法的因素

"法"在这里指的是施工方法，包含整个建设周期内所采取的技术方案、施工工艺、工法和施工技术措施、组织措施、检测手段，施工组织设计等。施工方案正确与否直接影响工程质量控制能否顺利实现。应避免由于施工方案考虑不周而拖延进度、影响质量、增加投资。为此，制定和审核施工方案时，必须结合工程实际，从技术、管理、工艺、组织、操作、经济等方面进行全面分析、综合考虑，力求方案技术可行、经济合理、工艺先进、措施得力、操作方便，有利于提高质量、加快进度、降低成本。

（4）料的因素

"料"指的是工程材料，是指构成工程实体的各类建筑材料。工程材料包括工程材料和施工用料，泛指构成工程实体的各类建筑材料、构配件、半成品等，工程材料种类繁多，规格成千上万。各类工程材料是工程建设的物质条件，因而材料的质量是工程质量的基础。工程材料选用是否合理、产品是否合格、材料质量是否经过检验、保管使用是否得当都将直接影响建设工程的结构、刚度和强度、影响工程外表及观感、影响工程的使用功能、影响工程的使用安全。材料质量是工程项目质量的基础，材料质量不符合要求，工程项目质量就不可能符合标准。

（5）环的因素

"环"指工程环境，环境因素在整个工程项目建设中具有复杂多变的特点。影响工程项目质量的环境因素很多，有工程客观自然环境，如：工程地质、水文、气象、噪声、通风、振动、照明、污染等；有作业环境如施工环境、施工作业面的大小、保护措施、通风照明和通信条件等；有工程项目管理环境，如：质量保证体系、质量管理制度等；有劳动环境，如：劳动组合、劳动工具、工作面等。有周边环境，如：临近的地下管线、建构筑物等。

环境因素对工程质量的影响具有复杂而多变的特点，如气象条件就变化万千，温度、湿度、大风、暴雨、酷暑、严寒都直接影响工程质量，往往前一工序就是后一工序的环境，前一分项、分部工程也就是后一分项、分部工程的环境。因此，根据工程特点和具体条件，应对影响质量的环境因素，采取有效的措施严加控制。

7.4　工程项目质量策划与计划

7.4.1　工程项目质量策划

工程项目质量策划，是工程项目质量管理的一个重要组成部分，其主要致力于设定质量目标，并规定必要的作业过程和相关资源，以实现其质量目标。

工程项目质量策划实际上是项目目标的设定过程，并围绕设定的目标分解展开必要的过程，规定这些过程的责任人，明确过程之间的相互影响，对过程的输出提出要求，确定相关的资源，规定监视与测量的方法和记录。

（1）工程项目质量策划的要求

①工程项目质量策划总体要求：在工程项目质量策划工作中应做到：识别项目质量管理体系所需的过程及在组织中的应用；确定这些过程的先后顺序和相互影响；确

定为保证这些过程得到有效运作和控制所需的准则与方法；确保可以获得必要的资源和信息，以支持这些过程的运行和对这些过程的监督；监理、测量和分析这些过程，实施必要的措施，以实现对这些过程所计划的结果，并对这些过程进行持续地改进。

②工程项目质量策划对质量文件的要求。工程项目质量策划应产生下列文件：质量方针、质量目标、质量手册，按照质量管理标准（ISO9000系列标准）要求所形成的文件形式的程序，组织为确保其过程的有效计划、运行和控制所需的文件，项目质量管理标准所要求的质量记录。不同项目的质量策划文件的多少和详细程度取决于项目的规模和活动的类型，运营及相互作用的复杂程度以及人员的能力。

③工程项目质量策划的依据有如下：工程项目质量方针、工程项目范围说明、工程产品描述、标准和规则。

（2）工程项目质量策划的方法

①成本效益分析法。工程项目满足质量要求的基本效益就是少返工，以提高生产效率，降低生产成本，使是业主满意。工程项目满足质量要求的基本成本则是开展项目质量管理活动的开支，成本效益分析就是在成本和效率之间进行权衡，使效益大于成本。

②水平对标法。水平对标法又称类比法，标杆管理和水平测试法，是将自己的产品或服务的工程与性能与公认的领先对手或已经完成的类似产品或服务进行对标，识别自身存在的质量改进机会的有效方法。在项目质量策划中可以用正在实施或已完成的项目与本项目进行对标分析，实现的项目质量管理的改进与提升，提供成熟的管理经验和思路。

③流程图法。流程图法能表明系统各组成部分间的相互关系，有助于项目管理团队事先预测工程建设中将会出现的质量问题，提前解决质量问题的措施，做好质量管理的事前控制，把可能会出现的质量问题消灭在萌芽状态。

④试验设计。通过试验能帮我们找出项目建设中，对工程质量影响大的各种因素。这种方法常应用于项目问题的综合分析。

7.4.2　工程项目质量计划

项目质量计划是在项目管理策划过程中编制的而成的。项目质量计划作为对外质量保证和对内质量控制的重要依据，应能充分体现项目全过程质量控制的要求。

质量计划是指规定用于具体情况的质量管理体系要素和资源的文件，是在特定工程环境条件下，为达到质量目标对与工程质量相关的时间、人员配备、控制方法、约束条件，管理方式等所作的控制性文件。

（1）工程项目质量计划编制依据：

①合同中约定的质量要求；

②项目管理规划大纲；

③工程项目设计文件；

④相关法律法规和标准规范；

⑤质量管理其他要求。

（2）工程项目质量计划应包括下列内容：

①质量目标和质量要求；

②质量管理体系和管理职责；

③质量管理与协调的程序；

④法律法规和标准规范；

⑤质量控制点的设置与管理；

⑥项目生产要素的质量控制；

⑦实施质量目标和质量要求所采取的措施；

⑧项目质量文件管理。

工程咨询服务质量计划应报本项目全过程工程咨询总负责人（总咨询工程师）审批或批准。全过程工程咨询服务质量计划需修改时，应按原审批或批准程序执行。

7.5　工程项目质量控制

工程项目质量控制是工程项目质量管理的一个关键性环节，是为保证和提高工程质量，运用一套质量管理体系手段和方法所进行的系统管理活动。建设工程质量控制的目标是通过有效的质量控制工作和具体的质量控制措施，在满足投资和进度要求的前提下，实现工程预定的质量目标。

建设工程的质量首先必须符合国家现行的关于工程质量的法律法规，技术标准和规范等有关规定，尤其是强制性标准的规定。

工程项目质量控制是通过检测特定的工程项目成果，来确定其是否符合规范的标准要求，同时消除引起不利后果的原因，其中工程项目成果包括活动和过程的结果以及活动或结果的本身。

7.5.1　工程项目设计质量控制

工程项目设计阶段的质量控制，主要是要选择好勘察设计单位，以保证工程设计符合决策阶段确定的质量要求，保证设计符合有关技术规范和标准的规定，保证设计文件、图纸符合现场和施工的实际条件，使其深度能满足施工的需要。

（1）工程项目设计质量控制内容：

①设计策划的质量控制；

②设计输入的质量控制；

③设计评审的质量控制；

④设计验证的质量控制；

⑤设计输出的质量控制；

⑥设计变更的质量控制。

（2）设计质量控制流程：

①按照设计合同要求进行设计策划；

②根据实际需要确定设计输出输入；

③实施设计活动并进行设计评审；

④验证和确认设计输出；

⑤实施设计变更控制。

设计评审包括：设计方案评审、重要设计中间文件评审和设计成果评审。对评审结果应形成记录并予保存。为确保设计输出文件满足设计输入的要求，应进行设计验证。设计验证的方式是设计文件的校审及会签。

（3）设计输出应满足下列要求：

①设计输入的要求；

②采购、施工、试运行要求；

③制造、检验、试验、验收的标准、规范和规定。

7.5.2　项目采购质量控制

（1）项目采购质量控制应包括下列内容：

①采购策划的控制；

②采购产品采买的控制；

③采购产品催交的控制；

④采购产品验证的控制；

⑤包装、运输的控制。

（2）采购质量控制的流程：

①确定采购程序；

②明确采购要求；

③选择合格的供应单位；

④实施采购合同控制；

⑤进行进货检验及问题处置。

采购产品的采买应在项目管理企业的合格供货商名单及发包人推荐的供货商名单中选择确定项目的合格供货商。

（3）采购产品的验证方式包括：

①供货商车间验证；

②到货现场验证；

③第三方检验。

7.5.3　项目施工质量控制

主要工作是择优选择信誉良好并能保证工程质量的施工单位，严格监督施工方按设计图纸进行施工，形成符合合同文件规定要求的最终建筑产品。

（1）项目施工质量控制流程：

①施工质量目标分解；

②施工技术交底与工序控制；

③施工质量偏差控制；

④产品或服务的验证、评价和防护。

（2）项目施工质量控制包括下列内容：

①施工策划的控制；

②施工准备的控制；

③施工过程的控制；

④施工交接的控制。

（3）施工过程的质量控制主要包括：

①施工工序质量控制；

②施工机械设备和计量测试设备监控；

③施工材料的质量控制；

④质量事故处理。

（4）工序控制应符合下列规定：

①施工管理人员及作业人员应按操作规程、作业指导书和技术交底文件进行施工；

②工序的检验和试验应符合过程检验和试验的规定，对查出的质量缺陷应按不合格控制程序及时处置；

③施工管理人员应记录工序施工情况。

（5）特殊工序控制应符合下列规定：

①对在项目质量计划中界定的特殊工序，应设置施工质量控制点进行控制；

②对特殊工序的控制，除应执行一般过程控制的规定外，还应由专业技术人员编制专门的作业指导书，经项目经理审批后执行。

（6）过程测量质量控制：

计量测试人员应按规定控制计量测试器具的使用、保管、维修和检验，计量测试器具应符合有关规定。工程测量应符合下列规定：

①在项目开工前应编制测量控制方案，经项目技术负责人批准后方可实施，测量记录应归档保存；

②在施工过程中应对测量点线妥善保护，严禁擅自移动。

（7）施工材料的质量控制应符合下列规定：

①应在项目管理企业的合格材料供货商名录中按计划招标采购材料、半成品和构配件；

②材料的搬运和贮存应按搬运储存规定进行，并应建立台账；

③项目经理部应对材料、半成品、构配件进行标识；

④未经检验和已经检验为不合格的材料、半成品、构配件和工程设备等，不得投入使用；

⑤对发包人提供的材料、半成品、构配件、工程设备和检验设备等，必须按规定进行检验和验收。

7.5.4　机械设备的质量控制

机械设备的质量控制应符合下列规定：

①应按设备进场计划进行施工设备的调配；

②现场的施工机械应满足施工需要。

7.5.5　项目试运行质量控制

项目试运行质量控制应包括下列内容：

①试运行策划的控制；

②试运行实施的控制；

③保修与回访的控制。

根据合同的要求，试运行负责人应负责组织或协助发包人编制试运行方案和必要的相关文件，经项目经理或发包人审批后实施。在试运行实施中应形成必要的记录并保存。建立工程交接后的工程保修和回访制度，工程保修应按合同约定或国家有关规定执行。

7.6　质量检查与处置

在项目执行过程中项目管理机构管理人员应根据质量计划，检查计划的执行情况并进行内部分析、审核评价，验证质量计划的实施效果。对发现的质量问题、缺陷或不合格，项目管理机构应召开有关专业人员参加的质量专题分析会，制定相应的整改措施。

7.6.1　质量控制点的设置

对项目质量计划设置的质量控制点，项目管理机构应按照规定的检测和检验。质量控制点一般包括如下几方面内容：

（1）对施工质量有重要影响的关键质量特征、项目关键部位或重要影响因素；

（2）工艺上有严格要求，对下道工序的活动有重要影响的关键质量特征或部位；

（3）严重影响项目质量的材料质量和性能；

（4）影响下道工序的质量的技术间歇时间；

（5）与施工质量密切相关的技术参数；

（6）易出现质量通病的部位；

（7）紧缺工程材料构配件和工程设备，或可能对生产安排有严重影响的关键项目；

（8）隐蔽工程验收。

7.6.2　不合格品的控制与处置

（1）对不合格控制应符合下列规定：

①应按企业的不合格控制程序杜绝不合格物资进入项目施工现场，严禁不合格工序未经处置而转入下道工序；

②对验证中发现的不合格产品和过程，应按规定进行鉴别、标识、记录、评价、隔离和处置；

③应进行不合格评审。

（2）不合格处置

应根据不合格严重程度，按返工、返修或让步接收、降级使用、拒收或报废四种情况进行处理。构成等级质量事故的不合格，应按国家法律、行政法规进行处置。

①对返修或返工后的产品，应按规定重新进行检验和试验，保存记录；

②进行不合格让步接收时，项目经理部应向发包人提出书面让步申请，记录不合格程度和返修的情况，双方签字确认让步接收协议和接收标准；

③对影响工程主体结构安全和使用功能的不合格，应邀请发包人代表或监理工程师、设计人，共同确定处理方案，报建设主管部门批准；

④检验人员必须按规定保存不合格控制的记录。

7.7　质量改进

全过程工程咨询服务项目管理团队应定期对项目质量状况进行检查、分析、明确质量状况、落实质量改进措施。根据需求制定全过程工程咨询服务质量管理和质量管理绩效考核制度，配备质量管理资源。全过程工程咨询服务质量管理应坚持缺陷预防的原则，按照策划、实施、检查、处置的循环方式进行系统运作。全过程工程咨询项目管理团队应通过对人员、机具、材料、方法、环境要素的全过程管理，确保工程质量满足质量标准和相关方要求。

组织应根据不合格的信息，评价采取改进措施的需要，实施必要的改进措施，当经过验证效果不佳或未完全达到预期的效果时，应重新分析原因，采取相应措施。

7.7.1 预防措施

预防措施应符合下列规定：

（1）定期召开质量分析会，对影响工程质量的潜在原因，采取预防措施；

（2）对可能出现的不合格，应制定防止再发生的措施并组织实施；

（3）对质量通病应采取预防措施；

（4）对潜在的严重不合格，应实施预防措施控制程序；

（5）定期评价预防措施的有效性。

7.7.2 纠正措施

纠正措施应符合下列规定：

（1）对发包人或监理工程师、设计人员、质量监督部门提出的质量问题，应分析原因，制定纠正措施；

（2）对已发生或潜在的不合格信息，应分析并记录结果；

（3）对检查发现的工程质量问题或不合格报告提及的问题，应由项目技术负责人组织有关人员判定不合格程度，制定纠正措施；

（4）对严重不合格或重大质量事故，必须实施纠正措施；

（5）实施纠正措施的结果应由项目技术负责人验证并记录；对严重不合格或等级质量事故的纠正措施和实施效果应验证，并应报企业管理层；

（6）项目经理部或责任单位应定期评价纠正措施的有效性。

第8章 投资与成本管理

工程项目投资管理是在项目实施过程中，为确保项目在批准的费用预算内尽可能实现完成，而对所需要的各个过程进行的组织、计划、控制和协调的一系列活动。本章所述的工程项目投资控制与管理是指建设项目从投资决策阶段、设计阶段、建设实施阶段到竣工结算阶段的费用管理，即全过程的费用管理。其最终目的是为有效控制工程投资，减少资金的不合理流失，实现整个投资过程的良性循环，以达到预期的投资效益。

项目成本管理包括为使项目在批准的预算内完成而对成本进行规划、估算、预算、融资、筹资、管理和控制的各个过程，从而确保项目在批准的预算内完工。项目成本管理过程包括：

（1）规划成本管理：确定如何估算、预算、管理、监督和控制项目成本的过程；

（2）估算成本：对完成项目活动所需货币资源进行近似估算的过程；

（3）制定预算：汇总所有单个活动或工作包的估算成本，建立一个经批准的成本基准的过程；

（4）控制成本：监督项目状态，以更新项目成本和管理成本基准变更的过程。

8.1 建设工程投资相关概念

投资（Investment）是指将一定数量的有形或无形资财投入某种对象或事业，以取得未来不确定的收益或社会效益的活动。

项目投资（Project investment）就是以投资主体为特定目的，将一定数量的货币、资本及实物投放于指定项目，在未来相当长时间里获取预期收益的经济活动。

（1）投资的构成要素，包括投资主体、投资客体、投资资源和投资方式。其中，投资主体是指具有投资动机的人和独立经营的经济主体；投资客体是指投资行为的外在对象，如固定资产投资；投资资源包括主动性资源和被动性资产，主动性资源如货币、资产等，被动性资产如建材设备工具；投资方式如固定资产投资中的更新改造投资、基本建设投资。

（2）投资的成本

投资的机会成本与投资的会计成本：

机会成本（Opportunity cost）是指企业为从事某项经营活动而放弃另一项经营活动的机会，或利用一定资源获得某种收入时所放弃的另一种收入。投资的机会成本是当资本投入到某项目后，在一段时间里，投入的这部分资本被禁锢在这一项目中，而失去了投资于其他项目的机会，由此丧失了这部分资本投入到其他项目所能获得到的最大收益。

投资的会计成本及投资的资金成本，它是投资主体在筹集资金时所付出的代价，主要包括筹资费和资金的使用费。

（3）投资的资金成本公式

$K=D/(P-F)$ 或 $K=D/(P-P\times f)$ 投资总额。

式中　　K——资金成本率；

　　　　P——筹资总额；

　　　　D——使用费；

　　　　F——筹资费；

　　　　f——筹资费率（筹资费占筹资额的比率）。

（4）投资效益

投资效益是指在合理利用资源和保护生态环境的前提下，以尽量少的劳动消耗和物质消耗，生产出更多的符合社会需要的产品。分为直接效益和间接效益，直接效益是指提高了产品和服务质量从而替代其他相同或类似企业的产品和服务；间接效益就是我们通常所说的外部效益。

（5）投资费用

投资费用是指为取得效益所花费的代价，分为直接费用和间接费用。直接费用是指供应投资项目的产品和服务而耗用的资源费用；间接费用是指外部费用，指社会为投资项目付出的代价，项目本身并不需要支付这笔费用。

（6）投资效果

投资的效果分为有形效果、外部效果和无形效果。有形效果即直接费用效益比，一般用投资的产出与投入的比较来表示；外部效果是外部效益与外部费用之比；无形效果指对投资产生的效益和费用不能以货币形态来度量的效果。

8.2　建设工程项目投资的构成

要做好工程项目投资与成本管理，就必须了解工程项目的投资构成。一般我们所说的工程项目投资，是指进行某项工程建设所花费的全部费用，由建设投资（或称为固定资产投资）和流动资产投资两部分组成。生产性建设工程项目总投资包括建设投资、建设期贷款利息和流动资金三部分，铁路项目总投资中除上述三部分外，还包括机车车辆购置费；非生产性建设项目工程总投资则只包括建设投资。

建设投资是指进行一个工程项目的建造所需要花费的全部费用，即从工程项目确定建设意向直至建成竣工验收为止的整个建设期间所支出的总费用，这是保证工程项目建设活动正常进行的必要资金，是工程项目投资中的最主要部分。建设投资由工程费用和工程建设其他费用组成。其中，工程费用又包括建筑安装工程费用，设备及工器具购置费用和预备费；工程建设其他费用包括土地使用费用、与项目建设有关的其他费用、与生产经营有关的费用、财务费用（图 8-1）。

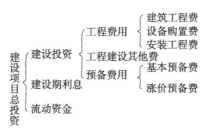

图 8-1　建设项目总投资的组成

建筑安装工程费，是指建设单位用于建筑和安装工程方面的费用，由建筑工程费用和安装工程费用两部分组成。建筑工程费用是指建设工程涉及范围内的建筑物、构筑物、场地平整、道路、室外管网铺设、大型土石方工程费用等。安装工程费用是指主要生产、辅助生产、公用工程等单项工程需要安装的机械设备、电气设备、专用设备、仪器仪表等设备的安装及配件工程费，以及工艺、供热、供水等各种管道、配件、阀门和供电外线安装工程费用等。

按照我国现行规定，建筑安装工程费用项目的组成，按两种方法划分：按费用构成划分，分为人工费、材料费、施工机具使用费、企业管理费、利润、规费和税金；按工程造价形成顺序划分，分为分部分项工程费、措施项目费、其他项目费、规费和税金（图 8-2）。

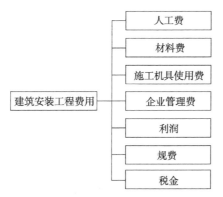

图 8-2　建筑安装工程费用项目的组成（一）

按费用构成要素划分建筑安装工程费用项目组成（图8-3）：

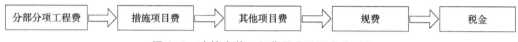

| 分部分项工程费 | 措施项目费 | 其他项目费 | 规费 | 税金 |

图 8-3　建筑安装工程费用项目组成（二）

设备及工器具购置费是指按照建设工程设计文件要求，建设单位（或其委托单位）购置或自制达到固定资产标准的设备和新建、扩建项目配置的首套工器具及生产家具所需要的费用。设备及工器具购置费由设备原价、工器具原价和运杂费（包括设备成套公司服务费用）组成。

工程建设其他费用，是指未纳入以上两项的费用，是为保证工程建设顺利进行和交付使用后能够正常发挥效用而必须开支的费用。按费用支出的性质，工程其他费用一般可分为以下几类：第一类为土地使用费或征地拆迁费；第二类是与工程项目建设有关的费用；第三类是与项目建成投产做准备相关的费用；第四类为预备费，包括基本预备费和价差预备费（由其他费中拿出单列）；第五类是财务费用，主要为贷款利息等（由其他费中拿出单列）。其中，第二类与工程项目建设有关的费用包括建设单位管理费、勘察设计费、研究试验费、临时设施费、工程监理费、工程保险费、配套工程建设费等；第三类与项目建成投产做准备相关的费用包括联合试运转费、办公和生活家具购置费等。

根据划分标准的不同，建设投资又可分为静态投资部分和动态投资部分。静态投资部分由建筑安装工程费、设备及工器具购置费、工程建设其他费用和基本预备费构成；动态投资部分是指在建设期内因建设期利息和国家新批准的税费、汇率、利率变动以及建设期价格变动引起的建设投资增加额，包括涨价预备费和建设期利息。

8.3　建设工程投资管理

8.3.1　工程项目投资管理

投资管理（Investment management）就是为了获得投资的最大收益而对投资活动进行决策、计划、组织、实施、控制的过程。其中投资决策（Investment decision）是投资管理的核心工作，它包括投资策划、投资评价等内容。投资的根本目的是为了获取收益，增加价值。

工程项目投资管理是指以工程项目为对象，为在投资计划值内实现项目而对工程建设活动中的投资所进行的策划、控制和管理。项目建设的不同参与方对工程项目投资费用的影响是不同的，项目业主在投资控制中起主导作用，如图8-4所示。

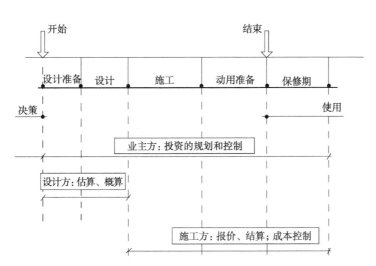

图 8-4 不同参与方对工程项目投资费用的影响

全过程工程项目投资管理就是在工程项目的实施全过程中，通过投资策划与动态控制，将实际发生的投资额控制在投资的计划值以内，以使工程项目的投资目标尽可能地实现。工程项目投资管理的核心，就是进行投资的策划（计划）和投资的控制。在工程项目的建设前期，以投资的策划为主；在工程项目实施的中后期，投资的控制占主导地位。可以说整个投资控制管理过程就是投资的策划＋投资的控制的过程。

（1）投资的策划

投资的策划包括确定计划投资费用和制定投资控制方案类工作，即确定或估算工程项目的计划投资费用，以及制定工程项目实施期间投资控制工作方案的工程管理活动，主要包括投资目标论证分析、投资目标分解、制定投资控制工作流程、投资目标风险分析、制定投资控制工作制度及有关报表数据的采集、审核与处理等一系列控制工作和措施。

计划投资费用的计算和确定。计划投资费用的计算和确定（或称工程估价），主要是指在工程项目的前期和设计阶段，计算相应投资费用、确定投资计划值的项目管理工作，形成的工程项目投资费用文件主要包括投资估算、设计概算、施工图预算、标底价格或招标控制价、合同价格、资金使用计划等。在工程项目管理的不同阶段，计划投资费用的计算确定及其主要工作内容如下：

设计准备阶段。通过对投资目标的风险分析、项目功能与使用要求的分析和确定，编制工程项目的投资规划，用以指导设计阶段的设计工作以及相应的投资控制工作。

工程设计阶段。以投资规划控制方案设计阶段和初步设计阶段的设计工作，编制设计概算。以投资规划和设计概算控制施工图设计阶段的设计工作，编制施工图预算。按工程量清单计价方式招标发包，确定工程承包合同价格等。

工程施工阶段。以投资规划、施工图预算和工程承包合同价格等控制工程施工阶段的工作，编制资金使用计划，以作为施工过程中进行工程结算和工程价款支付的目标计划。

投资控制实施方案的制定。除计算和确定计划投资费用外，投资策划的另一重要工作就是制定投资控制的实施方案。一个目标明确、重点突出、科学合理的工程项目投资控制实施方案，对于全面指导投资的控制活动，做好工程项目实施全过程中的投资控制工作，实现投资控制目标将起到关键性作用。

工程项目投资控制实施方案的主要内容，包括工程项目建设各个阶段投资控制的目标、任务、管理组织、工作重点和方法、控制流程，以及相应的组织措施、技术措施、经济措施和管理措施等。

（2）投资的控制

全过程项目投资的控制，是指在工程项目的设计准备阶段、设计阶段、施工阶段、动用前准备阶段和保修阶段，以策划的计划投资为目标，按照投资控制实施方案，采取相应的控制措施将工程项目投资控制在批准的投资限额以内，随时纠正发生的偏差，以保证项目投资管理目标的实现，使人力、物力、财力在过程中得到合理优化的利用，从而取得较好的投资效益和社会效益。

8.3.2 工程项目投资控制

（1）投资控制的依据

工程项目投资控制的主要依据包括工程项目的费用计划、进度报告、工程变更、使费用及管理计划、索赔文件等。

（2）投资控制的目标

任何控制都是为确保目标实现而进行的。由于工程项目建设过程具有周期性长、投资额大的特点，况且，在一定建设期内还受到经验和知识、科学技术条件、客观发展过程及其表现程度的影响，因此工程项目的投资控制目标不可能一成不变。事实上在工程的决策阶段只能设置一个大致的投资控制目标——投资估算，随着工程项的建设的不断推进，逐步形成了设计概算、施工图预算、承包合同价等阶段性的投资控制目标。投资估算是建设工程设计方案选择和初步设计的投资控制目标；设计概算是进行技术设计和施工图设计的投资控制目标。施工图预算、建安工程承包合同总价是施工阶段投资控制的目标。工程项目的投资估算、设计概算、施工图预算、合同总价共同组成建设工程投资控制的目标体系。在这个体现中各阶段的投资控制目标，并不是相互独立、毫无联系，而是相互依存、互为补充。

（3）投资控制的步骤

在确定了项目投资控制目标之后，投资控制咨询工程师必须定期将投资计划值与实际值进行比较，当计划投资与实际投资出现偏差时，分析偏差产生的原因，采取适当的纠偏措施，确保项目投资控制目标得以实现。

投资控制的步骤包括：比较、分析、预测、纠偏、检查。

比较：是把项目的投资目标计划值与实际值逐项进行比较。

分析：是在比较的基础上对比较的结果进行分析，以确定偏差的严重性及偏差的原因。分析的主要目的在于找出产生偏差的原因，为采取有针对性的纠偏措施提供依据，避免同类问题的再次发生。

预测。根据项目实施情况估算工程项目完成所需的投资费用。

纠偏。当工程项目的实际投资出现偏差时，应当根据工程的具体情况，在对偏差分析的基础上采取有效的控制措施，以达到使用投资偏差尽可能减小的目的。整个投资控制过程中，纠偏是最具有实质性的一步，只有通过纠偏才能使项目的投资控制目标得以实现。

检查。是指对工程的进展进行跟踪和检查，及时了解工程进展情况以及纠偏措施的执行情况及其后果，为今后的工作积累经验。

以上投资控制的步骤是一个不断循环往复的周期性过程。

在项目实施过程中，投资控制咨询工程师还需对项目的计划目标值进行合理的调整，或细化或精确化，并进行科学的分析论证，以确保投资目标的正确合理性。根据项目的进展情况及时、准确地收集实际数据，为正确地确定投资偏差提供动态数据。在项目规划阶段应对数据体系进行统一的设计，以保证比较工作的效率和有效性，采取有效的控制措施确保投资目标的实现。

（4）工程项目投资管理的主要内容

决策阶段投资控制的主要内容包括：收集行业内标杆企业投资管控参数及指标，对标项目所在地市场相关成本数据，以便评估及了解当地市场水平，为后期的成本控制工作提供参考；分析和论证项目总投资目标；编制项目总投资规划；编制设计任务书中有关投资控制的内容，对设计方案提出投资评价；编制设计阶段资金使用计划；编制项目投资估算表。

设计阶段投资控制的主要内容包括：根据方案设计审核项目总估算，控制项目总投资规划的执行；根据扩大初步设计和投资估算，审核设计概算；采用价值工程方法挖掘节约投资的潜力；编制和调整设计阶段资金使用计划并控制其执行；进行投资计划值与实际值的动态跟踪比较，完成各种投资控制报表和报告，必要时调整投资目标和计划；根据扩大初步设计文件、设计概算和实施方案，细化投资控制目标，绘制合同框架结构图，编制招标采购计划。

招标采购阶段投资控制的主要内容包括：组织编制招标采购文件，确定招标采购范围、技术要求、商务要求；组织审定招标采购文件；组织编制招标控制价；根据项目总体目标需要，统筹协调质量、进度、成本、风险等多方面因素，审定招标控制价；

组织清标分析工作，最后的定标工作应为招标代理或建设方自主招标通过评标之后确定；组织合同谈判，办理合同签订手续。

施工阶段投资控制主要内容包括：对施工安装阶段投资目标进行详细的分析、论证；组织审核施工图预算；编制各年、季、月度资金使用（预算）计划并控制其执行；审核各类工程款和材料设备款的支付申请；审核各类设计变更、技术变更、签证；参与组织重大方案的技术经济比较和论证；定期进行投资计划值与实际值的比较，完成各种投资控制报表和报告，必要时调整投资目标和计划；审核和处理施工安装费用索赔；审核各类设计变更、技术变更和签证。

竣工阶段投资控制的主要内容包括：编制竣工结算计划；编制本阶段资金使用计划并控制其执行；进行投资计划值与实际值的比较，提交各种投资控制报告；审核工程款项及金额，处理索赔事项，竣工结算审核；编制投资控制最终报告；组织完成项目财务竣工决算审计。

（5）工程项目投资管理的重点

投资控制贯穿于项目建设全过程，但工程项目投资在其全寿命周期内又有其独特的变化规律，这些规律决定了影响项目投资最大的阶段，是约占工程项目建设周期1/4的技术设计结束前的工作阶段。在一般情况下，设计准备阶段节约投资的可能性最大，其对建设工程项目经济性的影响程度能够达到95%～100%；初步设计阶段为75%～95%；技术设计阶段为35%～75%；施工图设计阶段为5%～35%；而至工程的施工阶段，影响力可能只有10%左右了。在施工过程中，由于各种原因经常会发生设计变更，设计变更对项目的经济性将产生影响，但设计变更的发生往往是由于项目前期或设计阶段的工作所致。

工程项目投资控制的重点在于施工前的投资决策阶段和设计阶段，在项目完成投资决策工作后控制项目投资的关键则转入设计阶段。据统计在工程设计阶段虽然设计费只占工程项目全寿命周期费用的1%以下，但正是这少于1%的费用，却基本上决定了工程后期全部的费用。由此可见，设计对整个工程项目的效益起着举足轻重的作用，进行工程项目的投资控制就必须抓住项目前期和设计阶段这个重点，尤其是方案设计和初步设计，而且投资控制工作越往前期，节约工程投资的可能性就越大。

建设工程全寿命周期费用包括建设投资、工程交付使用后的经常性开支以及项目使用期满后的报废拆除费用。

（6）投资控制的措施

为了有效地控制建设工程的投资，应从组织、技术、经济、合同管理等方面采取措施。项目监理机构在施工阶段投资控制的具体措施如下：

①组织措施

建立健全监理组织，完善职责分工及有关制度，落实投资控制的责任；编制本阶段投资控制工作计划和详细的工作流程图；建立工程款计量和支付制度、工程变更和签证监理工作制度，工程计量由专业监理工程师负责技术审核，造价工程师负责套价和取费的审核，最后由总监审核签字的三级责任制；使工程费用及工程进度始终处于受控状态。对未按期完成的工程量，当月不予支付；若建设单位同意，建立签证工程必须经建设单位和监理双方人员签字方为有效的制度；建立工程造价三级审核制，即现场监理工程师进行量的实物计量，造价工程师进行量价的计量和公司总造价师进行量价的最终计量。

②技术措施

对施工图纸进行自审，找出工程施工中工程费用容易突破的环节，在实施过程中加以预防；熟悉设计图纸和设计要求，针对量大、质高、价款波动大的材料的涨价预测，采取对策，减少承包方提出索赔的可能；审核施工组织设计、施工方案和施工进度计划，对主要施工方案进行技术经济分析评价，选择最经济、合理的措施；督促承包单位按批准的进度计划完成工程量；对甲供材料协助业主确定供应厂家，对承包单位供应的材料、设备，严格按设计要求进行核对，确定合理价格，并督促按时供应交货；认真做好施工过程的隐蔽签认与原始记录工作，为准确确定工程造价的变更提供可靠的依据；对工程变更进行技术经济比较，严格控制工程变更；按合理工期组织施工，避免不必要的赶工费。

③经济措施

编制资金使用计划，确定、分解与进度相一致的投资控制目标；严格进行工程计量与进度款支付。依据施工合同约定的工程量计算规则、施工图纸和进度款支付原则进行工程量计量和进度款支付；所有计量的工程必须经过监理工程师质量评定，取得质量合格证明；以设计图纸规定的建筑物几何尺寸进行计量；工程计量支付遵循工程量清单计量规定和技术规范"计量支付"条款的规定；审核工程付款支付申请单，签发付款证书；在施工过程中进行投资跟踪控制，定期的进行投资实际支出值与计划目标值的比较；发现偏差，分析产生偏差的原因，采取纠偏措施；对未按期完成的进度支付款，采取处罚手段；对工程施工过程中的投资作好分析与预测，经常或定期向业主提交项目投资控制及其存在问题的报告。

④投资控制的合同和信息措施

协助建设单位签订一个好的合同，合同中涉及投资的条款，字斟句酌，不出现不利于建设单位的条款。在施工合同中，承包范围、结算方式、采用信息价、政策性调整等帮助业主写明、写清楚，并参与合同修改，补充工作；做好施工过程中资料的收集整理工作，包括书面资料、电子资料及影像资料的收集整理；按合同条款支付工程款，防止过早、超额的资金支付；提醒业主及时全面履约，减少对方提出索赔的条件和机会，正确处理索赔事件等；建立台账、动态跟踪反馈，发生重大费用调整或单项工程造价超出投资计划指标时，及时向建设单位反馈，说明原因并提交书面报告。

8.4 工程项目成本控制

8.4.1 成本控制概述

工程项目成本控制是在工程项目实施过程中，通过适当的技术和管理手段对项目实施过程中所消耗的生产资料转移价值和劳动消耗创造的价值，以及其他费用开支和其他管理等工作进行计划、实施、监督、调节和控制，按照预先制定的目标计划后付诸实施的工作步骤，确保项目成本自始至终置于有效控制范围之内。在整个成本控制实施过程中，为了做好成本控制工作，应对每一个工序和每一项活动进行严格的成本核算，确保一切开支都控制在计划成本内，并尽可能地降低项目成本和无效消耗。

项目成本管理作为项目管理的一项重要工作，成本管理团队应建立成本管理制度，明确责任分工与业务关系，把成本管理目标分解落实到各项技术和管理活动中，对项目全过程成本实行有效地管控。

（1）工程项目成本管理主要任务包括以下几个方面：

①正确进行工程计量、成本确定和工程价款结算。

②贯彻执行工程变更程序和工程量、价调整的有关规定，及时办理相关的各项签证工作。

③贯彻执行项目成本核算制，发挥企业的技术和管理优势，编制项目成本计划，开展项目成本控制、核算、分析、预测和考核。

④建立、健全项目成本管理的责任体系，明确管理业务分工和岗位责任，把项目成本管理的目标分解渗透到各项技术、管理和经济工作中去。

（2）成本管理的内容

项目成本管理的主要内容包括：项目成本预测、成本计划、成本控制、成本核算、成本分析、成本考核和编制成本报告报表与成本资料等各项活动。具体应围绕以下几个环节展开活动。

①搞好市场预测，及时掌握生产要素的市场行情和动态变化；

②编制项目投标报价文件，正确进行投标决策，通过合同评审、谈判和订立，确定项目承包合同价；

③工程总承包项目应以项目合同总造价为目标，通过加强设计管理、优化设计方案，控制设计预算，实现对项目成本的有效控制；

④做好工程变更和施工索赔管理，跟踪处理由此引起的项目造价变化和动态调整；

⑤做好工程价款的结算，及时收回工程款；

⑥积累工程造价资料与经验，为今后项目造价管理提供依据。

（3）成本管理的基本程序

①掌握生产要素的价格信息；

②确定项目合同价；

③编制成本计划，确定成本实施目标；

④进行成本控制；

⑤进行项目过程成本分析；

⑥进行项目过程成本考核；

⑦编制项目成本报告；

⑧项目成本管理资料归档。

8.4.2　成本计划

项目成本计划应把工程范围、发包方的项目建设纲要、功能描述书等文件作为依据进行编制。项目计划成本应通过投标与签订合同形成，并作为项目管理的目标成本。目标成本是实施项目成本控制和工程价款结算的基本依据。在编制计划成本时应根据不同阶段管理的需要，在各项成本要素预测的基础上进行编制，并用于指导项目实施过程的成本控制。成本计划编制依据如下：

①合同文件；

②管理实施规划；

③相关设计文件；

④价格信息；

⑤类似项目的成本资料。

项目成本计划的编制应符合下列要求：①项目成本计划由项目管理机构负责组织编制；②项目成本计划对项目成本控制具有指导性；③成本项目指标和降低成本的指标明确。

项目成本计划编制程序：

①通过标价分离，预测项目成本；

②确定项目总体成本目标；

③编制项目总体成本计划；

④项目管理机构与组织的职能部门根据其责任成本范围，分别确定自己的成本目标，分解相关要求，编制相应的成本计划；

⑤针对成本计划制定相应的控制措施；

⑥由项目管理机构与组织职能部门负责人分别审批相应的成本计划。

8.4.3 成本控制

项目成本控制应在工程投标和设计阶段，按照功能价值、物有所值和精心设计的原则，在技术透明、需求合理的前提下，正确处理好项目造价、成本和经营利润的关系，进行项目计划成本的确定。

（1）成本控制的依据包括：①合同文件；②成本计划；③进度报告；④工程变更与索赔资料；⑤各种资源的市场信息。

（2）项目成本控制的基本程序

①确定项目成本管理分层次的目标；

②以及成本数据，监测成本形成过程；

③找出偏差、分析原因；

④制定对策、纠正偏差；

⑤调整改进成本管理方法。

（3）项目成本控制的重心应放在项目经理部，按照计划预控制、过程控制和纠偏控制的原理依次展开。

①项目成本的计划预控应运用计划管理的手段，事先做好各项建设活动的成本安排，使项目预期成本目标的实现建立在有充分技术和管理措施保障的基础上，为项目的技术与资源的合理配置和消耗控制提供依据。控制的重点是优化项目实施方案（包括工程总承包项目的设计方案）、合理配置资源和控制生产要素的采购价格。

②项目成本运行过程控制应控制实际成本的发生，包括实际采购费用发生过程的控制、劳动力和生产资料使用过程的消耗控制、质量成本及管理费用的支出控制。企业应充分发挥项目成本责任体系的约束和激励机制，提高项目成本运行过程的控制能力。

③项目成本的纠偏控制应在项目成本运行过程中，对各项成本进行动态跟踪核算，发现实际成本与目标成本产生偏差时，分析原因，采取有效措施予以纠偏。

8.4.4 成本核算

（1）项目成本核算作为项目成本控制的基本手段，运用于项目设计的全过程，根据限额设计的目标规划，把后一设计阶段的项目成本计划值和前一设计阶段的项目成本目标值，进行同口径归集对比分析，寻找设计深化过程项目成本变动的原因，通过不断优化设计，保证最终设计成本值控制在项目成本总目标的范围内。

（2）项目管理机构应结合项目成本跟踪核算过程，运用净现值法进行项目总进度累计偏差和总成本累计偏差的分析；计算后续未完工作的计划成本余额，并预测其尚需的成本数额，为后续总进度控制和总成本控制，寻求成本节约潜力提供明确的途径。

（3）项目管理机构应按规定的会计周期进行项目成本核算，在每月成本核算的基础上编制当月成本报告，作为项目月报的组成内容，提交总咨询师、项目经理、造价工程师和财务部门审核备案。

（4）项目管理机构应根据项目成本管理制度明确项目成本核算的原则、范围、程序、方法、内容、责任及要求，健全项目核算台账。

8.4.5　成本分析

（1）项目成本分析的主要依据包括：①项目成本计划；②项目成本核算资料；③项目的会计核算，统计核算和业务核算资料。

（2）成本分析的主要内容包括：①时间节点成本分析；②工作任务分解单元成本分析；③组织单元成本分析；④单项指标成本分析；⑤综合项目成本分析。

（3）成本分析的基本步骤如下：①选择成本分析方法；②收集成本信息；③形成本数据处理；④分析成本形成原因；⑤确定成本结果。

8.4.6　成本考核

成本考核是指定期通过成本指标的对比分析，对目标成本的实现情况和成本计划指标的完成结果进行的全面审核评价。

建立和健全项目造成本考核制度，并作为项目成本管理责任体系的组成部分。考核制度应对考核的目的、时间、范围、对象、方式、依据、指标、组织领导以及结论与奖惩原则等做出明确规定。

充分利用项目成本核算资料和报表，由企业财务审计部门对项目部的成本和效益进行全面审核审计，在此基础上做好项目成本效益的考核与评价，并按照项目绩效，落实成本管理责任制的激励措施。

8.5　价值工程在投资成本管控中的应用

8.5.1　价值工程概念

价值工程（Value Engineering，简写 VE），也称价值分析（Value Analysis，简写 VA），是指以产品或作业的功能分析为核心，以提高产品或作业的价值为目的，力求以最低寿命周期成本实现产品或作业使用所要求的必要功能的一项有组织的创造性活动。也称功能成本分析。价值工程的基本要素是价值、功能和寿命周期成本。

价值工程主题思想是通过对选定研究对象的功能及费用的分析，实现对分析对象价值的提高。价值指的是反映费用支出与获得之间的比例，可以用如下数学比例式进行表达：

$$V=F/C$$

式中　V——表示价值；

　　　F——表示功能；

　　　C——表示费用。

从式中可以看出，产品的价值与功能成正比，与成本成反比。

价值工程一般应用在工程设计阶段，其中：F功能是指研究对象能够满足某种需求的一种属性，即产品能够满足消费者某种需求所具备的功能。功能可分为必要功能和不必要功能，其中，必要功能是指使用者所要求的功能以及与实现使用者需求有关的功能；C费用是指产品在其全寿命期内所发生的全部费用，它是为实现消费者所要求的功能需要消耗的一切资源的货币表现。即从为满足功能要求进行研制、生产到使用所花费的全部费用，包括生产成本和使用费用。

应用价值工程，既要研究技术又要研究经济，在提高功能的同时不增加成本，或在降低成本的同时不影响功能，把提高功能和降低成本统一在最佳方案之中。即价值工程是以提高产品功能，降低产品成本为目标的技术与经济相结合的管理方法，其产生和推广运用对建设项目的成本分析与控制提供了科学的理论基础。

8.5.2　价值工程特点

（1）价值工程是以寻求最低寿命周期成本，以实现产品必要功能为目标。在价值工程理论中不只是单纯强调功能提高，也不是片面地追求成本的降低，而是致力于研究功能与成本之间的关系，找出二者共同提高产品价值的结合点，克服只顾功能而不计成本或只考虑成本而不顾功能的盲目做法。

（2）价值工程是以产品功能分析为核心。在价值工程分析中，产品成本计量相对比较容易，可以按产品的设计方案和使用方案，采用相关方法获取产品寿命周期成本；产品功能确定相对比较复杂困难，因为功能不仅是影响因素很多且不易定量计量的抽象指标，而且由于设计方案、制造工艺等的不完善，不必要功能的出现，以及人们评价产品功能方法存在差异性等，造成产品功能难以准确界定。

（3）价值工程是一个有组织的活动。价值工程分析过程不仅贯穿于产品整个寿命周期，而且其涉及面广，需要所有参与产品生产的单位、部门及专业人员的相互配合，才能准确地进行产品的成本计量、功能评价，达到提高产品的单位成本功效的目的。

（4）价值工程是一项以信息为基础的创造性活动。价值工程分析是以产品成本、功能指标、市场需求等有关的信息数据资料为基础，寻找产品创新的最佳方案。因此，信息资料是价值工程分析的基础，产品创新才是价值工程的最终目标。

（5）价值工程是技术与经济的有机地结合。尽管产品的功能设置或配置是一个技术问题，而产品的成本降低是一个经济问题，但价值工程分析过程通过"价值"（单位成本的功能）这一概念，把技术工作和经济工作有机地结合起来，克服了产品设计制造中技术与经济相互脱节的现象。

（6）价值工程以创新为支柱。价值工程强调突破、创新和求精，充分发挥人的主观能动性及创造精神。首先是对原方案进行功能分析，突破原方案的约束。其次是在功能分析的基础上，发挥其创新精神，创造更新方案。最后，进行方案对比分析，做到精益求精。

8.5.3　提高价值的基本途径

根据价值工程的基本原理，提高价值工程的基本途径有以下 5 种：

（1）提高功能，降低成本，大幅度提高价值 $F\uparrow C\downarrow =V\uparrow\uparrow$；

（2）功能不变，成本降低，提高价值 $F\rightarrow C\downarrow =V\uparrow$；

（3）功能有所提高，成本保持不变，从而提高价值 $F\uparrow C\rightarrow =V\uparrow$；

（4）功能略有下降，成本大幅度降低，从而提高价值 $F\downarrow C\downarrow\downarrow =V\uparrow$；

（5）以成本的适当提高换取功能的大幅度提高，从而提高价值 $F\uparrow\uparrow C\uparrow =V\uparrow$。

8.5.4　价值工程的实施程序

目前，价值工程已发展成为一项比较完善的管理技术，在实践中已形成了自己一套科学的实施程序，并围绕以下 7 个问题进行展开：

（1）这是什么？

（2）这是干什么用的？

（3）它的成本多少？

（4）它的价值多少？

（5）有其他方法能实现这个功能吗？

（6）新的方案成本多少？功能如何？

（7）新的方案能满足要求吗？

8.5.5　价值工程的应用步骤

（1）分析对象与任务。分析对象为工程项目的各种备选方案；任务是从分析该工程项目的功能与成本之比着手，探讨工程项目方案需要改进和完善的地方，以达到提高该工程项目使用价值的目的。

（2）绘制功能系统图。根据工程项目的特点和设计要求，确定功能目标，绘制功能系统图。

（3）计算功能系数。具体包括：确定功能比重因子；修正功能比重；计算功能系数。

（4）计算成本系数和价值系数。分别计算工程项目的成本系数，然后根据功能系数与成本系数的比值，计算出该工程项目的价值系数。

（5）对项目方案的分析、诊断和改进。通过功能系数、成本系数和价值系数的计算，可看出该工程项目哪些分部工程的价值系数小于1，即成本大于功能，从而确定对原项目方案的持续改进。

第9章 工程项目安全管理

9.1 安全管理概述

（1）安全的概念

在全过程工程项目管理中，安全指的是通过在设计采购，生产等过程，采用可靠的安全技术和手段，使项目管理活动或生产系统本身具有安全性，即使在误操作或发生故障的情况下也不会造成事故的发生。

（2）安全管理的概念

工程项目安全管理是项目管理中最重要的任务，是由企业职工全员参与的，以人的因素为主，为达到安全生目标而采取的各种措施的管理活动。安全管理是根据系统论的观点，采取组织系统化管理的方法，在企业内部形成上下同心协力，把专业技术，生产管理，数据统计和安全教育有机结合起来，建立起从签订施工合同，进行施工组织设计、现场平面设置等，施工准备工作开始，到施工的各阶段，直到工程竣工验收的全过程的安全保证体系。采用行政的、经济的、法律的、技术的和教育等手段，有效控制设备事故、人身伤亡事故和职业危害的发生，实现安全生产、文明施工。

（3）工程项目安全管理的特殊性

工程项目安全管理涉及的事故是一种人们不希望发生的意外事件、小概率事件，其发生与否，何时、何地、发生何种事故，以及事故后果如何，具有明显的不确定性。安全管理的特殊性表现在如下方面：

①安全意识是安全管理永恒的主题

工程项目安全管理是为了防止安全事故的发生。工程安全事故一旦发生将会给社会、企业和家庭带来不可估量的损失，这其中包括了财产经济损失和生命健康损失。由于工程项目建设活动的特殊性，造成建筑业的生产活动危险性大，不安全因素多，每年因公死亡人数居全国各行业的第二位，这足以引起社会各界的关注和安全生产管理者的高度重视。

由于事故发生和后果的不确定性，往往会导致人们忽略了事故发生的危险性而放松了安全管理。并且，安全管理带来的效益主要是社会效益，安全管理的经济效益往往表现为减少事故经济损失的隐性效益，不像生产经营效益那样直接和明显。因此，工程项目安全管理的一项至关重要的、长期的任务是提高从业人员的安全意识，唤起工程企业全体人员对安全管理高度重视的必由之路。提高从业人员的安全意识是工程项目安全管理永恒的主题。

②安全管理决策必须慎之又慎

由于事故发生和后果的不确定性，使得安全管理的效果不容易立即被观察到，可能要经过很长时间才能显现出来。也正是由于安全管理的这种特性，使得一项错误的管理决策往往不能在短时间内被证明，而当人们发现其错误时可能已经经历了很长时间，并且已经造成了巨大损失。因此，要求安全管理者在进行安全管理决策时，要充分意识到一项错误的安全管理决策导致安全管理出现漏洞所造成的危害。要求决策时对安全管理必须周密考虑、谨慎从事。

9.2 安全专项方案的编制与审核

9.2.1 安全专项方案的编制内容

（1）工程概况：危险性较大的分部分项工程概况、施工平面布置、施工要求和技术保证条件。

（2）编制依据：相关法律、法规、规范性文件、标准、规范及图纸（国标图集）、施工组织设计等。

（3）施工计划：包括施工进度计划、材料与设备计划。

（4）施工工艺技术：技术参数、工艺流程、施工方法、检查验收等。

（5）施工安全保证措施：组织措施、技术措施、经济措施、管理措施、应急预案、监测监控等。

（6）劳动力计划：专职安全生产管理人员、特种作业人员等。

（7）计算书及相关图纸。

（8）针对不同分部分项安全专项，施工方案中应完善其具体内容：

①施工用电：方案中应有负荷计算，变压器选择，导线和元器件选择，施工用电线路平面走向布置图，系统立面图、配电箱接线图，施工用电搭设、使用、维护及防火安全技术措施等要求；

②基坑支护：方案中应有地质勘察资料，固壁支撑负荷计算，支撑材料选择，支撑固定示意图，深基坑分层次固壁措施及检查维护安全技术要求等内容；

③土方开挖：方案中应有地下物体勘察资料，附近构筑物资料，深基坑分层次开挖要求，土方运输和堆放要求，机械开挖安全操作要求，应急安全防护措施等内容；

④降水工程：方案中应有相关地质勘察资料和附近构筑物地基资料、对周围构筑

物影响的评估以及采取相应的安全防范措施等内容;

⑤起重吊装工程:方案中应有施工作业场地(周围环境)资料、起重机械的选择、作业区周围外电线路的防护措施、桅杆式吊架风绳和地锚的设置要求、起重机械的进场检查验收要求(包括各种吊索、吊具)、特种作业人员(持证)安全操作要求、吊装信号工的配备、特种作业人员的安全防护措施、起重物就位固定措施等内容;

⑥脚手架工程:方案中应有工程概况、结构特点、设计计算书(包括基础、悬挑架、立杆、连墙件强度验算)、材料选择标准及要求、构造细部放大图(连墙件、基础、分层卸荷示意图)、脚手架立面图和平面图、脚手架防护要求(架板、安全网,每隔10m防护、防雷击、防腐、排水等)、脚手架搭设和检查验收以及拆除安全技术措施(要求)等内容;

⑦垂直运输设备装拆:方案中应有现场作业场地资料、所选择机械的名称和规格及型号、基础设置要求(按厂方提供的资料)、附墙架设置(按厂方提供的资料,如有变动必须经厂方提供正式图样)要求、进场机械的检查验收要求、机械的安装和拆除安全技术要求(按使用说明书)、外电线路的安全防护措施、安装拆除作业人员(持证)的确定(包括现场指挥、安全监督、禁区看护人员)、特种作业人员的持证上岗、安全操作要求、各种作业工具的配备和检查要求、安装检查验收要求等内容;

⑧悬挑御料平台制作安装:方案中应有设计计算书(包括挑架抗弯、吊索和拉环强度验算)、结构示意图、安装位置要求、坡道板铺设、临边围护要求、安装安全操作要求、检查要求、使用安全要求等内容。

9.2.2 安全专项方案的审核、审批

(1)单位工程的专项施工方案由项目部技术负责人或专业技术人员编制并签字,项目经理审查,然后填写《安全技术方案(措施)审批表》报公司职能部门(技术管理部、生产计划部、质量安全部等)审核,签字,总工程师审批,并加盖公司公章。

(2)公司审批后的专项方案,报建设单位和监理单位的负责人审批,审批栏中应有明确的审批意见;经批准同意后,项目部按此组织施工。

(3)审批过程中,对于内容不全面、针对性不强,或违反施工工艺,达不到安全技术标准的,返回项目重新修订后,再按程序签批。

(4)工程技术部应建立审批登记台账。

(5)专家论证审查:①建筑施工企业应当组织不少于5人的单数专家组,对已编制的安全专项施工方案进行论证审查。②安全专项施工方案专家组必须提出书面论证报告,施工企业根据论证审查报告进行完善,施工企业技术负责人签字后报总监理工程师审批。③专家组书面论证审查报告应作为安全专项施工方案的附件,在施工过程中,施工企业应严格按照安全专项施工方案组织施工。

9.3 安全管理的重点

9.3.1 安全管理的重点在施工阶段

施工现场安全管理是项目安全管理的重点，施工现场安全管理的工作重点，随着施工进度的推进而在不断地变换，工程施工准备阶段、基础施工阶段、主体结构施工阶段和装修阶段安全管理工作的重点各有不同。

（1）工程准备阶段

①完成开工前的安全培训和技术交底工作，做好各项施工前的安全防护工作。

②考查施工组织设计中的施工方案，确定施工安全防护方案，制定现场安全施工的统一管理原则。

③根据安全管理规定并考虑气象、环境、地质条件等方面的影响，确定现场定期和不定期的安全检查制度、检查内容和检查重点。

④严格执行对各种施工机械、设备的维修保养制度、使用制度和操作规程的检查制度。

⑤保证施工现场的生活用房、临时设施、加工场所及周围环境的安全性。

（2）工程实施阶段

①检查落实安全施工交底工作、施工安全措施和安全施工规章制度。

②明确各施工作业阶段的安全风险内容，并保证有充分的安全预防措施，例如高空作业施工、深基础施工、高边坡施工、立井或巷道施工等。

③注意气候（高低温、降水）、地质和水文地质、环境条件变化对施工安全的影响，并有必要的应急预防措施。

④注意工程对周围环境的影响，例如基础施工可能引起周围房屋、道路的开裂、变形，井巷开挖对周围岩土状态、工程稳定、有毒气体或高压水汽赋存状态的影响等。

⑤注意做好设备安全检查和安全运行工作，做好防火安全工作。

⑥坚持对现场人员进行安全生产教育，严格检查现场人员是否正确使用安全防护用品。

9.3.2 冬期及雨期施工时安全管理的主要工作

①在大风大雪之后，尽快组织清扫作业面和脚手架。检查是否有安全隐患，防滑措施是否落实。

②参加冬期施工的人员衣着要灵便。

③在冬期施工中现场蒸汽锅炉要选用安全装置齐全的合格锅炉。

④冬期室内取暖要防止煤气中毒。

⑤雨期到来之前，组织电气人员认真检查现场的所有电器设备。

⑥雨期来临之前，做好塔式起重机、外用电梯、钢管脚手架、钢管井字架等高大设施的防雷保护。

⑦在雨期中，应尽可能避开开挖土方管沟等作业，尽可能在雨期施工之前做好地下工程施工和基础回填。

⑧雨期要认真做好现场的排水，发现基础下沉要及时进行加固。雨后要检查脚手架、井字架、塔式起重机等设备的基础，发现下沉应及时处理、排除隐患。

9.4 安全生产管理计划

项目管理机构在收集、整理各工种安全操作规程内的安全生产法律、法规、规范、标准、制度的基础上，根据合同的有关要求确定项目安全生产管理的范围和对象，制定项目安全生产管理计划，在实施中根据实际情况及时进行补充和调整。全过程工程咨询项目管理安全生产管理计划应满足事故预防的管理要求，并符合下列规定：

（1）组织勘察设计等单位在施工招标文件中，列出危险性较大的分部分项工程清单，在申请办理安全监督手续时，应当提交危险性较大的分部分项工程清单及安全管理措施等资料；

（2）针对项目危险源和不利环境因素进行辨识与评估的结果，确定对策和控制方案；

（3）要求施工单位对危险性较大的分部分项工程编制专项安全方案；

（4）对项目安全生产管理、教育和培训提出要求；

（5）对项目安全技术交底、有关分包人制定的项目安全生产方案进行控制的措施；

（6）应急准备与救援预案。

9.5 安全生产管理实施与检查

9.5.1 项目安全管理的实施要求

（1）项目管理团队应督促施工单位根据项目安全生产管理计划、安全管理措施方案及专项施工方案的要求，分级进行安全技术交底；对安全生产管理计划进行补充、调整时，仍应按原审批程序执行。

（2）项目管理团队应督促施工单位建立安全生产档案，积累安全生产管理资料，利用信息技术分析有关数据辅助安全生产管理。

（3）全面掌握项目的安全生产情况，进行考核和奖惩，对安全生产状况进行评估。

9.5.2 施工现场安全生产管理要求

（1）应落实各项安全管理制度和操作规程，确定各级安全生产责任人；

（2）各级管理人员和施工人员应进行相应的安全教育，依法取得必要的岗位资格证书；

（3）各施工过程应配置齐全劳动防护设施和设备，确保施工现场安全；

（4）作业活动严禁使用国家及地方政府明令淘汰的技术、工艺、设备、设施和材料；

（5）作业场所应设置消防通道、消防水泵、配备消防设施和灭火器材，并在现场出入口处设置明显标志；

（6）项目管理团队应确保各类人员的职业健康需要，防止可能产生的职业和心理疾病。

9.6 安全管理措施

（1）法律措施

为实现保障安全生产的职能，国家选择了具有强制力的法律、法规手段，并将法律、法规视为实现安全生产职能的利器。

安全管理法律法规是指国家关于改善劳动条件，实现安全生产，为保护劳动者在生产过程中的安全与健康而制定的法律、法规、规章和规范性文件的总和，是生产实践中的经验总结和对自然规律的认识和运用，是以国家强制力保证其实施的一种行为规范。

建设工程安全管理法律法规体系，是指国家为改善劳动条件，实现建设工程安全生产，保护劳动者在施工生产过程中的安全和健康而制定的各种法律、法规、规章和规范性文件的总和，是必须执行的法律法规。建设工程安全技术规范是强制性的标准，是建设工程安全生产法规体系组成部分。

（2）技术措施

建筑工程安全生产工作的发展离不开科学技术，并且必然受到科学技术的推动和引导。加强建筑安全科技研究与应用是一项兼具社会效益和经济效益的工作，是改善建筑安全生产管理的有效途径之一。

（3）教育措施

①现代建筑工程安全管理教育文化。安全文化是有关行业、组织和个人对安全的认识与态度的集合。建筑工程安全管理教育文化是指建筑行业、建筑企业对建筑安全

的认识与态度的集合。

②现代建筑工程社会安全文化。安全生产方针是国家对全国安全生产工作的总要求，是指导全国安全生产工作的总思想。安全生产又是构建和谐社会的重要组成部分，没有安全就没有和谐。而我们要搞好安全生产，必须在法制的前提下，必须在全社会关注、参与的前提下进行。

③建筑行业安全文化。行业安全文化是指整个行业对于安全和健康的价值观、期望、行为模式和准则，形成整个行业的安全氛围。

④建筑企业安全文化。企业文化是指一个企业全体成员的企业目标及日常运作的共同信念。企业安全文化是企业文化的一个分支，是企业文化在安全方面的体现。

（4）经济措施

经济措施是各类责任主体通过各类保险为自己编制一个安全网，维护自身利益，同时运用经济杠杆使信誉好、建筑产品质量高的企业获得较高的经济效益、对违章行为进行惩罚。经济措施有工伤保险、建筑意外伤害保险、经济惩罚制度、提取安全费用制度等。

（5）评价措施

为加强施工企业安全生产的监督管理，科学地评价施工企业安全生产条件、安全生产业绩及相应的安全生产能力，实现施工企业安全生产评价工作的规范化和制度化，促进施工企业安全生产管理水平提升，应对施工企业进行安全生产进行评价。

安全评价有安全预评价、安全验收评价、安全现状评价和安全专项评价。目前，已覆盖了工程项目的全生命期，取得了初步成效。实践证明，安全评价不仅能有效地提高企业和生产设备的安全程度，而且可以为各级安全生产监督部门的决策和监督检查提供强有力的技术支持。

9.7　安全生产应急响应与事故处理

9.7.1　安全生产应急处理程序

（1）识别可能的紧急情况和突发过程的风险因素，编制应急准备与响应预案。

（2）对应急预案进行专项演练，对其有效性和可操作性实施评价并修改完善。

（3）发生安全生产事故时，启动应急准备与响应预案，采取措施进行抢险救援，防止发生二次伤害。

（4）在事故应急响应的同时，应按规定上报上级和地方主管部门，及时成立事故调查组对事故进行分析，查清事故发生原因和责任，进行全员安全教育，采取必要措施防止事故再次发生。

（5）在事故调查分析完成后进行安全生产事故的责任追究。

9.7.2 应急准备与响应的内容

（1）应急目标和部门职责；

（2）突发过程的风险因素及评估；

（3）应急响应的程序和措施；

（4）应急准备与响应能力测试；

（5）需要准备的相关资源。

第10章 项目信息管理

以信息技术的应用为切入点，实现全生命周期过程中的信息集成与共享，进一步提升建筑业的数字化、信息化管理水平已经成为业内的共识。据国际有关文献资料介绍，建设项目在实施过程中出现的诸多问题，有近一半与信息交流（信息沟通）有关，特别是在大型建设项目中，由于信息交流的问题导致工程变更和工程实施的错误占工程总成本的 3% ~ 5%，其造成的直接与间接损失令人吃惊。可以说提升建设项目管理中信息管理水平已迫在眉睫。

由于建筑产品及其生产过程的特殊性，信息管理一直成为项目管理体系中相对最为薄弱的环节，其表现在诸多方面，如：对信息管理理解的偏差与落后、信息管理方法与手段没有与信息化同步、建设过程中的行事规程并没有因为信息化的推进而得到大的提升与改变等。因此，在全过程项目管理过程中，进一步加强信息管理与信息化的推广，对提升建设项目整体管理水平就显得至关重要。

项目信息管理是通过对各个系统各项工作和各种数据的管理，使项目的信息能方便和有效地获取、存储、存档、处理和交流。项目信息管理的最终目的是通过有效的项目信息的组织和控制，来为项目建设提供增值服务。

建设工程项目的信息一般包括：管理信息、组织信息、经济信息、技术信息和法规信息。信息管理工作贯穿于项目的决策阶段、实施阶段和运维阶段，贯穿整个项目的全生命周期的方方面面。

10.1 信息管理的一般规定

项目信息主要是指在项目策划、项目招投标、勘察设计、施工、交付使用、运营维护等项目全生命周期或其中某个阶段中与项目管理有关的信息内容。如，法律法规、企业规章制度、融资、市场、风险、客户、采购、合同、质量、安全、费用、进度、劳务、物资、机械信息等。

信息管理是对项目信息的收集、整理、分析、处理、存储、传递和使用等所进行的活动。项目组织机构应建立项目信息管理制度，及时、准确、全面地收集与项目建设有关的信息，并对信息进行安全、可靠、方便、快捷的存储、传输和共享，满足全过程工程项目管理对信息的各种需求。

（1）信息管理应符合下列规定：

①应满足全过程工程咨询服务管理要求；

②信息格式应统一、规范；

③应实现信息效益最大化。

（2）信息管理应包括下列内容：

①信息计划管理；

②信息过程管理；

③信息安全管理；

④文件与档案管理；

⑤信息技术应用管理。

（3）全过程工程咨询服务机构应根据实际需要设立信息与知识管理岗位，配备熟悉全过程工程咨询服务管理业务流程，并由经过培训的人员担任信息与知识管理人员，开展全过程工程咨询服务的信息与知识管理工作。

（4）全过程工程咨询服务机构可应用项目信息化管理技术，采用专业信息系统，实施知识管理。

10.2　信息管理计划

（1）全过程工程咨询服务信息管理计划应纳入项目管理策划过程。

（2）全过程工程咨询服务信息管理计划应包括下列内容：

①项目信息管理范围；

②项目信息管理目标；

③项目信息需求；

④项目信息管理手段和协调机制；

⑤项目信息编码系统；

⑥项目信息渠道和管理流程；

⑦项目信息资源需求计划；

⑧项目信息管理制度与信息变更控制措施。

（3）全过程工程咨询服务信息管理制度应确保信息管理人员以有效的方式进行信息管理，信息变更控制措施应确保信息在变更时进行有效控制。

（4）建设工程项目立项后，项目信息主管就应该编制项目信息管理计划，并将责任落实到项目信息员。

（5）项目信息管理计划应是在项目信息主管、信息员可管理的业务范围内的可控计划。

（6）项目信息管理计划应根据项目管理业务的要求和进展编制。项目信息管理计划应包括：收集信息的范围、内容、格式、使用的软件工具、采集时间、检查核对的方法、传递、汇集、整理等做出统一的规定，并且责任到人。

10.3 信息过程管理

（1）信息过程管理应包括：信息的采集、传输、存储、应用和评价过程。

（2）全过程工程咨询服务机构应按信息管理计划实施下列信息过程管理：

①与项目有关的自然信息、市场信息、法规信息、政策信息；

②项目利益相关方信息；

③项目内部的各种管理和技术信息。

（3）全过程工程咨询服务机构应建立相应的数据库，对信息进行存储。项目竣工后应保存和移交完整的项目信息资料。

项目信息收集工作应坚持及时、准确、真实、有效的原则，严防编造数据、弄虚作假的现象发生。项目信息主管应对最终进入数据库的信息负有核准的责任。

项目信息主管、信息员应根据信息管理的要求，严格执行项目信息管理制度，有效控制信息质量。

如发现项目数据库、信息记录项目、内容、格式、传递渠道等不能满足项目信息的管理需求，不适应生产需要，就应当立即调整。

（4）项目信息管理的主要任务：

①掌握信息源，灵活运用信息处理工具，收集相关信息；

②搞好信息分类、加工整理和存储信息；

③采取技术措施，严格执行管理制度，做好信息安全与保密工作；

④正确应用信息管理手段和经项目经理部确认的信息管理工具软件，搞好信息检索、传递和使用工作。

（5）项目信息管理制度至少应包括的内容：

①项目信息管理工作职责；

②项目信息管理工作程序；

③项目信息管理实施办法；

④项目信息管理绩效评估办法；

⑤项目管理信息维护办法等。

（6）项目信息主管应按照信息管理制度定期备份项目信息数据库，严防项目信息的丢失和损坏。对重要信息除保留电子文件外还应保留纸质文档。

（7）项目信息管理部门应定期召集项目信息主管、信息员和信息使用人员会议，分析和评估项目信息管理绩效，做到及时发现问题，及时制定改进措施。

10.4　信息安全管理

（1）项目信息安全管理工作，要实行统一领导，分级管理的原则。一般应由项目信息主管负责综合管理，按不同业务性质，将信息分别归口到有关职能部门的信息员，对涉及几个部门的多用途的信息，应指定主要责任部门主管。力求做到精简，既不重复，也不遗漏。

（2）全过程工程咨询服务信息安全应分类、分级管理，并采取下列管理措施：

①设立信息安全岗位，明确职责分工；

②实施信息安全教育，规范信息安全行为；

③采用先进的安全技术，确保信息安全状态。

（3）应实施全过程信息安全管理，建立完善的信息安全责任制度，实施信息安全控制程序，并确保信息安全管理的持续改进。

10.5　文件与档案管理

全过程咨询文档管理体系是指工程项目从酝酿、决策、实施、竣工投产、运维等整个全生命周期中所形成的有归档保存价值的文件资料，包括：项目的可行性研究报告、各种评估报告、勘测设计文件及施工、调试、生产准备、试运行、移交生产、竣工、运维等工作活动中形成的文字资料、图纸、图表、音像资料等。

10.5.1　文件与档案管理的基本要求

（1）项目管理团队应配备专职或兼职的文件与档案管理人员。

（2）全过程工程咨询服务管理过程中产生的文件与档案均应进行及时收集、整理，并按项目的统一规定标识，完整存档。

（3）全过程工程咨询服务文件与档案管理宜应用信息系统，重要项目文件和档案应有纸介质备份。

（4）编码体系：建立文档编码体系，对于全过程工程咨询档案的管理，不同文件要求的归档范围、归档深度不尽相同。文档管理人员应当参照项目所在地的文件归档要求，根据不同项目的性质及建设单位的具体要求，在充分考虑项目特点的前提下，最大限度满足项目管理要求，可对不同项目的分类和归档编码可做适当的调整。

（5）目录设置：项目管理文件材料共分十三个目录，每个目录以英文大写字母（A～M）标识，每个目录下设多个一级子目录，一级子目录下设多个二级子目录，一、二级子目录均以两位数的阿拉伯数字标识，二级子目录内如无内容，则以"00"标识，如 0100，0201；二级子目录中的编号可根据项目实际情况调整先后顺序；二级子目录下的文件材料按照形成的年代和时间先后顺序编制序列号，前两位为年代简码，后三位为阿拉伯数字序列号，序列号每年从 001 重新编号；编码标识于文件右上角；一、二级子目录可按需要往后顺序增加。

（6）质量要求：工程文件的内容及深度必须符合国家有关勘察、设计、施工、监理等方面的技术规范、标准和规程。文件材料、图纸、图表等签章、签字手续必须完备，做到完整、准确、系统,编制的竣工档案必须真实反映工程（项目）竣工后的实际情况。

归档的照片要求图像清晰，文字说明准确。录像片必须经剪辑、配音、制作合成后的专业录像带，其内容必须反映建设工程（项目）活动中的整体过程。

竣工档案中工程文件材料或竣工图为外文版的，应全部件译成中文，并由翻译责任者签证。

10.5.2　项目管理文件档案的组卷要求

（1）组卷原则

①文件材料应按照文件类目分类组卷，每一卷中的文件材料又要按照文件形成的先后次序排列，使文件材料之间既相对独立又相互联系，构成一个前后次序既不可分离又不混淆的有机整体；

②文件材料立卷厚度在 200 页左右，且不超过 3cm；

③案卷内不应有重复文件；不同载体的文件分别组卷。

（2）组卷方法

①按照项目管理文件资料的编码原则，项目管理所有文件材料档案共组（A-L）12 大卷，大卷下再设多个小卷，每个小卷内均要有卷内目录以便查找；

②同一事项文件材料的请示与批复、主件与附件不能分开，并按批复在前、请示在后，主件在前、附件在后的顺序排列。

10.5.3　项目管理文件档案的一般编制方法

（1）案卷规格要求：

①卷盒与卷皮：采用中华人民共和国标准《科学技术档案案卷构成的一般要求》GB/T 11822—2008，卷壳外表规格为 310mm×220mm，脊背厚度可根据需要设定。卷盒宜采用 220g 以上的单层无酸牛皮纸双裱压制。案卷目录、卷内目录、卷内备考表表格规格为 297mm×210mm。表格宜采用 70g 以上白色书写纸制作。

②卷内文件使用 A4 规格纸张，比 A4 小的纸张必须裱糊成 A4 大小，文件材料的右边和底边必须与裱糊纸的右边和底边贴齐。双面裱糊的正面裱糊在右下角，反面裱糊

在左下角。比 A4 大的纸张要求折叠至 A4 大小（折叠方法参照装订的图纸折叠方法）。

③图纸不装订，按"手风琴风箱式"折图法折叠到 A4 尺寸，折叠后图纸的图签必须外露在右下角。

（2）卷内目录的填写要求：

卷内目录应与卷内文件材料内容相符，必须按规范要求进行打印，并置于卷首。卷内目录各项内容填写要求如下：

①文件编码：按案卷内文件排列先后以项目管理文件的编码形式标注；

②发文编号：填写发文机关的发文号或图纸的原编图号；

③责任人：填写文件材料的直接形成单位或主要责任人；

④文件材料题名：亦称文件标题，即文字材料或图纸名称；无标题的文件，应根据内容拟写标题；

⑤日期：填写文件材料形成的年月日，文字材料为原文件形成的年月日；

⑥页数：填写每份文件的页数，双面复印的文件，一张纸按两页计算；

⑦备注：填写需要说明的问题。

10.5.4　项目管理文件资料的分类编码表（表 10-1）

项目管理文件资料的分类编码表　　　　　　　　表 10-1

案卷题名		一级子目录		二级子目录	
序号	名称	序号	分类名称	流水	文件名称
1	项目管理纲领文件	（1）	项目管理合同		
		（2）	项目管理规划		
		（3）	项目管理细则		
		（4）	内部操作程序		
		……			
2	项目前期策划文件	（1）	项目建议书／可行性研究报告		
		（2）	设计任务书		
		（3）	设计估算		
		（4）	其他相关政策及规定等		
		……			
3	政府批文	（1）	政府报批批文		
		（2）	市政配套批文		
		（3）	竣工验收批文		
		（4）	使用许可文件		
		……			

续表

案卷题名		一级子目录		二级子目录	
序号	名称	序号	分类名称	流水	文件名称
4	招投标及采购文件	（1）	管理、咨询招投标		
		（2）	施工招投标		
		（3）	设备材料采购文件		
		（4）	外配套招投标		
5	合同文件	（1）	管理、咨询合同		
		（2）	施工合同		
		（3）	设备材料采购合同		
		（4）	外配套		
6	造价管理文件	（1）	审定的投资目标		
		（2）	资金使用计划及情况		
		（3）	合同付款审批流转		
		（4）	工程付款审批流转		
		（5）	报价审批流转		
		（6）	工程结算审核流转		
		（7）	造价管理报告		
7	施工管理文件	（1）	进度控制文件		
		（2）	质量控制文件		
		（3）	安全管理文件		
8	项目管理文件	（1）	收文登记簿		
		（2）	发文登记簿		
		（3）	传真		
		（4）	项目通讯录		
		（5）	文件传阅流转单		
		（6）	图纸登记台账		
		（7）	图纸发放登记簿		
		（8）	图纸变更通知说明		
		（9）	项目管理专题报告		
		（10）	项目管理月报		
		（11）	项目管理周报		
		（12）	项目管理联系单		
		（13）	项目管理通知单		
		（14）	项目管理会议纪要		
		（15）	工程例会纪要		
		（16）	其他会议纪要		
			……		

案卷题名		一级子目录		二级子目录	
序号	名称	序号	分类名称	流水	文件名称
9	外部来文	（1）	政府来文		
		（2）	业主来文		
		（3）	公司来文		
		（4）	管理、咨询单位来文		
		（5）	施工单位来文		
		（6）	供应商来文		
		（7）	配套单位来文		
		（8）	其他来文		
			……		
10	技术资料文件	（1）	地形图		
		（2）	地下综合管线图		
		（3）	勘查报告		
		（4）	测绘成果报告		
		（5）	设计方案文本		
		（6）	扩大初步设计文本		
		（7）	估算、预算		
		（8）	施工图纸		
		（9）	竣工图纸		
		（10）	评估报告		
		（11）	检测报告		
		（12）	设备技术资料		
			……		
11	图像资料及获奖资料	（1）	建设前原貌图片		
		（2）	施工过程中图片		
		（3）	建设后新貌图片		
		（4）	设计图片		
		（5）	考察图片		
		（6）	工程声像资料		
		（7）	获奖资料		
			……		

说明：

（1）项目管理纲领性文件：项目管理操作的依据；

（2）项目前期策划文件：项目前期工作期间产生的文件；

（3）政府批文：政府关于项目建设的各类批文；

（4）招投标及采购文件：全部招投标及采购文件；

（5）合同文件：项目管理期间的所有合同文件；

（6）造价管理文件：项目管理造价管理阶段产生的文档资料；

（7）施工管理文件：项目管理施工管理阶段产生的文档资；

（8）项目管理文件：项目管理阶段有关管理、质量、进度、投资等方面的文档；

（9）外部来文：政府、业主指令来文及其他相关参建单位来文；

（10）技术资料文件：工程各阶段产生的各种技术资料及报告文件；

（11）图像资料及获奖资料：工程各阶段产生的声像、获奖文档。

10.5.5　影像资料管理

随着影像技术和设备的迅速发展，特别是近年来智能手机拍摄功能的提高与普及，为工程项目影像资料的获取与留存提供快捷的技术支撑。工程影像资料记录着工程各道工序、各项施工工艺、各项隐蔽工程实际情况及完整的施工过程。对工程项目管理工程的有序追溯及项目管理的总结、完善与提升起到非常重要的作用。

（1）工程项目管理影像资料应包括的内容：

①主要施工工序、工艺流程的过程环节，隐蔽工程实际情况；

②重大机械设备的安装、拼装和吊装过程；

③新技术、新材料、新工艺的应用过程；

④工程细部构造、关键节点的处理过程；

⑤重大安全、质量事故或问题，及其整改处理过程和结果；

⑥体现工程特点的实体整体和各立面影像，有条件的可以拍摄俯视或鸟瞰整体效果影像；

⑦重要的工程书面文件，如合同、设计图纸（电子版）、图纸会审纪要、设计交底、开竣工报告、竣工验收记录、资料移交记录等，应采用彩色扫描件；

⑧各种有关获奖证书。

（2）工程项目影像资料的管理

①各监理单位、咨询单位、施工单位应对拍摄的工程照片实行集中管理，建立影像档案，建立电脑工程照片库，由专人负责影像资料的管理工作，以提高照片的保存质量。

②数字格式的工程照片要做好备份，防止数据丢失。备份方式可采用移动硬盘，DVD 光盘备份，大容量闪存（优盘）进行备份。所有备份媒介一定要防震、防潮、防滑、耐高低温，使用频率不得过高。

10.6　信息技术应用与管理

全过程工程咨询服务信息系统应包括项目所有的管理数据，为用户提供项目各方面信息，实现信息共享、协同工作、过程控制、实时管理。

项目信息系统的建立需先规划再实施。规划阶段需完成管理目标的确定，项目的信息化管理策略，项目信息化管理行动计划，制定项目信息化管理流程。

工程咨询服务信息系统是基于互联网结合下列先进技术在工程建设中的应用：

①建筑信息模型；

②云计算；

③大数据；

④物联网。

（1）项目信息系统应至少包含以下功能：

信息处理功能、业务处理功能、数据集成功能、决策功能以及项目文件与档案管理功能。

其中业务处理功能是对项目的进度管理，成本管理，质量管理，安全管理，技术管理等实现协同处理。

决策功能要具有数据分析、预测功能,利用一流的数据和预先设定的数据处理方法，为决策者提供参考依据。

文件与档案管理功能包括具备对项目各个阶段所产生的项目文件，按规定的分类进行收集存储和查阅功能，同时具备像档案管理系统进行交换文件推送功能，存档系统内对项目的文献进行整理，扫描二维码立卷，档案维护检索功能。

（2）项目管理机构应通过信息系统的使用达到如下管理效果：

①实现项目文档管理的一体化。

②获得项目进度，成本质量安全，合同资金技术环保，人力资源保险的动态信息。

③支持项目管理，满足事前预控施工控制是否分析的需求。

④提供项目关键过程的具体数据，并自动产生相关报表和图表。

（3）项目信息系统应具有下列安全技术措施：

身份认证：信息系统必须具备密码认证或认证功能，采用密码认证时，密码要求有一定的复杂性。

安全监测：网络利用安装安全检测系统网络通信服务器进行安全检测，发现异常及时报告。

数据实时备份：通过备份，保证信息数据的安全，保证项目的正常运行。

（4）项目管理机构应配备专职信息运行维护人员，负责项目信息系统的使用，数据备份维护和优化工作。

项目信息系统投入使用后维护工作，可以由外包专业技术机构承担，也可由项目的信息管理专职人员负责。

日常维护的内容包括：系统运行中出现的问题、数据备份及其备份的检查、进行数据恢复演练、对系统进行流程调整、人员岗位调整、优化系统运行效率和速度等工作。

第11章　工程项目风险管理

11.1　工程项目风险概述

工程项目风险（Project risk），是指工程项目在设计施工和竣工验收等各个阶段，可能遭受的风险，可将其定义为，在工程项目目标规定的条件下，该目标不能实现的可能性，为了把工程风险作为风险管理的数量化界限，有必要引入下面两个基本概念。

工程项目风险率（Risk probability），按照工程项目风险的定义，其风险率就是在工程项目目标规定的条件下，该目标不能实现的概率，用 P_r 表示。

$$P_r = P(X < X_o)$$

其中，X 为随机量；X_o 为工程项目目标的计划值或规定值。

工程项目风险量 R（Risk quantification），R 是衡量工程项目风险性大小的一个参数，可将其定义为。

$$R = F(P_r, q)$$

其中，q 为风险事件防水对项目的影响程度，即损失值（Risk event value）。

11.2　风险管理计划

项目管理机构应在项目管理策划时确定项目的风险管理计划。项目风险管理计划应根据风险变化进行调整，并经授权人批准后实施。

11.2.1　风险管理计划编制依据

（1）项目范围说明；

（2）招投标文件与工程合同；

（3）项目工作分解结构；

（4）项目管理策划的结果；

（5）项目的风险管理制度；

（6）其他相关信息和历史资料。

11.2.2　风险管理计划内容

（1）风险管理目标；

（2）风险管理范围；

（3）使用的风险管理方法、措施、工具和数据；

（4）风险跟踪的要求；

（5）风险管理的责任和权限；

（6）必需的风险管理资料和风险管理费用预算。

11.3　风险识别

在工程项目风险管理过程中，首先必须对风险进行识别，这项任务也是最困难的任务，因为如果对所有有关的可能损失，未能作出正确的识别与判断，就会失去对风险加以适当处理、处置的机会。

11.3.1　项目风险识别程序

（1）搜集与风险有关的信息；

（2）确定风险因素；

（3）编制项目风险识别报告。

11.3.2　风险识别过程

（1）收集数据或信息。包括项目环境数据资料、类似工程的相关数据资料、设计与施工文件。

（2）不确定性分析。可以从项目环境、项目范围、工程结构、项目行为主体、项目阶段、管理过程、项目目标等方面进行可能的项目风险分析。

（3）确定风险事件。将风险进行归纳、整理，建立项目风险的结构体系。

（4）编制项目风险识别报告。风险识别报告通常包括已识别风险、潜在的项目风险、项目风险的征兆等。

11.3.3　风险识别报告应包括的内容

（1）风险源的类型、数量；

（2）风险发生的可能性；

（3）风险可能发生的部位及风险的相关特征。

项目风险识别报告应有编制人签字确认，并经批准后发布。

11.3.4　识别项目风险的方法

风险的识别是一项复杂细致的工作，在这个过程中需要对各种可能导致风险的因素进行去伪存真、反复比较，对各种倾向趋势进行推测与判断，对工程的各种有利与不利因素及其变量进行评估。常用的风险识别方法（或工具）有：核查表法、列举法、结构分解识别法、风险因素识别法、因果分析图法、流程图法、问卷调查法、决策树法等。

11.4　风险评估

11.4.1　风险评估的内容

（1）风险发生的概率，即发生可能性评价；

项目风险事件发生的可能性，即发生的概率，一般可利用已有数据资料分析与统计、主观测验法、专家估计法等方法估算。

（2）风险事件对项目的影响评价，如对风险发生的后果严重程度和影响范围的评价。

11.4.2　风险损失量估计的内容

（1）工期损失的估计。一般分为风险事件对工程局部工期影响的估计、对整个工程工期影响的估计。

（2）费用损失的估计。费用损失估计需要估计风险事件带来的一次性最大损失和对项目产生的总损失。应根据经济因素、赶工、处理质量事故、处理安全事故等各种不同类型风险而增加费用作具体估算。

（3）对工程的质量、功能、使用效果（质量、安全、环境）方面影响的估计。

（4）其他影响的估计。应考虑对人身保障、安全、健康、环境、合法性、企业信誉、职业道德等方面有影响的风险。

11.4.3　风险事件的评定

对风险事件，应确定它的风险量（损失期望，即发生的概率和损失的乘积），并按照风险量进行分级。项目风险评价标准应分为计划风险水平和可接受风险水平两个层次。

项目风险评价的基本方法：综合评分法、层次分析法、模糊分析法、风险图法、PERT 法等。

11.5　风险应对措施

项目风险应对就是对项目风险事件制定应对策略和响应措施（或方案），以消除、减小、转移或接受风险。常用的风险应对策略有：风险规避、风险转移、风险减轻、风险自留和风险利用，以及这些策略的组合。

风险应对措施一般包括以下几种：

（1）技术措施。

（2）组织措施。

①对已被确认的有重要影响的风险应制定专人负责风险管理，并赋予相应的职责、权限和资源。

②通过项目任务书、责任证书、合同等分配风险。风险分配应从工程整体效益的角度出发，最大限度地发挥各方的积极性；应体现公平合理，责权利平衡；应符合工程项目的惯例，符合通常的处理方法。

（3）保险措施；工程保险作为风险转移的一种方式，是应对项目风险的一种重要措施。

（4）采取合作方式（如分包、联营承包）共同承担风险等。

11.6　风险监控

组织应收集和分析与项目风险相关的各种信息，获取风险信号，预测未来的风险并提出预警，预警应纳入项目进展报告，并采取下列方法：

（1）通过工期检查、成本跟踪分析、合同履行情况监督、质量监控措施、现场情况报告、定期例会全面了解工程风险；

（2）对新的环境条件，实施状况和变更、预测风险、修订风险应对措施，持续评价项目风险管理的有效性。

组织应对可能出现的潜在风险因素进行监控，跟踪风险因素的变化趋势。

组织应采取措施控制风险的影响，降低损失、提高效率，防止负面风险的蔓延，确保工程的顺利实施。

第12章 项目收尾管理

项目收尾阶段是项目管理全过程的最后阶段，涵盖了竣工扫尾、验收、结算、决算、回访保修、考核评价等方面的管理工作。在这个阶段应制定相应的工作计划，提出各项管理要求。一般的工程项目收尾阶段管理工作包括以下几个方面内容：

（1）项目的竣工扫尾；

（2）项目的竣工验收；

（3）项目的竣工结算；

（4）项目的竣工决算；

（5）项目的回访保修；

（6）项目的管理总结。

12.1 竣工扫尾

竣工计划应包括以下内容：

（1）竣工项目名称；

（2）竣工项目扫尾具体内容；

（3）竣工项目质量要求；

（4）竣工项目进度计划安排；

（5）竣工项目工程文件档案资料整理要求；

（6）竣工项目计划编制、审核、批准程序。

12.2 竣工验收

项目竣工验收组织工作由发包人或委托工程项目管理代理人负责。项目竣工验收的交工主体为承包人，验收主体为发包人，勘察、设计、监理等单位的项目负责人。

项目竣工验收前，发包人应组织有关方面的专家成立竣工验收委员会或验收小组，研究制定竣工验收实施方案。

规模较小、比较简单的项目，可以一次性进行项目竣工验收。规模较大，比较复杂的项目，可以按下列程序分别进行验收：

（1）中间验收或单位工程验收；

（2）单项工程验收；

（3）整个项目验收。

12.2.1 工程竣工验收依据

工程竣工验收应以下文件作为依据：

（1）经过上级批准的可行性研究报告；

（2）经过批准的初步设计或扩大初步设计；

（3）设计文件、施工图纸及说明书；

（4）设备技术说明书；

（5）招投标文件和工程合同；

（6）设计变更、修改通知单；

（7）现行设计、施工规范、规程和质量标准；

（8）引进项目的合同和国外提供的技术文件。

工程竣工验收的条件、要求、组织、程序、标准文档的整理和移交，必须符合国家规定的竣工条件和竣工验收要求。

12.2.2 工程竣工验收计划

项目管理机构应编制工程竣工验收计划，经批准后执行。工程竣工验收计划应包括如下内容：

（1）竣工验收的工作内容；

（2）工程竣工验收工作原则和要求；

（3）工程竣工验收工作职责分工；

（4）工程竣工验收工作顺序与时间安排。

12.2.3 竣工验收文档管理要求

工程文件的归档整理应执行现行国家标准《建设工程文件归档规范》GB/T 50328和有关标准、文件的规定，并符合下列要求：

（1）工程文件档案必须完整、准确、系统；

（2）工程文件档案必须符合归档的质量要求；

（3）工程文件档案必须与清单目录保持一致；

（4）工程文件档案必须有交接、签字、盖章。

12.3　项目竣工结算

项目竣工结算应由承包人编制，发包人审查，承发包双方最终确定。编制项目竣工结算依据如下：

（1）合同文件；

（2）工程图和工程变更文件；

（3）有关技术资料和材料代用核准资料；

（4）工程计价文件和工程量清单；

（5）双方确认的有关签证和工程索赔资料。

项目竣工验收后，承包人应在约定的期限内向发包人递交工程项目竣工结算报告及完整的结算资料，报发包人确认。

通过项目竣工验收程序，办完项目竣工结算，承包人应在合同约定的期限内进行工程项目移交。工程移交应按照规定办理相应的手续，并保持相应的记录。

12.4　项目竣工决算

工程竣工决算需清楚和准确、客观反映建设工程项目实际造价和投资效果。

12.4.1　项目竣工决算编制的依据

（1）项目可行性研究报告和有关文件；

（2）项目总概算书和单项工程综合概算书；

（3）项目设计文件；

（4）设计交底和图纸会审资料；

（5）合同文件；

（6）工程竣工结算书；

（7）设计变更文件和经济签证；

（8）设备、材料调价文件及记录；

（9）工程竣工档案资料；

（10）相关项目资料，财务结算及报批文件。

12.4.2　工程竣工决算书内容

（1）工程竣工财务决算说明书；

（2）从竣工财务决算；

（3）工程造价分析表。

12.4.3 竣工决算书编制程序

（1）收集、整理有关项目竣工决算依据；

（2）清理项目账务、债务和结算物资；

（3）填写项目竣工决算报表；

（4）编写项目竣工决算说明书；

（5）将项目竣工决算提交上级部门审查。

项目竣工决算编制完毕，应通过审计机关进行审计。

12.5 项目保修期管理

12.5.1 如何区分保修期与缺陷责任期

（1）二者的计算日期起始时间不同

①保修期的起算日期从业主工程师发给工程竣工证书之日算起；

②缺陷责任从工程通过竣（交）工验收之日起计算；由于发包人原因导致工程无法按规定期限进行竣（交）工验收的，在承包人提交竣（交）工验收报告90天后，工程自动进入缺陷责任期。

（2）时间期限不同

保修期：《建设工程质量管理条例》第四十条规定：在正常使用条件下，建设工程的最低保修期限为：

①基础设施工程、房屋建筑的地基基础工程和主体结构工程，为设计文件规定的该工程的合理使用年限；

②屋面防水工程、有防水要求的卫生间、房间和外墙面的防渗漏，为5年；

③供热与供冷系统，为2个采暖期、供冷期；

④电气管线、给排水管道、设备安装和装修工程，为2年。

缺陷责任期：一般有6个月，12个月或者24个月，具体由发承包双方在合同中约定。

（3）两者遵循的法律依据不同

①保修期遵循的是《建设工程质量管理条例》；

②缺陷责任期遵循的是《建设工程施工合同（示范文本）》GF-2017-0201。

12.5.2 保修工作计划要点

承包人应根据保修合同文件、保修责任期质量要求、回访安排和有关规定编制保修工作计划，保修工作计划要点应包括如下内容：

（1）主管保修的部门；

（2）执行保修工作的责任者；

（3）保修与回访时间；

（4）保修工作内容。

12.6 项目管理总结

在项目管理收尾阶段，项目管理机构应根据项目的实施范围和实施方式，组织编写项目管理总结报告，并将其纳入项目管理档案体系。

12.6.1 项目管理总结报告编写依据：

（1）项目可行性研究报告；

（2）项目管理策划；

（3）项目管理目标；

（4）项目合同文件；

（5）项目管理规划；

（6）项目设计文件；

（7）项目合同收尾资料；

（8）项目工程收尾资料；

（9）项目的有关管理标准。

12.6.2 项目管理总结报告编写大纲

（1）项目概述

项目概况包括为什么实施这个项目，项目内部与外部环境，复杂性与特殊条件，需要专门管理的问题与障碍等。

（2）项目结果

①概述衡量项目成功的主要指标；

②概述业主与主要干系人对项目的要求与期望；

③充分展示业主的要求与期望得到满足的情况；

④简述项目阶段性目标调整变更情况；

⑤说明项目管理机构如何应对项目环境的变化；

⑥总结项目的成功之处。

（3）项目范围管理

①定义项目范围，划清项目内外环境的界限；

②项目组织结构分解与工作结构分解在项目管理中的应用；

③范围管理与范围控制的具体措施；

④简述在项目生命周期中发生的项目范围重大调整，项目管理机构是如何应对这些变化的。

（4）项目进度管理

简述项目生命周期中进度图与甘特图（横道图）的使用，如果发生，详细的进度推延，引起的原因，范围变化，业主要求，市场反应等；批准的进度计划与实际的进度计划对比材料，包括支持文件。

①制定进度计划——确定做什么？如何做？需要哪些资源去做？分析估算出完成每项任务需要的时间并制定出完成这些工作的各时间节点；

②项目进度管理中应用了哪些先进的管理工具与技术，给项目的完成带来了那些收益；

③在进度控制过程中是如何确保各项任务按期完成达到预期成果的；

④对出现的影响项目进度变化的各种内外因素，项目管理机构是如何应对的。

（5）项目费用管理

①费用估算；

②费用管理与控制系统与程序；

③费用控制情况简述；

④费用的价值分析，其他专业费用的审核情况；

⑤简述项目费用变更的原因，如，业主要求变化、内外部环境变化。对项目产生的影响，项目管理机构是如何应对的。

（6）项目质量管理

①简述项目的质量标准，项目管理机构满足质量标准的具体措施；

②质量控制情况简述，如质量检测成果、质量缺陷的识别、质量优化具体措施等；

③定期对质量评估结果情况介绍。

（7）项目人力资源管理

①组织计划 1 项目组人员配置、获取、职责；

②项目干系人管理情况，如：确认主要项目干系人、管理干系人的标准与预期目标等；

③配置与资源管理情况简介，项目管理机构是如何实现人力资源的最佳匹配效果；

④概述在人力资源管理中是如何打造具有凝聚力与高效的管理团队。

（8）项目沟通管理

①项目沟通管理计划与沟通网络；

②项目管理过程中是如何实现工程参与各方的有效沟通；

③如何把项目实施报告作为沟通项目进展与管理的重要部分。

（9）项目风险管理

①项目管理机构是如何识别项目的内外部风险，并概述这些风险对项目产生的影响；

②简述对风险的定性、定量分析成果与经验；

③项目管理机构是如何应对这些风险的。

（10）项目合同与采购管理

①合同类型确定；

②采购管理与控制的基本流程；

③招投标、签合同的基本程序；

④合同超时费用索赔的有效管理程序；

⑤合同风险评估。

（11）项目的综合管理

①综合管理的主要工作界面的划分情况介绍；

②工作分解结构在时间、费用与人力资源综合管理中的具体使用情况；

③项目管理团队如何解决时间、资源、质量等方面矛盾的经验介绍。

（12）项目的复杂性与创新

①项目复杂性的表现在哪些具体方面的描述；

②项目管理团队是如何管理与化解这些复杂问题的；

③项目管理过程中产生了哪些创新的管理技术与工具。

第三篇

全过程专业咨询服务"N"

在全过程工程咨询"1+N+X"基本模式中,"N"是全过程工程咨询单位自己做的专项服务,如:可行性研究、勘测咨询、设计专业咨询、招标代理、造价专业咨询、监理咨询等,N 大于等于 1。在咨询服务收费方面"N"执行各专项收费标准。

第13章　决策阶段咨询服务

13.1　决策阶段工程咨询概述

13.1.1　建设项目的策划

古人云：兵无谋不战，谋当底于善，其中"谋"指的是筹划、运筹，也就是我们常说的策划。建设项目的策划是指围绕项目建设的预期目标，在充分掌握与项目相关的信息基础上，对项目实施所采取的方法、途径、程序等进行周密系统的构思设计，选择对项目实施具有科学、先进并且切实可行的行动路径，最终形成高效、正确、精准的决策成果，以指导后续各项工作的顺利开展。

一个工程项目从最初的构想到最后的交付使用，其中间过程千头万绪、极其复杂，而项目策划工作则对于项目及项目管理的成功无疑起着至关重要的作用。因为，工程项目策划是把工程项目建设意图转换成定义明确、思路清晰、目标具体的高智力活动。所以，工程项目策划是以项目管理理论为基础，并贯穿于工程项目管理全过程的咨询服务。

目前，我国的大部分项目并没有进行严格意义上的项目策划，大多数的项目策划是根据业主的需要而进行的分项、分阶段或对项目的某个方面进行策划，这样就造成了项目策划工作的局限性，不能从全局的视角去把握项目的策划工作，使策划工作缺乏系统性。我们之所以要进行项目的策划是为项目的决策提供更多的铺垫，最终实现项目的增值。

13.1.2　建设项目的决策

在工程项目的全寿命周期中，我们通常根据建设项目所处的阶段不同，将工程项目划分为三大阶段：项目决策阶段、项目实施阶段（包括设计阶段和施工阶段）和项目运行维护阶段。结合我国现有建设工程基本程序和项目管理实际工作的需要，又可将建设项目细分为项目建议书、可行性研究、决策、立项、设计任务书、设计、施工、交付使用等各阶段。其中，从项目构思到项目批准，直至正式立项（包括立项）前的阶段可统称为项目决策阶段，把项目立项后至交付使用完成的阶段称之为项目实施阶段。

"决策"是指为了实现某一特定目标，根据客观的可能性并经过科学的推理与预测，对某项行动方案或计划所作出的选择性决定。

项目决策是指投资主体（国家、地方政府、企业或个人）对拟建工程项目建设的必要性和可行性进行充分的技术经济评价、社会评价、环境评价，对不同的建设方案进行比选，并从中对拟建项目及各项技术、经济指标做出判断和抉择的过程。

项目决策阶段的咨询工作是从构思到完成项目定义、方案和决策的整个过程中为需求方提供的咨询服务。在这个阶段咨询工程师通过环境调查、收集与建设项目相关信息，产生的项目构思，确立的建设项目目标。其工作流程主要包括：项目的构思、构思选择、实施、情况分析及问题定义、提出目标因素和目标系统设计、项目定义和目标论证，项目审查、项目经济策划和产业策划、实施、项目建议书、可行性研究、项目组织管理策划、实施、项目任务书的编制。

项目的策划过程实质上是业主方、咨询方、政府部门及顾问专家思想相互碰撞的过程，其宗旨是为项目提供增值服务。这里所讲的"增值"是指广义的增值，具体表现在工程建设安全、工程质量的提高、使用功能的科学合理、实施成本与运维成本的降低、项目性价比的提升、社会效益的展现、经济效益的实现、实施周期合理缩短、环境得到保护与美化等诸多方面。

从项目形成的整个过程来对项目策划分类，可将其分为：建设项目产品策划和建设项目实施策划。

建设项目产品策划包括的主要内容为：项目前期的环境调查与分析、建设项目定位、项目基本目标论证、功能分析和面积分配等，最终形成的咨询成果是建设项目产品策划报告。项目产品策划重点解决"建什么"的问题，为项目的决策提供科学的依据。这阶段工作所形成的阶段性咨询成果——项目建议书，重点回答了"为什么要做，做什么，预计投资多少，多长时间回收投资，投资效益如何"等关乎项目前期决策的许多重要问题。

建设项目实施策划主要是为了确保建设项目产品目标的实现，在项目开始实施之前对项目的实施进行项目组织管理、采购与合同管理、质量管理、进度管理、造价管理、信息管理等方面的策划，建立起一整套的项目实施的管理模式与方法，为建设项目产品目标的实现提供有力的支撑与保障。建设项目的实施策划主要解决"怎么建"的问题。

13.1.3 咨询服务的工作原则

（1）成立项目咨询策划专业团队，制定明确清晰的组织架构，团队成员之间分工明确，责任落实到人。

（2）前期策划工作成果应符合相关的法律、法规及产业政策，充分体现投资人或业主的建设意图。

（3）在充分搜集与项目信息的基础上，根据项目总体规划中对项目的功能、建设规模、项目构成及建设费用组成的定义和定位开展咨询工作。

（4）在确定项目总目标过程中，充分吸纳利益相关者的需求与建议，并对最终的潜在使用者进行充分的调查分析，达到总目标定位准确。

（5）充分利用互联网、大数据等现代信息技术，结合咨询工程师的专业知识与实践经验，在对类似工程进行对标的基础上，关注工程总目标的可持续性、经济合理性，以及对社会、经济和环境的影响性，进行多维度的综合分析论证。

13.1.4　决策阶段咨询工作的特点

项目决策阶段的咨询工作是在充分掌握信息的基础上，针对项目决策和实施，进行组织、管理、经济和技术等多方面的分析论证，其工作特点表现在如下方面：

（1）注重环境调查

我们知道任何项目都不可能孤立存在，必置身于特定的环境之中。在项目的全生命周期内环境因素对项目的产生和发展起到一定的影响作用，它既为项目的各项活动提供了必要的条件，同时也对项目活动起着相对的制约作用。因此，这个阶段对项目所处的环境进行全面、深入的调查成为本阶段咨询工作的一大特点。

（2）重视对同类项目进行类比分析

由于项目策划阶段的咨询工作是对拟实施项目的一种早期预测与判断，在这个阶段项目还没有付诸实施，许多参数与数据的获得主要还是采用类比法，即对同类工程进行类比分析，从中吸取同类项目的经验和教训为本项目所用。通过对同类项目的类比分析获得相关参数是这个阶段咨询工作的重要途径与特点。

（3）信息共享、协同工作

项目决策阶段的咨询工作需要整合包括：法律法规、管理知识、经济知识、技术知识、设计经验、施工经验、项目管理经验、项目运行与维护经验、项目策划经验等多领域跨专业的相关知识与经验。这就要求策划阶段的咨询工作必须通过共享的协同平台来实现，只有这样才能打破信息壁垒，疏通沟通渠道，实现信息共享、协同工作，更好地实现项目增值目标。

（4）注重对知识的管理

所谓知识管理是指在组织中建构一个人文与技术兼备的知识系统，让组织中的信息与知识，通过获取、分享、整合、记录、存取、更新等过程，达到使知识不断得到创新，然后又回馈到知识系统内，为项目的策划提供科学的依据。

策划的实质就是对知识的集成管理过程，即通过知识的获取、知识的编写、组合和整理，通过深入细致的分析和思考形成新的知识，在策划阶段表现得尤为明显。

（5）以实现项目增值为目的

咨询的最终目的是为实现项目的增值，并通过项目的实施带来经济效益，创造出更佳的环境效益和社会效益。

（6）策划咨询是一个动态过程

这个阶段的咨询工作往往是在项目前期，在项目实施与运营维护阶段，将会有许多的不确定因素对项目产生各种影响。所以，这阶段的策划工作不是一次性的，咨询成果也不是一成不变的，需要随着环境因素的变化对咨询成果作出动态调整，以提高咨询成果的实时性与可实施性。

13.1.5　策划咨询的作用

项目的决策阶段是产生项目构思、确立目标、对目标进行论证，并为项目的批准提供依据的过程。这个阶段的工作质量不仅对项目整个生命期的各项工作起着引领和决定性作用，而且也将对项目的整个上层系统产生极其重要的影响。其主要作用体现在如下几个方面：

（1）解决了项目的方向性问题。在前期策划咨询工作中，通过对项目的构思与目标确定，为项目建设方向进行了准确的定位、使其符合国家法律、法规、规划及政策要求，使项目与周围环境相协调，从而产生好的环境效益、经济效益和社会效益。

（2）对项目全生命周期的费用产生巨大的影响。研究表明在项目决策阶段虽然投入的费用比较少，但本阶段的策划咨询工作对项目整个生命周期的投资产生的影响却非常巨大。如果这阶段的工作稍有失误，很可能产生无法挽回的损失，导致整个项目的失败。

（3）避免或解决与上层系统的冲突。任何建设项目其落地必须与上层系统相吻合，假如这个项目与上层系统存在某种冲突，很有可能会给上层系统带来极大的不利影响，导致项目投资的巨大浪费及社会资源的破坏。项目策划是避免或解决上述冲突有效的途径与方法。

（4）较好地解决拟建项目与环境的和谐问题。项目决策策划正是通过咨询工程师在充分进行环境调查、分析的基础上，找到影响项目建设与发展的主要环境因素，使其更好地融入项目策划中，实现项目与环境的和谐统一。

（5）对后续工作起到指导作用。策划是一种具有前瞻性的思维过程，是对未来发展及其最终结果预先做出的一个系统的规划，必将对后续的各项工作起到至关重要的指导作用。

13.1.6　咨询工作的主要内容

项目决策阶段的咨询工作是全过程工程咨询最为重要的阶段。在这个阶段咨询人员要不断地深入进行环境调查，并对环境的发展趋向进行合理的预测，依托专业的咨询经验与知识、运用技术经济分析方法，为建设项目确定出合理的工程规模，估算出实现项目投资效益最大化的投资额度。

这阶段咨询工作的主要工作内容包括：编制投资策划书、项目建议书、可行性研究报告（包括确定项目投资目标、风险分析、建设方案等）、项目申请报告、资金申请报告、环境影响评价报告、社会稳定风险评估、职业健康风险评估、地质灾害危险性评估、交通影响评价、节能评估、水土保持方案等相关报告的编制，并配合业主报送相关的政府、各主管部门进行审批。

13.2 项目策划

13.2.1 项目策划概述

项目策划是指通过对项目前期的环境调查与分析，确立项目建设基本目标及产业发展方向，进行项目定义，在明确项目功能、规模和标准的基础上对项目决策有关的组织、管理、经济及技术方面进行论证与策划，是把建设意图转换成定义明确、要求清晰、目标明确且具有可操作性的项目策划文件。主要回答为什么要建，以及建什么的问题。

项目决策策划的主要工作内容为：项目定义、项目功能分析与面积分配、项目经济策划、项目组织与管理总体方案、项目设计要求文件等。

（1）项目定义是将建设意图和初步构思转换成定义明确、系统清晰、目标具体、具有明确可操作性的方案。

项目定义主要解决两个问题。一是明确项目定位。项目定位是指对项目的功能、建设内容、建设规模等重要指标的确定，也就是解决项目建设基本思路问题。二是明确项目的建设目标。主要包括质量目标、投资目标、进度目标三大目标。

（2）项目功能分析与面积分配是在总体构思和项目总体定位的基础上，结合对潜在用户的需求分析，对项目进行更深层次的研究，在不背离项目性质、项目规模等关键指标及开发战略定位的前提下，将细化项目功能以满足建设者和使用者的要求。主要咨询工作包括：项目功能分析、功能区划分与面积分配。

（3）项目经济策划是在项目定义与功能策划基础上，对整个目标的投资进行估算，对融资方案的设计及其有关的经济指标进行评价。主要包括：项目总投资估算、融资方案、项目经济指标的评价。

（4）项目组织与管理总体方案包括：项目分解结构、项目管理组织方案、项目合同方案以及项目总进度纲要等几方面内容。

（5）项目设计要求文件是对项目设计所作的具体要求。这种要求是在确定了项目总体目标，在项目定义和功能分析基础上产生的，项目设计文件要求是项目设计的重要依据之一。

13.2.2 项目策划工作流程

项目决策阶段的策划工作流程，必须按照系统流程有条不紊地进行，其工作流程如图 13-1 所示。

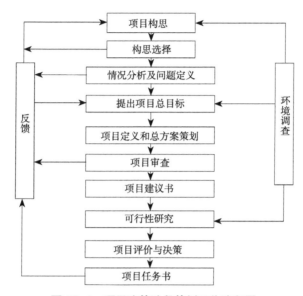

图 13-1 项目决策阶段策划工作流程图

（1）项目构思与选择

项目构思的产生是为解决上层系统（如国家、地区、企业、部门）的问题和期望，或者是为了满足上层系统的某种需求，其目的是为实现上层系统的战略目标或计划。由于项目构思可能会产生许许多多，这就要求咨询人员运用专业知识在其中做出选择，以作为项目产生的基点。

（2）目标设计和项目定义

这一阶段主要通过对上层系统和存在问题的进一步研究，提出项目的目标因素，进而构成项目的目标系统，再通过对目标的书面说明形成项目定义。

这个阶段咨询工作主要包括如下内容：

①情况的分析和问题的研究。即对上层系统状况进行调查，对其中的问题进行全面罗列、分析、研究，确定问题产生的原因。

②项目目标的设计。对目标因素进行优化，建立目标系统。

③项目的定义。确定项目构成和界限，对项目的目标作出书面说明。

④项目的审查。包括对目标系统的评价、目标决策、提出项目建议书。

（3）可行性研究。提出项目实施方案，并对实施方案进行全面的经济技术论证，其成果作为项目决策的重要依据之一。

13.2.3 项目产业策划

项目产业策划是立足产业行业环境与项目所在地的实际，通过对今后项目拟发展产业的市场需求和区域的社会、经济发展趋势分析，分析各种资源和能力对备选产业发展的重要性以及本地区的拥有程度，从而选择确定项目主导产业的方向，并进一步构建产业发展规划和实施战略的过程。

项目产业策划的步骤包括如下几个环节：

（1）项目拟发展产业概念研究

归纳项目拟发展产业及其载体的概念、特征，影响该产业发展的促进或制约因素，作为项目产业策划的基础。当项目拟发展产业为新兴产业，或对项目拟发展产业尚未明确时，该项工作十分必要。

（2）项目产业市场环境发展现状研究

通过对项目拟发展产业的宏观市场环境分析和项目所在地产业发展现状的研究，判断拟发展产业目前在我国的总体发展情况及本地区产业在市场中所处的水平，并针对性地制定竞争措施。

（3）项目产业市场需求的分析

市场需求是产业发展的原动力，项目产业辐射区域有效市场容量的分析是制定项目产业发展目标的基础。其具体工作包括：项目产业辐射区域市场容量测算、项目产业发展需求分析等。

（4）城市社会、经济发展趋势的研究

与产业相关的城市社会、经济发展趋势是产业长远发展的重要推动或制约力量。产业策划作为战略层面的方向性研究，必须对影响拟发展产业的城市社会、经济发展趋势进行分析，就城市社会、经济发展趋势对产业发展可能带来的优势或劣势进行判断，并进一步就城市社会、经济发展趋势可能导致的产业发展优势或劣势研究相应的促进措施或预防、风险转移措施。

（5）项目所在地拟发展产业优、劣势分析

在前期项目所在地环境调查的基础上，研究项目所在地对拟发展产业可能带来的优势与劣势。重点归纳制约项目所在地拟发展产业的不利因素，制定针对性的完善措施，为产业发展规划提供基础。

（6）项目产业发展规划

项目产业发展规划是指项目产业发展的目标体系，它是基于对城市社会、经济发展趋势和国内外产业市场发展态势的综合分析制定的。产业实施战略和辅助措施则是具体落实产业发展规划的方法和途径。

13.2.4　项目功能策划

功能策划是指在总体构思和项目总体定位的基础上，在不违背对项目性质、项目规模以及开发战略等定位的前提下，结合潜在最终用户的需求分析，将项目功能、内容、规模和标准等进一步细化，以满足项目投资者或项目使用者的显性与隐性要求。项目功能策划的主要内容包括以下四个方面：

（1）项目用户需求分析

项目用户需求分析是对潜在的最终用户的活动类型进行分解，归纳出每一类最终用户的主导需求，这是项目功能策划的第一步。

（2）项目功能定位

项目功能定位又分为项目总体功能定位和项目具体功能分析。

项目总体功能定位是指项目基于整个宏观经济、区域经济、地域总体规划和项目产业一般特征而做出的与项目定义相一致的宏观功能定位。项目总体功能定位是建立对标同类工程的基础上结合项目自身特点而实现的。

项目具体功能分析，指为了满足项目运营及项目相关人的需要，对项目拟将具有的功能、设施和服务等进行的界定。主要包括明确项目的性质、组成、规模和质量标准等。项目的功能分析论证可以邀请项目投资方、项目最终使用者参与，也可邀请有关专家、专业人士参与，其目的使项目的各种功能进一步详细具体，在满足项目运营需要的同时又具有可操作性。

（3）项目面积分配

项目面积分配是建设工程项目决策策划中一项重要工作，要求对项目功能定位的明确化，以为项目具体规划与设计提供重要依据。项目面积分配的具体步骤包括：

①对项目的空间构成进行分析，按照功能需求类型对其空间构成进行分类；

②在空间分类的基础上，对项目的功能分区进行设想；

③根据各功能区在项目中的重要程度及其所提供功能的范围，对各功能区进行详细的面积分配。

（4）项目定位

项目定位是在充分挖掘、捕捉市场机会，是在对用户需求分析、功能分析与面积分配的基础上，构建的对项目的性质、项目的功能、项目的规模、项目的标准以及预计项目在社会、经济发展中的地位、作用和影响力的进一步明确。

13.2.5　项目经济策划

项目经济策划是在项目定义与功能策划基础上，对项目进行总投资估算、融资方案的设计及有关经济指标评价。

项目经济策划的工作内容包括：项目总投资估算、项目融资方案、项目经济评价，其中，投资估算是项目经济策划的首要工作。项目总投资见图13-2。

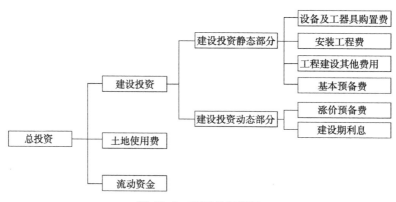

图 13-2 项目总投资图

（1）项目总投资估算

项目总投资估算主要是用来论证投资规划的可行性以及为项目财务分析和财务评价提供基础，进而论证项目建设的可行性。项目投资估算是投资控制的重要依据，项目的总投资估算包括：项目前期费用、项目设计和咨询费用、项目工程造价费用等。其中工程造价是项目总投资中最主要的组成部分。

项目总投资估算一般分以下五个步骤：

第一步：根据项目组成对工程总投资进行结构分解，即进行投资切块分析并进行编码，确定各项投资与费用的组成，其工作的关键是不能有漏项；

第二步：根据项目规模分析各项投资分解项的工程数量，由于此时尚无设计图纸，因此要求估算咨询师具有丰富的专业经验，并对工程内容做出许多假设；

第三步：根据项目标准估算各项投资分解项的单价，此时尚不能套用概预算定额，要求估算咨询师拥有大量的经验数据及丰富的估算经验；

第四步：根据数量和单价计算投资合价。在有了每一项投资分解分项的投资合价后，即可进行逐层汇总，最终得出项目投资总估算，并形成估算汇总表和明细表；

第五步：对估算所作的各项假设和计算方法进行说明，编制投资估算说明书。

（2）项目融资方案策划

融资方案策划项目经济策划的重要内容之一，是在确定建设方案并完成投资估算的基础上，结合项目实施组织和建设进度计划，构建出项目融资方案，并进行融资结构、融资成本和融资风险分析，进一步优化融资方案使其更趋于合理。

项目融资方案策划是在对项目融资环境、融资方式、融资结构、融资成本、融资风险等调查的基础上，策划出一套或几套可行的融资方案，经过充分优化、对标分析、

确定出资金来源可靠、资金结构合理、融资成本低、融资风险小的方案。

（3）项目经济评价

项目的经济评价是从三个不同视角对项目的经济可行性进行分析，一般包括：项目国民经济评价、财务评价和社会评价三部分。国民经济评价和社会评价从国家、社会宏观角度出发考察项目的可行性，而财务评价则是从项目本身出发，考察其在经济上的可行性。在实际进行项目可行性研究时，由于客观条件的限制，并不是所有的项目都进行国民经济评价和社会评价，只有那些对国家和社会影响重大的项目才在企业财务评价的基础上进行国民经济评价或者社会评价。

财务评价是根据国家现行的财税制度和价格体系，分析、计算项目直接发生的财务效益和费用，编制财务报表，计算评价指标，考察项目的获利能力和清偿能力等，据以判断项目的可行性。财务评价主要包括：

①基础数据与参数选取；

②编制各项财务报表和计算评价指标；

③财务评价结论；

④不确定性分析。

13.3　实施策划

工程项目实施策划即项目管理和项目目标控制策划，是在项目立项之后旨在把体现建设意图的项目构思，变成有实现可能性和可操作性的行动方案，提出带有谋略性和指导性的设想。

项目实施策划涉及整个实施阶段的工作，它属于业主方项目管理的工作范畴。如果采用建设项目总承包的模式，建设项目总承包方也应编制项目实施规划，但它不能代替业主方的项目实施策划工作。项目的其他参与单位，如设计单位、施工单位和供货单位等，为进行其自身项目管理都需要编制项目管理规划，但它只涉及项目实施的一个方面，并体现一个方面的利益，如设计方项目管理规划、施工方项目管理规划和供货方项目管理规划等。

项目实施策划内容涉及的范围和深度应视项目的特点而定。项目实施策划一般包括下面五个方面内容：①项目的组织策划；②项目融资策划；③项目目标策划；④项目管理策划；⑤项目控制策划。

13.3.1　项目组织策划

项目实施的组织策划是指为确保项目目标的实现，在项目开始实施之前以及项目实施前期，针对项目的实施阶段逐步建立一整套项目实施期的科学化、规范化的管理模式和方法，即对项目参与各方、业主方和代表业主利益的项目管理方在整个建设项目实施过程中的组织结构、任务分工和管理职能分工、工作流程等进行严格定义。

组织策划是组织与管理总体方案的进一步深化，是项目实施策划的核心工作之一，其策划成果是项目参与各方开展工作必须遵守的指导性文件。在实际工作中组织策划主要包括以下几方面的内容：

（1）组织结构策划

组织结构的策划与项目建设单位管理能力及管理方式、项目规模和项目组织结构内容及项目实施进度规划息息相关。

项目管理的组织结构可分为三种基本模式，即直线型组织模式、职能型组织模式和矩阵型组织模式。项目管理组织结构策划就是以这三种基本模式为基础，根据项目实际环境情况分析，应用其中一种基本组织形式或多种基本组织形式组合设计而成。

对于一般项目组织结构的确定方法为：首先确定项目总体目标，然后将目标分解成为实现该目标所需要完成的各项任务，再根据各项不同的任务，选定合适的组织结构形式。项目的组织策划还应根据项目的规模及复杂程度等因素，在分析现有的组织结构形式的基础上，权衡其利弊设置与项目相适应的组织层次与组织跨度。

（2）任务分工策划

项目管理任务分工体现组织结构中各单位部门或个体的职责任务范围，从而为各单位部门或个体指出工作的方向，将多方向的参与力量整合到同一个有利于项目开展的合力方向。项目管理任务分工是对项目组织结构的说明和补充，将组织结构中各单位部门或个体的职责进行细化扩展，也是项目管理组织策划的重要内容。

（3）管理职能分工策划

管理职能分工与任务分工一样也是组织结构的补充和说明，体现对于一项工作任务，组织中各任务承担者管理职能上的分工，职能分工与任务分工统称为组织分工，是组织结构策划的一项重要内容。

组织结构图、任务分工表、管理职能分工表是组织结构策划的三种形象工具。其中组织结构图从总体上规定了组织结构框架，体现了部门划分；任务分工表和管理职能分工表作为组织结构图的说明补充，详细描绘了各部门成员的组织分工。

（4）工作流程策划

由于工程项目管理涉及众多工作，其中就必然产生数量庞大的工作流程，依据建设项目管理的任务，项目管理工作流程可分为投资控制、进度控制、质量控制、合同与招投标管理工作流程等，每一流程组又可随工程实际情况细化成众多子流程。

投资控制流程包括：

①投资控制整体流程；

②投资计划、分析、控制流程；

③工程合同进度款付款流程；

④变更投资控制流程；

⑤建筑安装工程结算流程等。

进度控制流程包括：

①里程碑节点、总进度规划编制与审批流程；

②项目实施计划编制与审批流程；

③月度计划编制与审批流程；

④周计划编制与审批流程；

⑤项目计划的实施、检查与分析控制流程；

⑥月度计划的实施、检查与分析控制流程；

⑦周计划的实施、检查与分析控制流程等。

质量控制工作流程包括：

①施工质量控制流程；

②变更处理流程；

③施工工艺流程；

④竣工验收流程等。

合同与招投标管理工作流程包括：

①标段划分和审定流程；

②招标公告的拟定、审批和发布流程；

③资格审查、考察及入围确定流程；

④招标书编制审定流程；

⑤招标答疑流程；

⑥评标流程；

⑦特殊条款谈判流程；

⑧合同签订流程等。

13.3.2 项目目标策划

项目目标策划是指在项目立项完成，确定正式启动之后，通过调查、收集和研究项目的有关资料，运用组织、管理、技术、经济等手段和工具，对项目实施的内容、项目实施的目标进行系统分析、细化，形成项目实施的总体目标和各项分目标，以指导后续可行性研究和设计、施工等工作，即确定项目实现的内容。

建设项目管理理论研究表明，建设工程必须具备明确的使用目的和要求、明确的建设任务量和时间界限、明确的项目系统构成和组织关系，才能作为项目管理的对象，才需要进行项目的目标控制，也就是说，确定项目的质量目标、进度目标和投资目标是项目管理的前提。在实际的工程实践中这三大目标是既相互联系又相互制约的关系，在项目系统构成和定位策划过程中，做到项目投资和质量的协调平衡，即在一定投资限额下，通过策划寻求达到满足使用功能要求的最佳质量规格和档次，然后再通过项目实施策划寻求节省项目投资和缩短项目建设周期的途径和措施，以实现项目三大目标的最佳匹配。

13.3.3 项目管理策划

项目管理策划是指对项目实施方案的分解和分项任务组织工作的策划，其工作重点进行行动方案和管理界面设计。项目管理策划主要包括：合同结构策划、项目招标策划、项目管理机构设置和运行机制策划、项目组织协调策划、信息管理策划等。管理策划应根据项目规模及复杂程度，分阶段分层次展开，从总体的概略性策划到局部实施性详细策划。

13.3.4 项目控制策划

项目控制策划是为实现项目管理目标而实施实际数据的收集，与计划的对比分析，采取纠偏措施等活动，包括项目进度控制，项目质量控制，以及项目成本控制的策划工作。

项目控制策划是指对项目实施系统及项目全过程的控制策划，包括了项目目标体系的确定、控制系统的建立及运行的策划。

第14章 设计阶段专业咨询服务

14.1 工程设计咨询

14.1.1 工程设计咨询概述

建设项目设计阶段是在决策阶段形成的咨询成果(如项目建议书、可行性研究报告、投资估算等)和投资人需求分析的基础上,对拟建项目进行综合分析、论证,编制出不同设计阶段成果文件的过程。在这个阶段设计咨询机构要对项目设计工作进行事前、事中和事后(即设计准备阶段、设计阶段和设计成果完成后)的监督及指导,拟订各专业技术方案及材料、设备参数选型,制订设计阶段工作计划,对各阶段设计成果文件进行复核和审查,纠正偏差和错误,避免由于图纸错、漏、碰、缺引起的变更和投资风险,运用价值工程理论提出优化意见和建议,并出具相应的书面咨询报告。设计咨询是项目全过程工程咨询工作中最为重要的环节,本阶段的咨询成果质量将对项目的投资、工期、质量和品质都起着决定性的作用。

在实际工作中,我们通常把设计阶段划分为方案设计、初步设计阶段和施工图设计三个阶段,有些工业项目根据需要增加了工艺设计(技术设计)环节。根据《建设工程设计文件编制深度规定》的要求,设计工作除按上述方法进行阶段划分外,在设计阶段工作内容还应包含绿色建筑、装配式建筑、建筑设备控制、建筑节能设计、结构工程超限设计可行性论证、建筑幕墙、基坑支护及建筑智能化等专项设计内容。

工程设计专业咨询是指受建设单位(或 EPC 总承包方)的委托,应用项目管理理论与技术,为完成一个预定的建设工程项目设计目标,对设计任务和资源进行合理计划、组织、协调和控制的管理过程。工程设计咨询应以满足项目功能和顾客需求作为咨询服务工作的出发点,为委托人提供高质量的全过程工程设计咨询服务,全面落实工程全寿命期价值体系,充分运用价值工程理论及相应技术手段,根据项目的具体特点,在实现项目的功能性、可靠性、经济性和技术先进性的基础上,最大限度地节材节地、节能减排,以实现项目性价比最优化为服务目标。

在项目全过程工程咨询过程中,应建立各专业团队之间的技术协调管理制度,针对项目的特点及不同设计阶段明确设计总控方,其主要职责为:

①要解决各专业设计单位的系统接口和技术矛盾,配合业主进行决策定位;

②管理协调各专业设计团队的设计进步,特别是对接口部分的资料的配合及其沟

通时间进行严格控制。根据工程总监部要求及时调整专项设计时间表，督促各专业设计团队按期提供设计成果；

③牵头组织各专业设计团队召开设计协调会，明确设计界限，做好各专业之间的配合，及时解决现场施工中的难点问题，并督促落实相关意见。

工程设计专业咨询服务的内容主要包括：设计任务书编制咨询、建筑专业设计咨询、结构专业设计咨询、机电专业设计咨询、专项设计咨询、设计阶段工程经济咨询、设计成果资料的管理、施工阶段的技术咨询以及设计变更管理等。

各设计阶段的成果文件均需满足国家和地方相关工程设计文件编制深度规定；工程设计成果文件必须满足国家工程建设标准强制性条文及相关法律法规和技术标准的要求。

14.1.2 设计任务书编制咨询

设计任务书应当在项目可行性研究完成和项目的方案设计开展之前，即设计准备阶段编制完成，其深度应能满足开展后续设计工作的要求。

设计任务书是确定工程项目和建设方案的基本文件，是投资人意图和建设基本方案的反映，是对拟建项目的主要方面和基本问题勾画出一个大体雏形，是设计工作的纲领性文件。设计任务书审批之前，起着定项目、定方案的作用；审批之后，则标示着项目被确立，并据此进行设计工作。

（1）设计任务书的编制依据

①土地挂牌文件、选址意见书或土地合同；

②建设用地规划许可证；

③项目使用功能及运营需求；水务、电力、燃气、热力、场地及环境等设计基础资料；

④上阶段政府报建的批文（如项目建议书或可行性研究报告批复）；

⑤项目成本管理指导书；

⑥地质勘察文件；

⑦环境评价报告、交通评估、节能评估等评估成果；

⑧物业及维护管理要点。

（2）设计任务书的编制要求

项目设计任务书的编制应充分体系投资人的意图和项目建设的需求，力求达到明确表达设计意图、明确表达设计功能和要求。

设计任务书主要模块的设置应结合不同项目的具体要求与特点，采用针对性定位、定性、定量等不同方法进行研究编制。做到既重视传统经验的借鉴，又要有机融合现代技术与方法；既要强调建筑空间组合、比例、尺度等技术理性要素，又要结合建筑与社会背景、周围环境、属地文化等因素的感性融合；设计任务书不仅要满足设计规范，保证项目设计方案的经济合理性，还应重视项目对当地经济发展、环境资源、社会和谐等因素的综合影响。

（3）设计任务书的主要内容

设计任务书一般由全过程工程咨询单位与投资人在充分沟通的基础上进行编制，设计任务书应至少包含以下几方面内容：

①项目建设概要；

②规划设计条件与周边基础条件分析；

③项目功能空间的分析与分配；

④对各专业的设计要求；

⑤技术方案、主要材料选型及设备参数控制要求；

⑥经济性及成本控制指标要求；

⑦设计成果文件提交的时间、数量及设计深度等要求。

14.1.3　建筑专业设计咨询

建筑方案设计是整个设计阶段中最为重要的阶段，是技术与艺术的结晶与表达，是建筑艺术与建造师灵感的完美融合，是"规定范围"的创作。这阶段的咨询工作不但要求建筑师具有扎实的专业技术功底，以满足建筑物的使用要求，还需要对涉及政策、意识文化、人文、美学、哲学等多学科、多元素的融合与输入，给予建筑物以灵气和活力。

建筑专业设计咨询是指在项目的方案设计、初步设计、施工图设计、招投标、施工配合、竣工验收等全过程阶段，提供建筑相关专业的审查、优化、建议等专业咨询服务，全面保证项目建筑设计的美观性、实用性、安全性和经济性。建筑专业设计咨询服务工作要点主要包括以下几个方面。

（1）进行多方案的优化比选。在多方案比选过程中，针对不同建筑方案的外观、功能、技术、经济、社会等各方面的可行性、优劣性、影响性进行深入的分析研究，采用指标对比表或加权评分法对各方案指标进行量化，选出优质方案，最后提供方案可行性分析及比选报告，提出方案选择建议。

（2）针对可能影响项目建筑设计策略的各项相关因素进行研究分析，编制相应的分析报告，以辅助设计策略的生成和选定，保证设计策略的合理性。建筑设计相关的分析要素包括：项目建设对城市规划的影响，城市规划要求的满足及与城市风貌的配合；本项目建筑单体对周边建筑的日照影响、环境及交通影响等。

14.1.4　结构专业设计咨询

结构专业设计咨询是指在项目的方案设计、初步设计、施工图设计、施工配合等全过程阶段，结构专业咨询人员运用专业知识对结构方案、结构计算、施工图配筋等进行审查、优化，提供合理化建议，将结构的用钢量、混凝土量，以及其他经济性指标控制在较优水平，充分实现项目的投资效益的最大化。配合工程的实施进行专业性的咨询服务，保证项目结构安全、经济合理、技术先进，并满足规范对建筑结构的强制性要求和建筑使用功能的需求。

结构专业设计咨询的服务内容主要包括：

（1）在方案设计阶段，结构工程师就可以介入项目，对项目的桩型方案、地下结构方案、主体结构方案、基坑支护方案、幕墙结构方案以及超限结构咨询等内容提供合理化建议。设计咨询人员通过对项目相关性能的分析论证、重要结构、节点的深入研究，对标成功案例相关参数的取值，开展设计参数优化。

（2）根据项目的具体特点，在建筑设计文件完成的基础上，进行项目的结构选型，从结构形式、投资效益、工期等方面提出全方位比选建议，提供方案可行性分析及比选报告。

（3）运用新的材料和工艺、工法，通过科学、系统的计算分析，对已完成的结构设计提出优化咨询建议，提供结构优化的咨询报告，使项目的整个结构体系达到最优化。

14.1.5　机电专业设计咨询

机电专业设计咨询是在充分了解项目信息和项目使用需求的基础上，对机电系统、机电参数、机电选型、选材等进行综合咨询管理和技术优化，同时重点关注机电专业相关参数对整个建筑的影响性分析，如层高、平面布置与机电管线的优化配置与组合，机电的一次性投资与运营成本的综合性考虑与控制等。

建筑机电专业设计咨询是在项目的方案设计、初步设计、施工图设计、招投标、施工、竣工验收等项目全过程阶段，为业主（或投资方）提供全方位、专业化的机电咨询服务，在满足业主功能需求的同时，减少项目机电系统在设计、质量、进度、预算等环节的风险，全面保证项目机电系统的安全性、合理性、经济性。机电专业设计咨询的服务范围包括：暖通工程、消防工程、给水排水工程、强电工程、弱电系统、垂直运输系统、管线综合及标高控制等系统。

机电专业设计咨询的工作内容见表14-1。

机电专业设计咨询的工作内容　　　　　　　　　　　　　　表14-1

项目阶段	机电专业咨询服务内容
前期阶段	协助编制机电各专业设计任务书，明确机电功能需求
方案设计阶段	进行机电系统多方案比选，提交比选报告，提出客观、公正、合理、可行的咨询建议，配合业主优化机电设计标准，协助业主确定机电方案。初步计算各机电系统负荷容量，并进行经济技术分析

续表

项目阶段	机电专业咨询服务内容
初步设计阶段	复核及详细计算各机电系统负荷要求，确定机房位置及大小，协助建筑、结构等专业共同完成项目设计图纸和造价预估算
施工图设计阶段	为业主提供本项目的机电系统的规划、设计和咨询服务，其中设计包括机电系统的方案设计、初步设计、招标图设计以及施工图设计，设计必须满足项目完工正常投入运行所必需的机电功能，协助业主取得政府批文。 与甲方、建筑师及有关部门商讨可能影响项目设计的事项；提供机电设备系统建议，对重大技术问题提供解决方案并进行综合技术分析；对设备用房、垂直管井及有关设施提出初步建议，协助建筑、结构专业确定方案。 复核及详细计算各系统的要求及设备机房的安排，进行机电系统设计。 制定施工图机电设计标准和相关技术说明。 对机电系统重大技术问题提供解决方案和指导性意见，并进行综合技术分析。 协助业主审核和控制施工图质量，提供审核意见建议
施工阶段	协助解决施工现场的机电设计相关问题； 协助机电承包商制作施工图及综合管线图，配合其他专业完善图纸问题； 协助审核承包商提供的机电深化施工设计图、综合管线图、机电综合留洞图等图纸及相关的机电设备和材料； 配合机电设计变更的跟进工作
竣工验收、调试与维护阶段	协助业主进行机电系统的验收、试验和测试，配合完成验收报告； 对不符合设计要求、安装操作存在问题之处，提交缺陷整改报告，协助业主确定整改清单，配合指导施工单位进行整改； 协助业主审核竣工图纸和操作、维修手册； 配合完成项目机电部分的最终结算，协助解决机电系统在运行、维护中出现的问题
其他增值服务	完善机电系统设计的技术规格说明文件； 协助开展机电系统的用户培训； 向担保或保险公司提供、出具机电系统状态报告
前期阶段	协助编制机电各专业设计任务书，明确机电功能需求

14.2 工程设计咨询管理

工程设计咨询在项目的全生命周期中处于龙头地位，是整个工程项目建设的灵魂所在，设计阶段的工作质量对整个工程项目的质量、进度、投资起有至关重要的作用与影响，如何做好设计阶段的咨询工作是摆在每位咨询人员面前必须解决好的问题。

14.2.1 设计准备阶段的管理

（1）咨询工作内容

①分析掌握业主（或投资人）的建设意图和对项目功能的需求，收集项目立项决策资料，整理出满足设计要求的基本条件。掌握和理解建设单位对项目的显性与隐性需求、设想及建设意图，并做好沟通记录。

②掌握和理解项目运营管理单位对项目的要求，并作好沟通记录。

③编制设计大纲或设计任务书，确定设计要求、设计质量和设计标准。

④分解设计内容，划清各设计工作界面，确定设计工作全部内容。界定各设计单位之间的工作范围、工作内容及工期的互相衔接。

⑤根据设计任务书，设计内容分解和各设计工作界面组织招标代理单位进行设计招标。参与评选设计方案，对专家的评选意见进行审查。参与起草设计合同，或评审设计合同。

（2）设计单位的招标

在这个阶段咨询工程师应重点评判设计方案对设计任务书的理解是否透彻，对设计任务书是否响应；设计方案是否项目寿命周期成本最低；设计单位是否具备或能够获取必需的技术能力和相应经验；设计单位是否具备保证工作成功完成的管理能力。

（3）委托设计需提供设计单位基本条件表（表14-2）

设计单位基本条件表

表 14-2

序号	资料名称
1	项目建议书
2	可行性研究报告
3	选址意见书
4	城市规划部门的规划设计条件通知书
5	土地使用要求
6	自然环境要求
7	初勘报告或相邻区域地址资料
8	区域图、地形图
9	市政配套条件
10	人防设计条件通知书
11	环保审批文件
12	建筑/规划总平面图
13	其他地区性限制条件（机场/港口/文物保护）
14	设计任务书
15	相邻特殊条件（如地铁、磁悬浮、高压走廊、非本项目使用的军用电缆及航空输油管等）
16	用地范围（包括道路红线、河道蓝线、公共绿地绿线等）
17	规划道路及建设用地的高程

（4）产生文件

①设计任务书；

②设计内容分解表（表14-3）；

③各阶段设计工作招标计划（表14-4）。

设计内容分解表　　　　　　　　　　表 14-3

序号	设计内容	与主设计关系	设计单位	合同形式
1	建筑设计	主设计	建筑设计院完成	设计合同
2	结构设计	主设计	建筑设计院完成	设计合同
3	机电专业设计	主设计	建筑设计院完成（或机电顾问单位）	设计合同
4	人防设计	专项设计，配合主设计	有人防设计资质单位	设计合同
5	基坑围护设计	专项设计，配合主设计	有基坑围护设计资质单位	设计合同或设计 + 施工合同
6	室内装修设计	专项设计，配合主设计	有装修设计资质单位	设计合同或设计 + 施工合同
7	景观绿化设计	专项设计，配合主设计	有景观绿化设计资质单位	设计合同或设计 + 工合同
8	幕墙深化设计	专项设计，配合主设计	有幕墙设计资质单位	设计合同或设计 + 施工合同
9	消防深化设计	专项设计，配合主设计	有消防设计资质单位	设计合同或设计 + 施工合同
10	智能化深化设计	专项设计，配合主设计	有建筑智能设计资质单位	设计合同或设计 + 施工合同
11	钢结构深化设计	专项设计，配合主设计	有钢结构设计资质单位	设计合同或设计 + 施工合同
12	预应力深化设计	专项设计，配合主设计	有预应力设计资质单位	设计合同或设计 + 施工合同
13	其他专业设计（如：厨房、泳池、灯光、洗衣房等）	专项设计，配合主设计	有各专业设计资质单位	设计合同或设计 + 施工合同

各阶段设计工作招标计划（表 14-4）：

各阶段设计工作招标计划　　　　　　　　　　表 14-4

序号	设计内容	招标方式	招标时间	工作界面	配合费
1	建筑设计	公开招标		根据项目不同要求填写	
2	结构设计	公开招标		根据项目不同要求填写	
3	机电专项设计	公开招标		根据项目不同要求填写	
4	人防设计	邀请招标		根据项目不同要求填写	
5	基坑围护设计	邀请招标		根据项目不同要求填写	
6	室内装修设计	公开或邀请		根据项目不同要求填写	
7	景观绿化设计	公开招标或邀请招标		根据项目不同要求填写	
8	幕墙深化设计	公开招标或邀请招标		根据项目不同要求填写	
9	消防深化设计	公开招标或邀请招标		根据项目不同要求填写	
10	智能化深化设计	公开招标或邀请招标		根据项目不同要求填写	
11	钢结构深化设计	邀请招标		根据项目不同要求填写	
12	预应力深化设计	邀请招标		根据项目不同要求填写	
13	其他专项设计	邀请招标		根据项目不同要求填写	

14.2.2　设计阶段进度管理

（1）确定设计进度控制目标

①分析可行性研究报告等项目前期资料，分析业主需求和项目特点。

②根据项目总进度目标提出设计进度控制目标，并分块分析、调整优化，建立设计进度控制目标体系，编制的各阶段设计进度计划应满足项目总进度计划的要求。

（2）设计进度管理的要点

①根据项目整体开发规划，制定各设计单位之间的配合、报审及各阶段设计成果完成时间节点。在设计任务书中和设计合同中，明确提出设计进度的要求。

②审查设计机构编制的设计计划的合理性和可行性，通过合同对各设计单位的方案设计、初步设计，施工图设计以及设计修改等的设计进度进行协调和控制。

③根据工程项目的进展情况，协调控制各专业设计部门之间进度的衔接配合以及各职能之间的顺利实施。

④控制工程项目采购环节使之与设计进度相匹配，满足设计所需技术资料应及时提供，如电梯、冷冻机、锅炉、发电机、冷却塔、厨房设备、泳池设备等，采购工作应尽量在施工图设计阶段进行。

⑤控制设计报批和市政配套环节，应考虑设计评审、设计文件报批和配套征询的时间及建设方的确认周期，以达到满足设计进度符合总体进度的要求。

⑥为避免审图过程出现较大的反复，影响施工图交付时间，设计咨询应建议审图单位在扩初设计时即介入工作。如建设单位的建设意图及需求有重大改变时，应获得建设单位的书面确认，并对原设计计划进行调整或修订，实现进度计划的动态管理。

⑦根据合同督促设计单位进行施工现场设计配合，及时解决施工中设计问题，尽量避免设计变更对进度所带来的影响。

⑧组织设计进度协调会。进度协调会是进行多方设计协调的重要方法，设计进度协调会主要协调各专业设计进度，一般是定期或关键出图节点召开。

⑨编制设计各阶段进度控制报表和进度控制分析报告，要求设计单位每月定期提交设计工作月报，内容必须包括本月的工作情况及下月的工作计划，咨询机构审核设计单位提交的设计工作月报，督促设计单位对出现的偏差采取纠偏措施，保证关键节点工作的实现。

（3）设计进度管理的内容和流程（图 14-1）

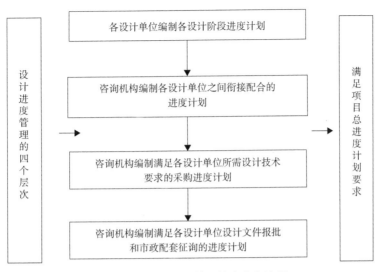

图 14-1　设计进度管理的内容和流程

14.2.3　设计阶段质量管理

（1）方案设计阶段设计质量管理要点

①设计任务书的编写要突出工艺功能要求和布局，明确项目需求是设计管理的重点；

②设计招标的目的是引入一家有能力的建筑设计单位，方案设计的选择首先满足内部使用功能再考虑外部建筑形态；

③组织设计方案的技术经济分析，进行价值管理；

④方案设计的深度必须满足规范及规划、消防、人防等职能主管部门的要求。

（2）初步设计阶段设计质量管理要点

①工程建设的内在质量（包括使用功能、投资效益等）主要在扩初设计阶段确定。设计咨询机构此阶段质量管理重点应放在技术方案的研究与选择、满足工艺及功能的要求、保证系统要素不漏项以及设计合理性方面；

②根据业主、专家等提出的合理化建议，督促设计咨询机构进行设计优化；

③初步设计的深度必须满足国家对初步设计的深度要求；

④初步设计的深度还应满足政府有关部门审批要求的深度，满足主要设备材料订货和指导施工图设计的要求；

⑤建议建设方聘请专业设计咨询机构如机电、弱电、景观设计等配合该阶段的设计工作。建议建设方在此阶段委托审图单位对设计进行把关；

⑥扩初设计图纸审核，可参照表 14-5 预先编制扩初图纸核查表，采用该核查表时建议征求相关专业工程师的意见。

初步设计图纸核查表 表 14-5

_____工程

序号	内容		要求	核查结果
1	设计任务书要求			
2	方案审批意见		扩初设计是否已按方案审批意见修改	
3	专项内容	人防		
		消防		
		节能		
		抗震		
		防雷		
		环保		
		劳防		
		卫生		
		轨道交通		
		技术经济指标		
		玻璃幕墙环评		
		交通		
		河道景观及防汛		
4	总体指标	绿化		
		交通		
		日照		
		水		
		电		
		规划		
		消防		
5	单体	建筑	要注意:建筑设计标准是否满足该类型建筑的定位及业主任务书要求	
		结构		
		水	要注意:设备工种的消防设计	
		电	要注意:设备工种的消防设计	
		空调	要注意:设备工种的消防设计	
6	设计深度			

续表

序号	内容		要求	核查结果
7	设计概算			
8	配套要求	上水		
		污水		
		电		
		燃气		
		通信		
		环卫		
		有线		
		雨水		
		市政供热		

（3）施工图阶段设计质量管理要点

①施工图设计的深度必须满足国家对施工图设计的深度要求；

②施工图设计应满足有关部门对初步设计的审批要求；

③施工图设计应满足工程所有设备材料采购的要求，如规格、型号、技术参数等；

④督促审图机构按规范要求进行施工图审查；

⑤建设方应聘请专业设计咨询机构（如机电、弱电、景观等）配合施工图设计工作；

⑥要求设计单位提交整个施工图设计图纸目录清单，供设计咨询单位进行图纸管理；

⑦要求设计单位提交施工图设计的建筑面积明细，审查建筑面积的准确性，确保项目的竣工实测面积与施工图设计的建筑面积相吻合。

施工图设计质量控制流程见表14-6。

施工图设计质量控制流程　　　　　　　　　表14-6

序号	工作内容	执行单位	成果
1	施工图设计	设计单位	施工图
2	施工图审图	审图单位	审图整改意见
3	施工图再次送审	设计咨询单位	施工图审图通过证书
4	施工图审核	设计咨询单位	审核意见
5	施工图报审	政府管理机构/配套机构	审查整改意见
6	整理各方意见	设计咨询单位	施工图整改意见汇总表
7	施工图整改	设计单位	正式施工图
8	施工图验收	设计咨询单位	施工图验收报告

14.2.4 设计阶段造价控制

造价控制应贯穿项目的始终，工程设计阶段的造价控制是项目全生命周期造价控制最为关键的阶段，其对工程总造价的影响程度达到 75% 以上，对整个工程项目造价控制效果产生直接影响。

（1）工程项目建设过程周期长、变化因素多，投资控制目标的设置是随工程项目的进展不断深入而分段设置，要求对造价控制目标的设置既要有先进性，也要有可行性。根据初步设计的图纸确定的主要设备和材料，对国际国内材料和设备供应商充分询价，在此基础上配合造价咨询服务团队完成设计概算，作为施工图设计的控制目标。在施工图完成后请第三方提出审查建议，进行合理优化。配合造价咨询团队完成施工预算。项目经济性控制工作应贯穿设计全过程。

（2）设计阶段项目成本控制的主要任务是利用价值工程计算方法，对在项目总策划阶段提出的项目总估算造价目标进行分解落实，对各阶段投资控制目标进行设计的细化，最终使各阶段、各专业的成本控制目标既具有先进性又有可行性。这阶段成本控制的主要工作就是根据初步设计图纸确定的主要设备和材料进行充分询价，在此基础上完成设计概算，以此作为下一步施工图设计的控制目标，在施工图设计完成后对设计成果进行审查、优化，在此基础上完成施工图预算编制与审核工作。

（3）设计阶段项目成本控制的主要方法是采用限额设计法。按照已批准的设计任务书及投资估算控制初步设计，按照批准的初步设计概算控制施工图设计，并将总控制额分解到各专业。各专业就专业方案及系统设计进行技术比较、经济分析和效果评价，在保证工程安全和不降低功能的前提下，控制工程投资、提高设计质量。严格控制技术设计和施工图设计的不合理变更，确保总投资不被突破。

（4）由于项目的成本控制贯穿于项目实施的全过程，故造价咨询服务团队应在设计阶段提前介入，参与对项目方案的比选与优化工作，及时提供相应的成本测算和经济指标，及时对不同设计方案进行经济技术分析比较，为设计专业人员进行设计优化提供经济参考。全程跟踪干预设计中存在的不必要的浪费，达到控制投资、优化设计的目的。

设计优化主要是从经济性角度出发，节约建造成本、优化图纸质量。而精细化审图主要目的在于对施工图设计质量和设计深度的把控，消除图纸错漏碰缺问题，避免工程实施过程中出现过多的变更甚至拆改返工现象，提升工程实施进度，降低工期风险与投资风险。

（5）通过 BIM 技术的应用，模拟建造，提高设计质量，减少施工变更及签证，缩短设计、施工周期，从而很好地控制项目设计、建造过程中因不可控因素带来的成本增加。

14.2.5 二次深化设计管理

二次深化设计是指在项目一次设计中未设计或设计深度不够，不能满足招标、施工要求需进行的深化设计。

（1）工作程序

①设计专业咨询机构根据需进行二次深化设计的范围和工程进度计划编制二次深化设计工作计划。

②造价咨询机构根据设计机构提交的二次深化设计工作计划，编制二次深化设计单位招采计划。

③通过招采确定二次深化设计单位。

④专业设计咨询机构组织工程部、成本合约部等相关部门进行二次深化设计施工图评审，设计咨询机构汇总审查意见并填写《设计评审表》经总咨询师审批，设计咨询机构填写《设计交流信息记录表》发二次深化设计单位进行修改完善。

⑤设计单位根据《设计交流信息记录表》调整、修改完成的施工图设计，设计分管负责人确定是否组织相关部门进行再次评审。修改后的设计成果报设计咨询机构，咨询机构预审后将二次深化设计成果提交总咨询师审批。

⑥各专业设计师根据《材料设备选型定型流程》完成材料样板封样。

⑦工程项目咨询机构保证施工图纸的准确性和完整性，配合成本合约部进行施工招标工作的进行。

⑧各专业设计师参加招标相关会议，回答有关技术问题，并以书面形式记录，作为招标补充文件发放，审核投标单位材料样板。

⑨图纸不全需要补充的时候，设计咨询人员联系相关设计单位补充图纸，并将二次深化设计成果文件交成本合约部。

⑩设计咨询机构参加评标相关会议。

⑪设计交底前，施工负责人应按设计图进行现场核对、熟悉施工图纸，了解设计的指导思想、设计意图、图纸和质量的要求。对图纸中的疑问、错漏、与现场不符等问题，在设计交底时间前三天以书面形式提出，并在交底时做好交底纪要。

⑫由项目咨询机构（或建设单位）负责组织设计单位、工程部、成本合约部、施工单位、监理单位进行施工图交底，技术管理人员负责对交底纪要进行解答和协调，保证在正式开工前完成全部设计补充，并填写《施工图交底记录》，参会单位共同确认交底记录，交底纪要作为以后的施工依据，与施工图具有相同的效应。

⑬工程施工必须按照施工图及有关文件进行施工，各专业设计师负责跟踪监督执行，对没有《设计变更申请审批单》而未按图施工的，及时向部门经理汇报。

⑭施工单位进场后，应按要求填报《材料/设备报审计划》，各专业设计师对施工

单位提供的材料小样进行审核，做好《材料/设备审批记录表》，并请相关设计单位协助选样确认。确定的样品按《材料封样作业指引》进行封样。

⑮施工过程中的设计变更按《设计变更管理制度》执行。

（2）工作要点

①二次深化设计一般由主设计单位提出技术要求，作为深化设计的基础条件和总体要求，作为专业分包招标文件的技术文件，由分包中标单位完成二次深化设计任务。

②二次深化设计成果应在设计咨询公司的组织下由主设计单位和建设单位、相关专业单位确认后实施。

③复杂项目由主设计单位、二次深化设计单位和机电安装施工单位进行施工管线综合设计，确保建筑空间得到有效利用，提升美观度和项目价值。

14.2.6　设计配合管理

（1）图纸会审与设计交底

目的：尽量发现和避免设计中的错、漏、碰、缺，减少变更签证，确保施工人员充分理解设计意图。

工作流程：设计交底与图纸会审应在施工开始前完成（也可分阶段分系统进行）。

业主、设计咨询、造价咨询、监理及施工等单位在取得施工图后，应各自整理出图纸会审问题清单，在设计交底及会审前一周由设计咨询公司整理汇总后交设计单位预备解答。

设计咨询机构组织设计交底与图纸会审会；由业主、设计、设计咨询、造价咨询、监理咨询、施工及二次深化设计等单位参加。

图纸会审解答内容由施工单位整理，设计、监理、设计咨询和建设单位签认后，由设计咨询机构发出。

①图纸会审的内容一般包括：

发现设计图纸中的错、漏、碰、缺；

同专业图纸间有无冲突；各专业间图纸有无冲突；标注有无遗漏；

总平面与施工图有无冲突；

预埋预留是否表示清楚；设备就位有无问题；

图中所要求的条件是否满足；

施工是否可行；

新材料、新技术的应用有无问题等。

②设计交底的内容一般包括：

施工图设计文件总体介绍；

设计的意图说明；

特殊的工艺要求；

建筑、结构、工艺、设备等各专业在施工中的难点和易发生的问题说明；

是否有分期供图及供图时间表；

对建设单位、咨询单位、监理单位和施工单位等就图纸疑问作出解释说明。

（2）设计变更管理

①引起设计变更的原因

改变使用功能；

增减工程范围或内容；

修改工艺技术，包括设备的改变；

工程地质勘察资料不准确而引起的修改；

使用的设备、材料品种的改变；

采用合理化建议；

设计错误、遗漏；

施工中产生错误；

工程变更可能由建设单位、设计咨询、造价咨询、设计单位、监理单位或施工单位中的任何一个单位提出，设计单位书面确认。

②设计变更处理的原则

所有变更必须遵循先评估后由业主确认的原则；变更要求应全面权衡功能、投资、进度等各种因素，综合判断，能不做变更尽量不变；确属设计或施工的遗漏和错误，或影响工程使用和质量的问题必须做设计变更处理。

14.2.7 图纸管理

（1）工作内容及管理流程

①收图管理是图纸管理的源头，是控制图纸流通的关键。其管理流程如下：

设计方提供详细的图纸目录以及图纸相关说明；

业主按时间节点签收图纸；

《图纸台账目录》登记；

及时归档并分发各相关单位。

②发图管理是图纸管理的重要节点。其管理流程如下：

通知项目各相关单位领取图纸，控制时间节点；

领图单位在《图纸发放登记簿》上签字确认后发放图纸。

③图纸变更管理是项目实施中常见问题之一，由于涉及工程进度、质量、投资控制等多方面问题。容易造成图纸管理混乱。其管理流程如下：

设计方以书面形式提供图纸变更的理由，并应随图纸提供设计修改通知单或技术核定单；

业主签收图纸，按照收图管理办法执行；

向各相关单位发送《图纸变更通知说明》；

按照《图纸变更通知说明》的要求，从各相关单位回收作废图纸，发放新图纸，发图流程按照发图管理办法执行，作废图纸回收后及时隔离。

（2）产生文件

①图纸台账登记表；

②图纸变更通知说明；

③图纸台账目录。

14.3 工程设计评审

工程设计评审是指对相关设计成果所做的正式、综合性和系统性的审查，用以评定设计要求是否得到满足、设计能力是否达到要求，从中识别设计中出现的问题、提出解决办法。设计评审的作用体现在如下方面：

（1）评价工程设计是否满足功能需求，是否符合设计规范及有关标准、准则；

（2）发现和确定工程项目的薄弱环节和可靠性风险较高的区域，研讨并提出改进意见；

（3）减少后续设计更改，缩短建设周期，降低建设成本。

设计评审内容主要包括：方案设计评审、初步设计评审、施工图审查、抗震设计审查、消防评审，以及根据需要所开展的其他相关评审。

由于设计评审工作由建设行政主管部门或相关管理机构负责与监督管理，目前，设计评审工作已趋于规范化和成熟化，相关的评审流程、所需提供文件资料等内容在相关的条例规定中已有明确的规定，故本书在此不作赘述，本节内容将侧重阐述各项设计评审工作的主要关注点，为相关评审服务咨询机构提供参考。

14.3.1 方案设计评审

（1）规划方案评审

评审目的：确定概念规划、概念方案，以及产品定位指标。

评审内容：见表14-7。

规划方案评审内容 表 14-7

评审内容		文件要求或备注
宗地分析	宗地区域分析	宗地地理位置；距地标方位（如市中心、高速公路口等）的距离
	宗地现状分析	周边环境、道路、交通、配套、有利或不利因素
	土地价值分析	对宗地土地性质进行价值分类；复杂地形需进行宗地"坡度、坡向分析"
概念设计过程	对过程中阶段方案进行简单总结（优点、缺点）	重点分析各阶段方案的优缺点，说明最终方案设计是如何形成的
设计意向	设计意向	提供设计意向参考图片（总体、风格、理念）
		提供可参考意向的项目
	设计单位意向	提供设计意向单位及团队擅长，主创设计师及过往业绩介绍，设计资源评估对比表
		设计团队的时间安排及设计费用要求
概念方案	概念规划总平面	需表示总图各建筑物布置、层数、高度
		需表示各类主要出入口、主要道路
		需考虑规划要点中各类红线、建筑间距等要求
		需考虑周边（如高压走廊等）有可能的特定要求
		复杂地形的设计思考，前后主要剖面图关系
		如有分期，各期分期范围需在总图中表示
	产品分布示意图	产品组合平面总图，不同户型用不同颜色表示；在该图上统计《产品住宅面积配比表》
产品	产品分析	竞品楼盘分析，分析"户型"及"价值点"
		需提供意向产品平面，需表示主要尺寸
指标	项目综合技术经济指标表	总用地面积、净用地、容积率、建筑密度、绿地率、车位配比、公建配套要求及面积、$\leqslant 90m^2$ 套型建筑面积户型比例等规划指标
		需明确"可售比"指标
	户型配比及产品比例表	户型配比及产品比例表
经营测算（成本、财务及运营）	财务测算	成本、利润
	经营性物业	经营判断

（2）总体规划方案评审

评审目的：确定规划方案及规划指标。

评审内容：见表 14-8。

总体规划方案评审内容 表 14-8

评审内容		文件要求或备注
宗地分析	宗地区域分析	宗地地理位置；距地标方位（如市中心、高速公路口等）的距离
	宗地现状分析	周边环境、道路、交通、配套、有利或不利因素
	土地价值分析	对宗地土地性质进行价值分类；复杂地形需进行宗地"坡度、坡向分析"

续表

评审内容		文件要求或备注
产品定位（产品策划、营销提供）	客户描述	提供客户类型、置业目的、年龄段、家庭结构、喜好、价值排序等
	产品描述	提供产品需求类型、面积及附送、配比、功能房间数、单价及总价、最主要特点、特别要求等
	产品分析	市场、竞争产品分析。主要分析"户型""价值点"及"售价"；可与营销共同完成
前面规划设计过程回顾	对过程中阶段方案进行简单总结（优点、缺点）	重点分析各阶段方案的优缺点（与领导阶段沟通的结论意见），目的为说明最终方案设计是如何形成的
本次规划方案内容	规划设计依据的材料	如：总规、控规、政府文件
	规划总平面	需表示总图布置，各类坐标定位、各建筑物层数、竖向高度
		需表示各类主要出入口、主要道路、消防道路登高面要求
		需清晰表达建筑间距，复核是否复核日照、消防等要求
		需表达地下室的范围及位置（可提前考虑人防设置位置）
		对有日照要求的地方，需要求设计单位进行日照分析，避免日后由于日照不能满足要求而调整规划形式
		总平面规划中地下室范围是否合理，人防地下室位置是否合理，是否考虑自然采光通风
	道路交通分析及停车分析	（1）主次出入口位置 （2）整体规划道路结构，各级道路及流线 （3）主要停车方式及配比（地面/地下/架空各种停车数量及比例），地面停车布置规划
	景观分析	
	竖向设计	总体剖面图
		重点说明地下室、首层顶板、裙房及上部主体之间的关系、层高
		地形的设计前后关系
	土方平衡测算	
	市政管线设计	给水、排水、消防初步方案；对市政资料进行确认，应满足设计要求，项目场地高度是否影响管道敷设
		项目总体的供电方案（变配电房数量、位置、面积）
		发电机房的位置、面积
		项目总体的电气消防及弱电方案（设备房的数量、位置、面积）
	防灾害设计	
	项目综合技术经济指标表	总用地面积、净用地、容积率、计容建筑面积、建筑密度、绿地率、车位配比、公建配套要求及面积、$\leqslant 90m^2$ 套型建筑面积户型比例等规划指标
		需明确"可售比"指标
		户型配比表及产品比例表
	建筑风格	风格类型、整体色调调性、主要用材用料
	鸟瞰图	提供总体鸟瞰图

续表

评审内容		文件要求或备注
本次规划方案内容	主要公建配套（重点为商业、会所、示范区）	（1）主要表示配套公建的平面图、位置、层数、面积 （2）商业日后的业态
	物业管理模式	说明大的物管方案：几级管理 / 主要出入口管理方案，并说明物业管理用房拟定的位置、面积
	产品分布示意图	产品组合平面总图，不同户型用不同颜色表示；在该图上统计《产品住宅面积配比表》
分期开发	项目分期开发构思	如有分期，各期分期范围需在总图中表示；需考虑开发节奏及先后顺序
	各期示范区构思	示范区范围、售楼部、样板房位置，施工管理

（3）建筑单体方案评审

评审目的：确定主力户型平面方案，确定设备等技术方案。

评审内容：见表14-9。

建筑单体方案评审内容 表 14-9

评审内容		文件要求或备注
单体户型	主力户型图	平面布置、开间尺寸准确表达。户型家具初步布置设计。需表示每户面积、标准单元每层及每栋的面积。架空及上部局部退台需说明。如平面组合拼接，需复核开口天井等要求
	户型配比表及产品比例表	附加值面积统计表 统计户型配比表及产品比例表
	户型特点分析	户型设计符合产品定位要求
	户型竞争力分析	景观利用。户型附加值的挖掘。并考虑报建难度
	结构布置方案、总高度复核	（1）结构方案应合理优化，设计应兼顾质量与成本，在保证结构安全的前提下力求节约，坚持成本最优原则。构件尺寸及配筋若不是计算和概念设计需要，应取最小值 （2）重点审核柱、混凝土墙位置，以及梁位置、高度
地下室	地下室或架空、地下商业用房的方案确认	包括地下室范围、柱距（含是否结构转换）、车库停车及车行流线坡道、出入口、人防分区及口部等
	地下室、架空层等层高、室内外高差关系	
	标准层建筑平面再次审核确定	除对平面进行再次确认外，另外要复核走道宽度、厨房卫生间等是否满足规范强制性条文要求，以及空调机位是否合理
		地下室划分范围、人防地下室规划、地下室层高、柱网、车位个数、车位比、地下室通风采光
商业建筑		商业建筑的布局、层高、面宽、进深、大商业规划、若设计有转换层则应对其进行经济分析
建筑立面方案	立面风格图	
	效果图	至少有两个主要方向效果图，电脑效果图 单体或组合效果图

续表

评审内容		文件要求或备注
建筑立面方案	模型	提供实体模型进行深入推敲（可在深化阶段提供）
	各立面图	各主要方向的立面效果、组合效果
	窗地比	窗地比估算
	成本分配	进行主要材料成本测算
	新技术应用及要求	如采用新技术，需提供设计初步方案。需测算成本。
技术方案	总体效果	模型或电脑效果图
	核心筒、电梯、楼梯	电梯初步选型，井道尺寸、梯级、楼梯宽度、消防前室设置、尺寸基本准确可行
	设备井道	根据平面布局，表达相关设备井道
	平面组合	表达组合平面图，需考虑消防及开口天井要求
给排水	卫生间降板方式、对下层的影响，立管位置、空调位置	卫生间降板范围，管道不外露在房间；立管位置合理；空调位置便于排水
	消火栓位置及管井尺寸	（1）消火栓及立管应放置在公共空间 （2）消火栓安装不得贯穿墙体（管井处除外） （3）管井位置及尺寸校核，管井应满足管道安装要求，出详细立面、剖面图
	地下室水池、泵房位置、大小，集水坑位置、数量，排水沟设置	（1）根据梁高等条件校核水池、水泵房面积 （2）根据地下室底板面层厚度，校核集水坑数量、距离
通风	地下室通风设置原则	送、排风机房位置面积校核，地下室净空高度校核
燃气	燃气立管位置，明确燃气表、热水器位置	精装修房，燃气表及热水器位置，是否满足安全要求并应听取装饰部意见
电气	电气设备间的位置、数量及面积	

（4）装修设计方案评审

评审内容：见表14-10。

装修设计方案评审内容　　　　　　　　　　　表14-10

评审内容		文件要求或备注
概念阶段	设计风格意向	整体设计说明，提供意向图片供选择
	平面布局	提供平面图、组织流线分析
	确定单方造价范围	含硬装，软装的单方价格
方案阶段	平面	提供平面、铺地，天花、重点立面分析图
	设计效果介绍	提供能表达清楚设计的效果图
	主材料	提供材料图片或实物样板
	软装饰	软装饰与硬装方案同步
	单方造价估算	

14.3.2　初步设计评审

需要开展初步设计评审的项目根据当地相关法规文件规定确定。初步设计评审要点可分为行政审查和技术审查两方面内容。

（1）行政审查

项目初步设计的行政审查主要包括建设程序、资质资格、市场管理三大类内容，是对初步设计文件的合规合法性进行的一般性评估。

项目初步设计行政审查评审要点：报批要件是否齐全；审批权限是否符合审批管理权限规定；建设目标、规模、内容、性质和概算投资额是否符合发改部门批复文件要求；是否符合经审查通过的规划方案；是否符合经审查通过的消防方案设计；是否符合人防设置要求；是否符合经审批的环评报告；上述内容存在变化是否按规定进行了相关报批手续并取得有关部门的同意和批准。

设计单位资质是否符合响应标准；执业人员是否符合注册建筑师、勘察设计注册工程师执业范围；初步设计文件签署是否齐全、规范；初步设计文件格式是否符合相应规定；勘察设计单位和执业人员的市场行为是否合法、规范；勘察设计合同是否合法、有效；勘察设计收费是否符合国家和地区的相关规定；勘察设计周期是否合理；勘察设计承发包是否符合有关规定。

（2）技术审查

项目初步设计的技术审查主要包括：工艺设计、总图设计、建筑设计、结构设计、设备电气、初步设计概算等方面的审查。主要关注初步设计内容是否完整全面，各专业设计深度是否满足相关要求，各专业设计说明和设计图纸是否符合现行标准、规范、规定和规程的要求，特别是强制性规范条文的要求，设计规模和设计范围是否有所变更；采用的设计方案是否体现节能、环保、确保公共安全的要求；采用的设计方案是否经济、合理、可行；初步设计概算编制内容是否完整，概算编制依据是否合理、准确。

项目初步设计技术审查要点如下：

①在工艺设计方面：实验室、实习场所、专业性很强的教学与民用建筑和具有特殊功能要求的建筑项目应编制工艺流程图及其文字说明，并提出相应的设备选型。此外，对于音乐厅、报告厅、礼堂等特殊场馆还需评审是否包含建筑声学计算及处理和必要的视线分析计算、音响测试等设计内容。

②在总图设计方面：总平面图的布置是否做到土地的合理利用及技术经济指标合理，是否满足有关主管部门对该项目批示的许可技术条件和分期建设等方面的特殊要求；总平面设计中功能定位及功能分区是否明确，人流、车流的交通组织是否合理顺畅；建设场地是否已进行了人文地质和工程地质勘查，是否已充分了解和掌握总平面设计

涉及的有关自然因素和自然灾害；总平面设计中水、暖、电等各种管线设计是否合理，接口是否清楚、明确，相应构筑物在总平面的位置是否明确，是否符合有关规范要求；竖向设计的设计依据是否充分，是否满足工艺、运输、地形、排水等情况以及土方平衡的要求；停车场（库）数量是否满足要求并符合规定。各类道路的主要设计参数是否合理，宽度、结构、转弯半径、坡度等设计是否符合有关设计规范的要求；总平面设计图纸各种标注是否符合齐全并符合相关规定要求，各项技术指标是否符合当地政府有关部门的规定。

③在建筑设计方面：建筑功能定位及功能分区是否明确，建筑平面布局、各功能分区层数、层高等是否满足功能要求；人流、物流组织是否合理顺畅，并满足疏散要求，垂直交通设施的选型是否满足要求且经济合理；消防设计中对防火、防烟、防有毒气体、防辐射等分类、分区划分是否合理、是否符合规定；建筑方案中各种建筑做法、装饰装修标准及采用的材料，是否符合卫生、节能、环保要求并与规定的投资水平一致。对于不符合要求、费用过大或过低、标准过高或过低且与功能不符的项目提出修改建议，并作为投资调整的依据；建筑设计图纸是否齐全，是否按设计深度规定要求。立面设计是否美观，是否与周围的环境空间相适应，是否符合建筑节能要求；对建筑方案中合理选用的新技术、新材料应予以肯定，对不合理和存在的问题提出修改意见；建筑项目主要特征表、门窗表是否齐全、清楚、经济实用。

④在结构设计方面：设计依据是否合理，采用标准、规范是否是现行最新版本，设计要求和设计条件是否完备；结构设计使用年限、抗震烈度、防裂度和设防类别是否正确；地基基础设计等级、地基处理方案及基础形式、基础埋置深度等是否合理；设计荷载选用是否全面合理；上部结构造型、各种缝的设置宽度、结构处理是否经济合理，是否符合设计规范及特殊使用要求；采用的新技术、新结构、新材料是否安全、可靠；结构设计图纸是否齐全标准，并满足编制概算的深度要求。

⑤在设备电气设计方面：给水排水、强电、弱电、采暖通风空调等专业设计依据是否正确，内容是否全面，系统设置是否能保证使用功能的实现及安全可靠；各种设备选型是否恰当，建设标准是否适度，各类指标的计算是否准确（如用水量、用电量等），并是否考虑了各项因素的影响；设计图纸是否齐全，是否满足设计深度规定的要求；是否编制了主要材料用量表，其数量是否准确。对于设计中存在的问题、错误及不合理的部分提出修改意见。

⑥在初步设计概算方面：概算编制依据是否符合国家有关建设和造价管理的法律、法规及方针政策，编制依据文件、资料是有效、完整和准确。

对初步设计总概算的评审。概算编制内容是否完整，是否有漏项；编制的方法、项目归类是否符合有关规定的要求；计算依据是否满足国家及当地定额部门的有关规定；设计总概算的编制是否与单项工程综合概算表中的数据一致。

对单位工程和单项工程综合概算的评审。各专业是否按规定编制了单位工程概算书；工程量计算规则是否准确、工程取费是否合理。单项工程综合概算是否与单位工程概算汇总数据一致。

⑦对仪器设备的评审。评审仪器设备购置清单是否在可行性研究报告或项目建议书的批复内容范围内；审核该设备是否符合原批复范围，其内容是否出现调整，调整的理由是否充分。审查仪器设备原价及各种费用费率计算和价格组成是否合理，是否有漏项或重复。

⑧对工程建设其他费用的评审。主要依据国家和当地政府的有关文件，审查各项费用是否合理，计取的费率和计费基数是否正确。

⑨对预备费的评审。评审计费标准是否符合有关规定；计费内容是否合理，费率的确定是否有充分依据并能充分反映物价变动情况。

项目初步设计的总体评价是在汇总各分项评审的基础上，对拟建投资项目进行全面分析和综合评审，将其数据资料进行检验审核和整理、对比分析、归纳判断，提出最终结论意见和建议，并做出项目评审报告。

评审报告应就初步设计文件编制的依据、编制内容、建设规模、建设标准、总平面图和各专业设计方案、节能环保、设计概算等做出全面、客观、公正、科学的评价。并就设计中可能存在的重大问题以及是否需要修改提出建议。

14.3.3 施工图审查

施工图审查是对施工图涉及公共利益、公众安全和工程建设强制性标准的内容进行的审查，是基本建设必不可少的程序。

根据住房城乡建设部《房屋建筑和市政基础设施工程施工图设计文件审查管理办法》的规定，施工图未经审查合格的，不得使用。要求从事房屋建筑工程、市政基础设施工程施工、监理等活动，以及实施对房屋建筑和市政基础设施工程质量安全监督管理单位或部门应以审查合格的施工图为依据开展工作。

审查要点：

项目施工图设计审查应针对建筑、结构、给水排水、暖通、电气、建筑节能等专业分别进行审查。施工图审查机构应当对施工图进行下列内容的重点审查：

①是否符合工程建设强制性标准；

②地基基础和主体结构的安全性；

③是否符合民用建筑节能强制性标准；

④勘察设计企业和注册执业人员是否按规定在施工图上加盖相应的图章和签字；

⑤施工图是否达到规定的设计深度要求；

⑥是否符合政府有关部门的批准文件要求；

⑦法律、法规、规章规定必须审查的其他内容。

具体的各专业施工图审查要点可参见住房城乡建设部《建筑工程施工图设计文件技术审查要点》文件和各地的施工图设计审查相关文件要求。

14.3.4 抗震设计审查

（1）审查范围：根据住房城乡建设部《房屋建筑工程抗震设防管理规定》的要求，新建、扩建、改建的房屋建筑工程，应当按照国家有关规定和工程建设强制性标准进行抗震设防。其中：

①《建筑工程抗震设防分类标准》中甲类和乙类建筑工程的初步设计文件应当有抗震设防专项内容；

②超限高层建筑工程应当在初步设计阶段进行抗震设防专项审查；

③新建、扩建、改建房屋建筑工程的抗震设计应当作为施工图审查的重要内容。

（2）审查要点

①《建筑工程抗震设防分类标准》中甲类和乙类建筑工程的初步设计文件抗震评审要点应参考《建筑抗震设计规范》的相关规定。

②新建、扩建、改建房屋建筑工程的施工图抗震设计审查要点应遵循《建筑工程施工图设计文件技术审查要点》要求，参考《建筑抗震设计规范》的相关规定。

③超限高层建筑工程（包括满足条件的高度超限工程、规则性超限工程、屋盖超限工程等）应依据《超限高层建筑工程抗震设防管理规定》，按照《超限高层建筑工程抗震设防专项审查技术要点》进行抗震设防专项审查：

建筑抗震设防依据；

场地勘察成果及地基和基础的设计方案；

建筑结构的抗震概念设计和性能目标；

总体计算和关键部位计算的工程判断；

结构薄弱部位的抗震措施；

可能存在的影响结构安全的其他问题。

14.3.5 消防设计审查

消防设计审查应根据工程实际情况进行，主要审查项目包括：建筑类别和耐火等级；总平面布局和平面布置；建筑防火构造；安全疏散设施；灭火救援设施；消防给水和消防设施；供暖、通风和空气调节系统防火；消防用电及电气防火；建筑防爆；建筑装修和保温防火。建设工程消防设计文件审查要点如下：

①建筑类别和耐火等级的审查：

根据建筑物的使用性质、火灾危险性、疏散和扑救难度、建筑高度、建筑层数、单层建筑面积等要素，审查建筑物的分类和设计依据是否准确；

审查建筑耐火等级确定是否准确，是否符合工程建设消防技术标准要求；

审查建筑构件的耐火极限和燃烧性能是否符合规范要求。

②总平面布局和平面布置的审查：

审查火灾危险性大的石油化工企业、烟花爆竹工厂、石油天然气工程、钢铁企业、发电厂与变电站、加油加气站等工程选址是否符合规范要求；

审查防火间距是否符合规范要求；

根据建筑类别审查建筑平面布置是否符合规范要求；

审查建筑允许建筑层数和防火分区的面积是否符合规范要求；

审查消防控制室、消防水泵房的布置是否符合规范要求；

审查医院、学校、养老建筑、汽车库、修车库、铁路旅客车站、图书馆、旅馆、博物馆、电影院等的总平面布局和平面布置是否满足规范要求。

③建筑防火构造的审查：

审查防火墙、防火隔墙、防火挑檐等建筑构件的防火构造是否符合规范要求；

审查电梯井、管道井、电缆井、排烟道、排气道、垃圾道等井道的防火构造是否符合规范要求；

审查屋顶、闷顶和建筑缝隙的防火构造是否符合规范要求；

审查建筑外墙和屋面保温、建筑幕墙的防火构造是否符合规范要求；

审查建筑外墙装修及户外广告牌的设置是否符合规范要求；

审查天桥、栈桥和管沟的防火构造是否符合规范要求。

④安全疏散设施的审查：

审查各楼层或各防火分区的安全出口数量、位置、宽度是否符合规范要求；

审查疏散楼梯和疏散门的设置是否符合规范要求；

审查疏散距离和疏散走道的宽度是否符合规范要求；

审查避难走道、避难层和避难间的设置是否符合规范要求。

⑤灭火救援设施的审查：包括消防车道、救援场地和入口、消防电梯、直升机停机坪等方面内容的审查。

⑥消防给水和消防设施的审查：包括消防水源、室外消防给水及消火栓系统、室内消火栓系统、火灾自动报警系统、防烟设施、排烟设施、自动喷水灭火系统、气体灭火系统、其他消防设施和器材等方面内容的审查。

⑦供暖、通风和空气调节系统的审查：

审查供暖、通风与空气调节系统机房的设置位置，建筑防火分隔措施，内部设施管道布置是否符合规范要求。

14.3.6 其他设计评审

对于不同功能类型、不同地区、不同设计要求的建设工程项目，根据具体设计内容可能涉及诸如人防、安全、卫生防疫、幕墙光污染等其他专项设计评审需要。而涉及航空管制、地铁、风景名胜、通航等方面的项目，亦须提供相关部门的审查意见。其设计评审工作要求请参阅国家和地区的各相关规定文件，本章不再赘述。

第15章 招标采购阶段专业咨询服务

15.1 招标采购阶段咨询服务概述

建设项目的招标采购阶段作为项目建设的一个重要阶段，是在前期阶段（项目决策阶段、设计阶段）形成的咨询成果（如：可行性研究报告、投资人需求分析报告、与项目建设相关专项评估报告、勘察设计文件、造价文件等）基础上进行招标策划、招标采购活动、选择具有相应能力和资格的中标人、通过合约进一步确定建设产品的功能、规模、标准、投资、完成时间等，并将投标人和中标人的责权利予以明确。

招标采购活动包括：招标策划、招标、投标、开标、评标、定标、投诉与处理等一系列流程。

根据《中华人民共和国招标投标法》《中华人民共和国招标投标法实施条例》《中华人民共和国政府采购法》及其他相关法律法规、规章和行政规范性文件，招标采购阶段的咨询服务应实行招标采购咨询总负责人（咨询团队负责人）制，并明确该阶段咨询工作总负责人应承担相应的责任与义务。

全过程工程咨询服务机构应遵循公开、公平、公正、诚实信用的原则开展咨询服务工作，维护招投标各方主体的合法权益。

15.1.1 招标代理服务团队的组成

招标代理服务作为专业咨询的一部分，招标代理服务负责人由咨询公司法定代表人书面授权委派，招标代理服务工作团队的内部事宜在招标代理服务负责人的带领下开展工作。代理服务机构负责人应根据工作的具体需要组建招标代理工作团队，制定招标代理内部管理制度、工作流程及工作总体进度。招标代理服务工作团队相关工作人员的职业资格要求必须符合国家相关法律法规、规章和行政规范性文件要求。

15.1.2 项目招标及采购的方式

项目的采购方式需根据国家招投标法规、业主意愿、项目实际情况来确定，以不违反国家法律法规和管理顺畅的原则确定项目招标及采购方式。

（1）根据参与单位的性质划分，项目招标及采购分为以下四大类：

①咨询服务类招标采购：如设计、监理、造价咨询、招标代理等业务的招标采购；

②施工类招标采购：如施工总包单位、各专业施工分包单位的招标采购；

③材料设备类招标采购：如电梯、锅炉、冷水机组、柴油发电机等的招标采购；

④项目配套类招标采购：如电力公司、自来水公司、燃气公司等的招标采购。

（2）根据竞争程度可分为：可分公开招标、邀请招标、议标，并且竞争程度逐渐降低（见图15-1）。

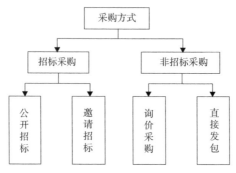

图 15-1　采购方式划分

15.1.3　招标及采购范围划分

（1）强制招标范围

按规定满足以下条件的项目的勘察、设计、施工、监理以及与工程建设有关的重要设备、材料等的采购应进行招标。

投资类型：

①大型基础设施、公用事业等关系社会公共利益、公众安全的项目；

②全部或者部分使用国有资金投资或者国家融资的项目；

③使用国际组织或者外国政府贷款、援助资金的项目。

金额限制：

①施工单项合同估算价在 200 万元人民币以上的；

②重要设备、材料等货物的采购，单项合同估算价在 100 万元人民币以上的；

③勘察、设计、监理等服务的采购，单项合同估算价在 50 万元人民币以上的；

④单项合同估算价低于第①、②、③项规定的标准。但项目总投资额在 3000 万元人民币以上的。

（2）公开招标

公开招标是指招标人以招标公告方式，邀请不特定的符合公开招标资格条件的法人或者其他组织参加投标，按照法律程序和招标文件公开的评标办法、标准选择中标人的招标方式。依法必须进行货物招标的招标公告，应当在国家指定的报刊或者信息网络上发布。

依法必须进行招标的项目，全部使用国有资金投资或者国有资金投资占控股或者主导地位的，应当进行公开招标。

根据国家发展改革委员会 2018 年第 16 号令《必须招标的工程项目规定》第二条全部或者部分使用国有资金或者国家融资的项目包括：

①使用预算资金 200 万元人民币以上，并且该资金占投资额 10% 以上的项目；

②使用国有企业事业单位资金，并且该资金占控股或者主导地位的项目。

（3）邀请招标

邀请招标是指招标人邀请符合资格条件的特定的法人或者其他组织参加投标，按照法律程序和投标文件公开的评标办法、标准选择中标人的招标方式。

邀请招标不必发布招标公告或招标资格预审文件，但应组织必要的资格审查，且投标人不应少于 3 个。

《中华人民共和国招标投标法》规定：国家发展改革委员会确定的重点项目和省、自治区、直辖市人民政府确定的地方重点项目不适宜公开招标的，经国家发展改革委员会或省、自治区、直辖市人民政府批准，可以进行邀请招标。

《中华人民共和国招标投标法实施条例》规定，国有资金投资占控股或者主导地位的必须依法进行招标的项目，应当公开招标；但有下列情形之一的，可以进行邀请招标：

①技术复杂、有特殊要求或者受自然环境限制，只有少量潜在投标人可供选择。

②采用公开招标方式的费用占项目合同金额的比例过大。

本款所列情形，属于规定的需要履行项目审批、核准手续的依法必须进行招标的项目，由项目审批、核准部门在审批、核准项目时作出认定；其他项目由招标人申请有关行政监督部门作出认定。

《工程建设项目勘察设计招标投标办法》规定，依法必须进行勘察设计招标的工程建设项目，在下列情况下可以进行邀请招标。

①项目的技术性、专业性强，或者环境资源条件特殊，符合条件的潜在投标人数量有限。

②如采用公开招标，所需的费用占工程建设项目总投资比例过大的。

③建设条件是自然因素限制，如公开招标将影响项目实施时机的。

《工程建设项目施工招标投标办法》规定，国家发展改革委员会确定的重点项目和省、自治区、直辖市人民政府确定的地方重点项目，以及全部使用国有资金投资或者国有资金投资控股或者占主导地位的工程建设项目，应当公开招标；有下列情形之一的，经批准可以进行邀请招标。

①项目技术复杂或者有特殊要求，只有少量几家潜在投标人可供选择的。

②受自然地域环境限制的。

③涉及国家安全、国家秘密或者抢险救灾，适宜招标但不适宜公开招标的。

④拟公开招标的费用与项目的价值相比，不值得的。

⑤法律、法规规定不宜公开招标的。

《工程建设项目货物招标投标办法》规定，国家发展改革委员会确定的重点项目和省、自治区、直辖市人民政府确定的地方重点项目，以及全部使用国有资金投资或者国有资金投资控股或者占主导地位的工程建设项目，其货物采购应当公开招标；有下列情形之一的，经批准可以进行邀请招标。

①货物技术复杂或者有特殊要求，只有少量几家潜在投标人可供选择的。

②涉及国家安全、国家秘密或者抢险救灾，适宜招标但不适宜公开招标的。

③拟公开招标的费用与拟公开招标的节资相比得不偿失的。

④法律、法规规定不宜公开招标的。

采用邀请招标方式的，招标人应当向三家以上具备货物供应的能力、资信良好的特定法人或者其他组织发出投标邀请书。

15.1.4　招标采购阶段工程咨询内容

根据现行的《中华人民共和国招标投标法》《中华人民共和国招标投标法实施条例》招标采购活动包括招标策划、招标、投标、开标、评标、中标、定标、投诉与处理等一系列流程。招标采购活动应当遵循公开、公平、公正和诚实信用的原则。

在建设项目招标采购阶段全过程工程咨询单位承担"1+N"的任务，其具体咨询工作内容如下：

（1）"1"招标采购项目管理业务

①协助招标人制定招标采购管理制度；

②招标采购策划；

③招标采购过程管理；

④合同管理；

⑤招标采购项目后评估。

（2）"N"招标采购代理业务

①招标或资格预审公告的编制及发布；

②资格预审及招标文件编制及发布；

③勘查现场（可根据实际情况决定）；

④招标答疑；

⑤开标、评标、定标；

⑥中标公示；

⑦投诉质疑处理；

⑧签发中标通知书；

⑨签订合同。

15.1.5　招投标及采购管理工作流程

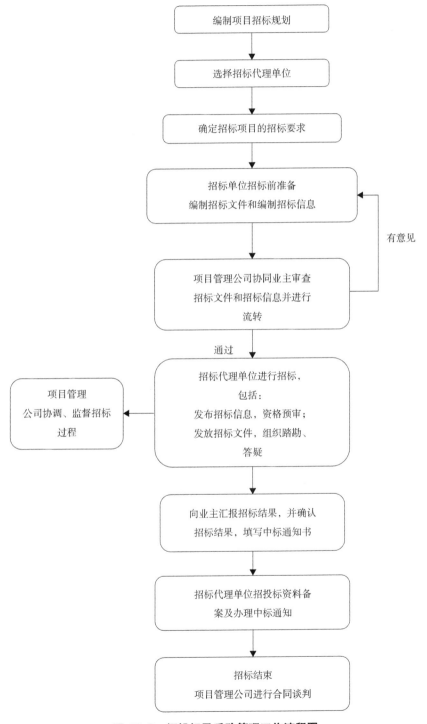

图 15-2　招投标及采购管理工作流程图

（1）公开招标的基本流程（图 15-3）

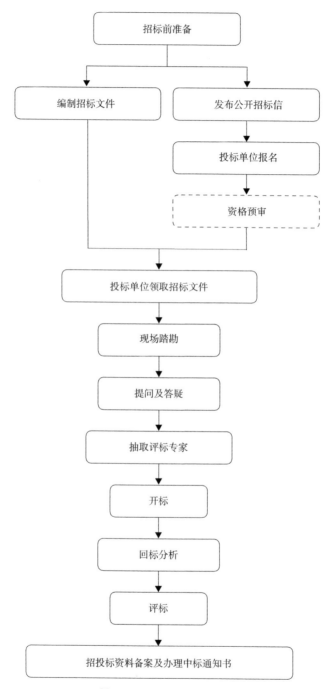

图 15-3 公开招标流程图

（2）邀请招标的基本流程（图 15-4）

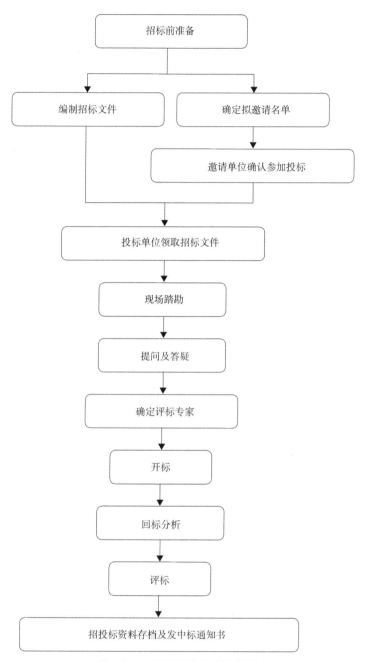

图 15-4　邀请招标基本流程图

（3）直接采购（直接发包）的基本流程（图 15-5）

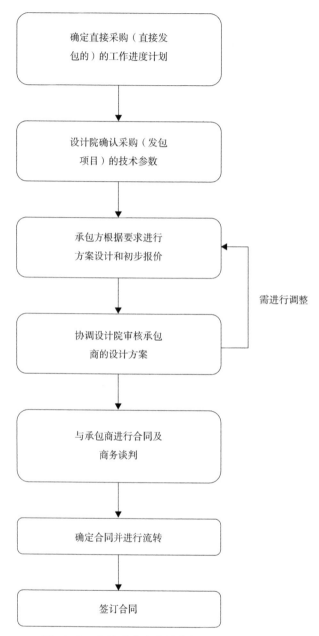

图 15-5　直接采购（直接发包）的基本流程图

（4）材料及设备询价比选的基本流程（图 15-6）

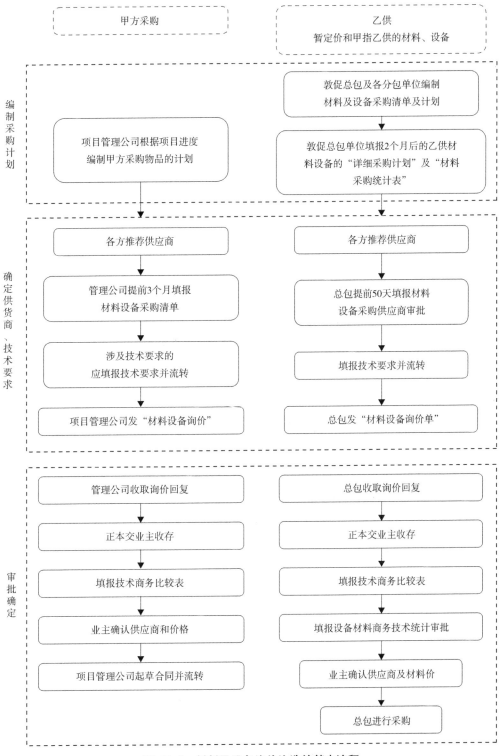

图 15-6　材料及设备询价比选的基本流程

15.2　招标代理主要工作内容

招标代理作为在本阶段全过程工程咨询服务工作内容的一部分，主要承担配合咨询工程师完成项目策划；配合工程设计部门，完成设计招标文件的编制等；配合造价咨询部门，完成标段的划分便于造价咨询服务工作团队编制标底等；配合项目管理服务工作团队，在招标过程中与项目管理服务工作团队商讨工程总计划及招标计划，便于项目管理服务工作团队合理安排施工且为招标工作计划提供依据。

综合而言，招标代理咨询服务最主要工作内容如下：

①招标项目资料收集、招标方案编制、招标代理服务工作团队组建等招标代理工作准备工作；

②组织投标单位的资格预审；

③招标文件的编制、招标文件发售、招标文件的澄清或者修改、组织现场踏勘、收取投标保证金等招标全过程工作；

④接收投标文件、组织开标、组织评标相关评标工作；

⑤履行中标公示，公布中标结果；

⑥采购管理。

15.2.1　招标代理工作准备阶段

招标代理服务团队需根据全过程工程咨询服务合同相关内容要求，确定招标范围、收集招标项目的相关资料、编制招标方案。在招标方案的编制过程中需要充分了解项目特征、详细参数、功能需求、具体工程量、投标资格要求、进度计划等相关投标要求。为全过程工程咨询服务其他阶段提供咨询服务的咨询团队，也应积极配合招标代理机构工作，确保全过程咨询服务各阶段服务的一致性、协调性和准确性，使全过程工程咨询服务优势得到充分发挥。

15.2.2　招标文件编制阶段

招标代理服务团队在招标文件编制过程中需要向项目管理、工程设计、造价咨询等相关咨询服务团队那里获取评标办法、合同条款、技术标准等实质性要求文件。

项目管理服务团队也应向招标代理机构提供项目总进度计划、项目实施方案事关项目招标的相关信息，为相关投标人提供项目踏勘条件。

工程设计咨询服务团队应向招标代理机构提供建设项目概况、设计方案、施工图纸、技术标准等项目相关设计文件。

造价咨询服务团队应向招标代理机构提供相关标的招标工程量清单、招标控制价、合同文本、评标办法等相关造价资料。

15.2.3 组织开、评标会阶段

招标代理服务团队依法组建评标委员会。评标委员会组成人员应根据相关要求，在国家有关部门或者省级政府有关部门组建的综合性评标专家库中，采用随机抽取的方式确定。招标代理服务团队对评标委员会名单在中标结果确定前应予以保密。

对非国有资金投资项目，招标代理服务团队在开标前可以组织全过程工程咨询服务团队的工程设计、项目管理、造价咨询等相应工作团队，选派有评标能力的人员参与评标，评标委员会的组成需要符合相关要求。参与评标的人员名单在中标结果确定前应进行保密。

15.2.4 后期工作

招标代理服务团队应根据国家及地方招标代理相关法规及规定，如:《中华人民共和国招标投标法》《中华人民共和国招标投标法实施条例》等相关法律法规、文件、管理办法，公示中标候选人、确定中标人、发出中标通知书、签订书面合同、退还投标保证金、向招投标监管部门提交备案资料、招标代理工作中的相关资料进行归档并移交招标人。

15.3 公开招标代理主要工作内容

15.3.1 招标前准备工作

（1）掌握信息

①项目概况；

②招标规划；

③项目合同结构；

④项目进度计划。

（2）工作内容

①根据项目概况、招标规划、合同结构、项目进度计划确定招标要求；

②根据项目的特点、项目采购计划以及法律的相关规定确定采购方式和采购进度计划；

③与项目采购政府主管部门接触，确定采购方式及采购过程中需注意的事项，领取采购过程中需要的表格；

④准备并填写相关表格，业主、招标代理单位盖章。

（3）产生文件

①项目招标要求；

②从招投标政府管理部门取得表格；

③工作流程表；

④公开招标信息表。

15.3.2　编制招标文件

（1）掌握信息

①招标项目技术要求；

②业主、项目管理公司对合同条款的特殊要求；

③招投标管理部门的要求。

（2）工作内容

①根据相似项目的招标文件，结合本项目的特点和业主的要求对招标文件进行修改和编制；

②由设计单位、业主对招标中的技术要求进行确认；

③由业主对招标文件中的合同条款要求进行确认；

④招标文件项目内部流转，填报招标文件流转表；

⑤招标文件报招投标管理部门审阅、修改、确认；

⑥招标文件封面业主、招标代理单位盖章，并盖注册招标工程师章，可多做一些招标文件的封面；

⑦招投标管理部门盖章确认并留一份招标文件备案；

⑧制作招标文件；

⑨招标文件盖备案章后可到交易中心预订开标及评标的会议室，根据投标截止日期可以确定开标的会议室，评标的会议室可先预定，在抽好评标专家后才能确定。

（3）产生文件

①招标单位、招标代理单位盖章，并由招投标管理部门盖备案章的招标文件；

②成稿的招标文件。

（4）注意事项

①技术要求必须经设计单位确认；

②当招标文件中加入合同要求时合同条款需业主的确认；

③招标文件的数量通常为投标单位的数量加上拟请评标专家的数量再加一份给招标办备案；

④招标文件盖章时可以用多个封面加一份招标文件的正文进行流转盖章。

15.3.3　发布招标信息

（1）掌握信息

招标信息表。

（2）工作内容

①第一次到招投标管理部门需携带的资料：项目 IC 卡、招标代理单位企业 IC 卡、招标代理合同或项目管理合同；

②根据业主要求及相关承接项目范围的规定确定投标单位的资质要求，资质要求需经招投标管理部门确认；

③填写招标信息表，盖业主、招标代理单位公章；

④招标信息表报招投标管理部门审阅，由管理部门经办人签字后，送交易中心技术处发布公开招标信息。

（3）产生文件

招标信息在招投标网站上公布。

（4）注意事项

①各区县招标办有各自独特的管理要求，在招标前需与招投标管理部门指定负责本项目的监管人员进行协商。

②充分利用对投标企业注册资本金要求的规定，在资质要求中根据项目的总投资提出资本金的要求。

15.3.4　投标单位报名

（1）掌握信息

①招标信息表；

②投标单位须知（不经过资格预审方式，通知投标单位发售招标文件的地点、时间，购买招标文件的金额，现场踏勘的时间、地点）；

③建设工程招标投标报名汇总表（市招投标交易中心可以直接打印不需要此表）。

（2）工作内容

①根据招标信息表中的报名时间及地点接受报名单位的报名；

②验证招标信息表中规定投标单位需携带的证件及资料，留存相关复印件；

③刷投标单位企业 IC 卡，并输入联系人的电话及传真；

④打印投标单位报名表；

⑤向合格的投标单位发放投标单位须知。

（3）产生文件

①投标单位相关资料复印件；

②投标单位报名表。

15.3.5 资格预审

（1）掌握信息

①投标单位相关资料复印件；

②投标单位报名表。

（2）工作内容

①对投标单位的相关资料进行分析；

②根据对投标单位的相关资料分析情况，结合市场情况及合理投标单位数量要求，确定通过资料预审的投标单位的名单，并编制资格预审报告；

③向业主报送资格预审的情况报告；

④业主确认入围投标单位。

（3）产生文件

①资格预审报告；

②建设工程招标入围投标单位一览表。

15.3.6 投标单位领取（购买）招标文件

（1）掌握信息

①建设工程招标入围投标单位一览表；

②资格预审通过通知（如有）；

③购买招标文件费用（如有）；

④发售招标文件费用的发票或收据。

（2）工作内容

①接受投标单位购买招标文件的费用，向投标单位发放招标文件；

②投标单位在签到表上签收招标文件；

③向投标单位开具发票或收据。

（3）产生文件

建设工程招标资料领取签收表。

15.3.7 现场踏勘

（1）掌握信息

建设工程招标资料领取签收表。

（2）工作内容

①组织投标单位及业主到项目现场，要求投标单位到现场人员签到；

②向投标单位介绍项目现场的基本情况（或由业主解答投标单位的提问）。

（3）产生文件

投标单位踏勘会议签到表。

15.3.8　提问及答疑

（1）掌握信息

投标单位提问。

（2）工作内容

①在提问截止时间前接受投标单位的书面提问；

②组织设计单位、业主、专业工程师召开答疑会对投标单位的提问进行回答；

③编写书面答疑文件，书面答疑文件经业主、招标代理单位、注册招标工程师盖章后报招投标管理部门备案；

④向投标单位发送答疑文件，如不召开答疑会可以传真、邮寄等书面形式发送。

（3）产生文件

①经招投标管理部门备案的答疑文件；

②投标单位答疑会签到表（如召开答疑会）。

15.3.9　抽取评标专家

（1）掌握信息

①业主专家推荐书；

②评标专家抽取申请表；

③评标专家抽取法人委托书；

④抽取评标专家经办人员身份证及复印件。

（2）工作内容

①带以下资料到市或各区县交易中心专家库处抽取评标专家：

评标专家抽取申请表；

评标专家抽取法人委托书；

抽取评标专家经办人员身份证及复印件。

②根据抽取的专家名单上的联系方式联系各位专家以确定是否参加，如名单上同意参加的专家不足，可重新补抽后再联系，直到同意参加的专家满足要求为止。

③通知来参加评标会的专家以下内容：

项目名称；

招标内容；

评标时间、地点；

如需在开标后向评标专家寄送投标资料还需要专家提供寄送的地址；

在确定评标专家名单后，到交易中心确定评标会评标室的预定。

（3）产生文件

评标专家名单。

15.3.10　开标

（1）掌握信息

建设工程招标资料领取签收表。

（2）工作内容

①联系业主及招标办监管人员到场监督；

②要求投标单位签到；

③要求投标单位提交投标公函、投标人法人委托书、身份证及复印件；

④如要在开标后需向评标专家寄送投标文件，还需准备给专家的招标文件，评标意见表、评标会时间、地点、联系方式的通知；

⑤开标后可从招标办监管人员处领取中标通知书表格；

⑥组织业主参加开标会。

（3）产生文件

①投标单位开标会签到表；

②投标单位投标文件；

③投标公函、法人委托书、投标人身份证复印件；

④中标通知书表格。

15.3.11　投标分析

（1）掌握信息

投标单位投标文件。

（2）工作内容

①对投标单位的投标文件进行技术及商务分析。

②分析各投标文件的优缺点，对投标单位的商务报价的正确性、合理性进行分析。如有必要可向投标单位发出需投标单位澄清、补正和说明的问题。

③审阅招标代理单位提交的回标分析，向业主提交回标意见。

（3）产生文件

①回标分析报告（施工招标的回标分析需提供给招标办，监管人员审阅后提交给评标委员会参考。其他设计、勘察及监理等的回标分析主要是提供给业主参考）；

②需澄清、补正和说明的问题通知。

15.3.12　评标

（1）掌握信息

①投标单位投标文件；

②回标分析报告（如有）。

（2）工作内容

①准备评标会会议纪要，评标意见表、评分表、评分汇总表；

②要求参加评标会的各位专家签到；

③向评标专家发评标意见表及评分表；

④向评标专家提出回标分析中存在的问题，请评标专家讨论；

⑤与评标专家沟通后向投标单位发出需澄清、补正和说明的问题通知，并收取投标单位需澄清、补正和说明的问题回复；

⑥回收各评标专家的评标意见表，打分表，特别注意检查各专家的签名情况；

⑦与监管人员一同汇总专家的打分表，填写打分汇总表，并对投标单位的得分进行排序，把打分汇总表提交评标委员会签字确认；

⑧请评标委员会完成评标会会议纪要，并签字确认；

⑨听取专家对投标单位的分析意见，把相关有益的意见应用到项目中。

（3）产生文件

①需澄清、补正和说明的问题回复；

②专家评标意见表；

③评标报告；

④打分表。

15.3.13　备案及办理中标通知书

（1）掌握信息

招标过程中的各种资料。

（2）工作内容

①整理招标过程中的各种资料；

②向业主提交招标情况说明报告，就项目招标过程及结果向业主进行汇报；

③业主确认招标结果后，填写中标通知书；

④对招标情况说明封面、中标说明、中标通知书、办事流程表加盖公章；

⑤根据招标监管人员的要求向其提交招标过程资料。

（3）产生文件

①中标通知书；

②招标文件汇总。

15.4 邀请招标主要工作内容

15.4.1 确定拟邀请投标单位名单

（1）掌握信息

①信誉良好企业、著名企业名单；

②设计、监理、管理公司、业主推荐的单位；

③施工单位已掌握的合格供货商名单。

（2）工作内容

①查询、汇总、整理各拟邀请单位的资料；

②根据项目具体情况及拟招标的内容，确认拟邀请的单位是否满足资质要求；

③将拟邀请的投标单位上报业主确认。

（3）产生文件

拟邀请的投标单位名单。

15.4.2 邀请单位确认参加投标

（1）掌握信息

拟邀请的投标单位名单。

（2）工作内容

①向拟邀请的投标单位发出邀请函；

②收集被邀请单位的回复，确认参加投标的单位。

（3）产生文件

确认参加投标的投标单位名单。

15.4.3 确定评标专家

（1）掌握信息

①专家库；

②项目各参与单位的推荐；

③行业内公认的专家。

（2）工作内容

①根据业主的要求确定拟邀请的专家的数量（可为 3 人以上的单数）、组成（专业构成、建设单位可以有 1/3 的评委参加评标）、确定拟邀请的专家；

②征询拟邀请的专家意见，确定是否能参加；

③向能参加评标会的专家发出评标会邀请通知。

（3）产生文件

参加评标会的专家名单。

注：后续工作内容与公开招标相似。

15.5　直接发包（直接采购）及询价比选工作内容

15.5.1　确定直接发包（采购）的工作进度计划

（1）掌握信息

①项目招标及采购规划；

②项目进度计划；

③施工图。

（2）工作内容

①根据招标及采购规划和施工进度计划，确定直接发包（采购）项目的采购进度；

②根据招标及采购规划和施工图纸确定直接发包（采购）的工作范围和工作界面。

（3）产生文件

直接发包（采购）项目的工作进度计划。

15.5.2　确定直接发包（采购）项目的技术参数

（1）掌握信息

①施工图；

②直接发包（采购）项目的工作进度计划。

（2）工作内容

根据采购规划、直接发包（采购）项目的工作进度计划、施工图确定采购项目的技术参数、要求并完成技术要求确认表。

（3）产生文件

直接发包（采购）项目的技术要求流转表。

15.5.3　审核直接发包（采购）项目设计方案

（1）掌握信息

①施工图；

②直接发包（采购）项目的工作进度计划；

③技术要求确认表。

（2）工作内容

①根据施工图、技术要求确认表，协调相关各方（设计院、总包、业主）对承包商的设计方案进行审核；

②如直接发包（采购）的项目是设备，应审查其布置是否满足机房空间要求和操作检修要求；如是市政配套项目，应审核其管线的走向是否符合项目实际情况等。

（3）产生文件

直接发包（采购）项目设计方案。

15.5.4　合同及商务谈判

（1）掌握信息

①直接发包（采购）项目的工作进度计划；

②直接发包（采购）项目的技术要求确认表；

③直接发包（采购）项目的设计方案。

（2）工作内容

①审查承包商报价中是否有不合理项目，调查同类型项目的造价并与本项目进行对比，确定该价格是否在合理区间，并根据审查情况与承包商进行商谈；

②根据工作范围、设计方案、最终商谈的价格以及其他有关内容起草合同并进行流转。

（3）产生文件

直接发包（采购）项目的合同。

15.6　材料设备询价比选的工作内容

15.6.1　编制采购进度计划

（1）掌握信息

①项目进度计划；

②施工图。

（2）工作内容

①根据施工进度计划编制甲供材料、设备的采购进度计划；

②招标时暂定价格的材料设备和甲指乙供的材料设备由总包根据项目施工图编制主要材料设备的采购计划；

③采购计划需确定所需采购的材料设备的名称、使用部位及系统、规格型号、数量、材料设备的进行场时间。

（3）产生文件

经业主审核确认的采购计划表。

15.6.2 确定供货商、技术要求、发出询价单

（1）掌握信息

①采购计划表；

②各方推荐的合格供货商；

③施工图。

（2）工作内容

①根据采购计划确定采购内容；

②审核确定供货商，供货商来源：自愿上门愿意提供服务的行业著名企业；设计、监理、管理公司、业主推荐的；施工单位已掌握的合格供货商名单；

③填报"设备材料采购供应商审批表"，由业主审批确定供应商；

④编制拟采购的材料设备的技术要求，填报"技术要求流转表"；

⑤审核确定拟采购的材料设备的技术要求；

⑥确定询价要求，填报"材料设备询价表"及"材料设备询价单流转表"；

⑦审核确定材料设备询价表；

⑧向确认的供货商发出询价表。

（3）产生文件

①设备材料采购供应商审批表；

②材料、设备技术要求流转单；

③材料设备询价表；

④材料设备询价单流转表。

15.6.3 比选、确定供货商

（1）掌握信息

供货商回复的询价资料及报价。

（2）工作内容

①对供货商提交的回复资料及报价进行分析，填报"设备材料比价表"及"设备材料商务技术统计审批表"；

②确定采购材料设备的供货商。

（3）产生文件

确定的材料设备供货商。

第16章 监理专业咨询服务

16.1 工程监理的概念

建设工程监理是一项具有中国特色的工程建设管理制度，作为全过程工程咨询服务中的专业咨询活动之一，工程监理单位要在施工阶段依据法律法规、工程建设标准、勘察设计文件、建设工程监理合同及其他合同文件，代表建设单位对建设工程质量、进度、造价进行控制，对合同、信息进行管理，对工程建设相关方的关系进行协调，即"三控两管一协调"，同时还要依据《建设工程安全生产管理条例》等法规、政策，履行建设工程安全生产管理的法定职责。

工程监理单位是依法成立并取得建设主管部门颁发的工程监理企业资质证书，从事建设工程监理与相关服务活动的服务机构。

工程监理单位受建设单位委托，根据法律法规、工程建设标准、勘察设计文件及合同，在施工阶段对建设工程质量、造价、进度进行控制，对合同、信息进行管理，对工程建设相关方的关系进行协调，并履行建设工程安全生产管理法定职责的服务活动。

监理单位所从事建设工程的相关服务是指工程监理单位受建设单位委托，按照建设工程监理合同约定，在建设工程勘察、设计、保修等阶段提供的服务活动。

工程监理单位在实施建设工程监理与相关服务时，要公平地处理工作中出现的问题，独立地进行判断和行使职权，科学地为建设单位提供专业化服务，既要维护建设单位的合法权益，也不能损害其他有关单位的合法权益。

在订立建设工程监理合同时，建设单位将勘察、设计、保修阶段等相关服务一并委托的，应在合同中明确相关服务的工作范围、内容、服务期限和酬金等相关条款。

工程监理企业在新的业态下，应重新设计监理从服务—产品—新服务的升级路径，定义清晰的人力资源管理，辩证认识长板和短板，突破思维和管理的束缚，在全过程工程咨询服务发展过程中完成转型升级。

16.2 监理机构及监理人员职责

16.2.1 项目监理机构人员组成

项目监理机构的监理人员应由总监理工程师、专业监理工程师和监理员组成，且专业配套、数量应满足建设工程监理工作需要，根据工程的实际需要可设总监理工程师代表。

总监理工程师是项目监理机构的负责人，由工程监理单位法定代表人书面任命，由注册监理工程师担任。总监理工程师可以根据工程项目的需要书面授权总监理工程师代表，行使总监理工程师的部分职责和权力。

总监理工程师代表可以由具有工程类执业资格的人员（如：注册监理工程师、注册造价工程师、注册建造师、注册建筑师等）担任，也可由具有中级及以上专业技术职称、3年及以上工程实践经验并经监理业务培训的人员担任；

专业监理工程师是项目监理机构中按专业或岗位设置的专业监理人员。当工程规模较大时，在某一专业或岗位宜设置若干名专业监理工程师。专业监理工程师具有相应监理文件的签发权，该岗位可以由具有工程类注册执业资格的人员（如：注册监理工程师、注册造价工程师、注册建造师、注册建筑师等）担任，也可由具有中级及以上专业技术职称、2年及以上工程实践经验的监理人员担任。建设工程涉及特殊行业（如爆破工程）的，从事此类工程的专业监理工程师还应符合国家对有关专业人员资格的规定；监理员是从事具体监理工作的人员，不同于项目监理机构中其他行政辅助人员。监理员应具有中专及以上学历，并经过监理业务培训。

工程监理单位在建设工程监理合同签订后，应及时将项目监理机构的组织形式、人员构成及对总监理工程师的任命书面通知建设单位。

16.2.2　项目监理机构人员职责

（1）总监理工程师应履行下列职责：

①确定项目监理机构人员及其岗位职责。

②组织编制监理规划，审批监理实施细则。

③根据工程进展及监理工作情况调配监理人员，检查监理人员工作。

④组织召开监理例会。

⑤组织审核分包单位资格。

⑥组织审查施工组织设计、（专项）施工方案。

⑦审查工程开复工报审表，签发工程开工令、暂停令和复工令。

⑧组织检查施工单位现场质量、安全生产管理体系的建立及运行情况。

⑨组织审核施工单位的付款申请，签发工程款支付证书，组织审核竣工结算。

⑩组织审查和处理工程变更。

⑪调解建设单位与施工单位的合同争议，处理工程索赔。

⑫组织验收分部工程，组织审查单位工程质量检验资料。

⑬审查施工单位的竣工申请，组织工程竣工预验收，组织编写工程质量评估报告，

参与工程竣工验收。

⑭参与或配合工程质量安全事故的调查和处理。

⑮组织编写监理月报、监理工作总结，组织整理监理文件资料。

（2）总监理工程师不得将下列工作委托给总监理工程师代表：

①组织编制监理规划，审批监理实施细则。

②根据工程进展及监理工作情况调配监理人员。

③组织审查施工组织设计、（专项）施工方案。

④签发工程开工令、暂停令和复工令。

⑤签发工程款支付证书，组织审核竣工结算。

⑥调解建设单位与施工单位的合同争议，处理工程索赔。

⑦审查施工单位的竣工申请，组织工程竣工预验收，组织编写工程质量评估报告，参与工程竣工验收。

⑧参与或配合工程质量安全事故的调查和处理。

（3）专业监理工程师应履行下列职责：

①参与编制监理规划，负责编制监理实施细则。

②审查施工单位提交的涉及本专业的报审文件，并向总监理工程师报告。

③参与审核分包单位资格。

④指导、检查监理员工作，定期向总监理工程师报告本专业监理工作实施情况。

⑤检查进场的工程材料、构配件、设备的质量。

⑥验收检验批、隐蔽工程、分项工程，参与验收分部工程。

⑦处置发现的质量问题和安全事故隐患。

⑧进行工程计量。

⑨参与工程变更的审查和处理。

⑩组织编写监理日志，参与编写监理月报。

⑪收集、汇总、参与整理监理文件资料。

⑫参与工程竣工预验收和竣工验收。

（4）监理员应履行下列职责：

①检查施工单位投入工程的人力、主要设备的使用及运行状况。

②进行见证取样。

③复核工程计量有关数据。

④检查工序施工结果。

⑤发现施工作业中的问题，及时指出并向专业监理工程师报告。

16.3 监理规划及监理实施细则

监理规划应结合工程实际情况，明确项目监理机构的工作目标，确定具体的监理工作制度、内容、程序、方法和措施。监理实施细则应符合监理规划的要求，并应具有可操作性。

16.3.1 监理规划

监理规划是在项目监理机构详细调查和充分研究建设工程的目标、技术、管理、环境以及工程参建各方等情况后制定的指导建设工程监理工作的实施方案，监理规划应起到指导项目监理机构实施建设工程监理工作的作用，因此，监理规划中应有明确、具体、切合工程实际的监理工作内容、程序、方法和措施，并制定完善的监理工作制度。

监理规划作为工程监理单位的技术文件，应经过工程监理单位技术负责人的审核批准，并在工程监理单位存档。

监理规划可在签订建设工程监理合同及收到工程设计文件后由总监理工程师组织编制，并应在召开第一次工地会议前报送建设单位。监理规划应针对建设工程实际情况进行编制。

（1）监理规划编审应遵循下列程序：

①总监理工程师组织专业监理工程师编制。

②总监理工程师签字后由工程监理单位技术负责人审批。

（2）监理规划应包括下列主要内容：

①工程概况。

②监理工作的范围、内容、目标。

③监理工作依据。

④监理组织形式、人员配备及进退场计划、监理人员岗位职责。

⑤监理工作制度。

⑥工程质量控制。

⑦工程造价控制。

⑧工程进度控制。

⑨安全生产管理的监理工作。

⑩合同与信息管理。

⑪组织协调。

⑫监理工作设施。

在实施建设工程监理过程中，实际情况或条件发生变化而需要调整监理规划时，应由总监理工程师组织专业监理工程师修改，并应经工程监理单位技术负责人批准后报建设单位。

16.3.2 监理实施细则

监理实施细则是指导项目监理机构具体开展专项监理工作的操作性文件，应体现项目监理机构对于建设工程在专业技术、目标控制方面的工作要点、方法和措施，做到详细、具体、明确。

对专业性较强、危险性较大的分部分项工程，项目监理机构应编制监理实施细则。监理实施细则应在相应工程施工开始前由专业监理工程师编制，并应报总监理工程师审批。

（1）监理实施细则的编制应依据下列资料：

①监理规划。

②工程建设标准、工程设计文件。

③施工组织设计、（专项）施工方案。

（2）监理实施细则应包括下列主要内容：

①专业工程特点。

②监理工作流程。

③监理工作要点。

④监理工作方法及措施。

在实施建设工程监理过程中，监理实施细则可根据实际情况进行补充、修改，并应经总监理工程师批准后实施。

16.4 工程质量、造价、进度控制及安全生产管理的监理工作

16.4.1 一般规定

（1）项目监理机构应根据建设工程监理合同约定，遵循动态控制原理，坚持预防为主的原则，制定和实施相应的监理措施，采用旁站、巡视和平行检验等方式对建设工程实施监理。

（2）监理人员应熟悉工程设计文件，并应参加建设单位主持的图纸会审和设计交底会议，会议纪要应由总监理工程师签认。

（3）工程开工前，监理人员应参加由建设单位主持召开的第一次工地会议，会议纪要应由项目监理机构负责整理，与会各方代表应会签。

（4）项目监理机构应定期召开监理例会，并组织有关单位研究解决与监理相关的问题。项目监理机构可根据工程需要，主持或参加专题会议，解决监理工作范围内工程专项问题。

监理例会以及由项目监理机构主持召开的专题会议的会议纪要，应由项目监理机构负责整理，与会各方代表应会签。

（5）项目监理机构应协调工程建设相关方的关系。项目监理机构与工程建设相关方之间的工作联系，除另有规定外宜采用工作联系单形式进行。

（6）项目监理机构应审查施工单位报审的施工组织设计，符合要求时，应由总监理工程师签认后报建设单位。项目监理机构应要求施工单位按已批准的施工组织设计组织施工。施工组织设计需要调整时，项目监理机构应按程序重新审查。

施工组织设计审查应包括下列基本内容：

①编审程序应符合相关规定。

②施工进度、施工方案及工程质量保证措施应符合施工合同要求。

③资金、劳动力、材料、设备等资源供应计划应满足工程施工需要。

④安全技术措施应符合工程建设强制性标准。

⑤施工总平面布置应科学合理。

（7）施工组织设计或（专项）施工方案报审表，应按《建设工程监理规范》GB/T 50329—2013（以下简称《规范》）表 B.0.1 的要求填写。

（8）总监理工程师应组织专业监理工程师审查施工单位报送的工程开工报审表及相关资料；同时具备下列条件时，应由总监理工程师签署审核意见，并应报建设单位批准后，总监理工程师签发工程开工令：

①设计交底和图纸会审已完成。

②施工组织设计已由总监理工程师签认。

③施工单位现场质量、安全生产管理体系已建立，管理及施工人员已到位，施工机械具备使用条件，主要工程材料已落实。

④进场道路及水、电、通信等已满足开工要求。

（9）工程开工报审表应按《规范》表 B.0.2 的要求填写。工程开工令应《规范》表 A.0.2 的要求填写。

（10）分包工程开工前，项目监理机构应审核施工单位报送的分包单位资格报审表，专业监理工程师提出审查意见后，应由总监理工程师审核签认。

分包单位资格审核应包括下列基本内容：

①营业执照、企业资质等级证书。

②安全生产许可文件。

③类似工程业绩。

④专职管理人员和特种作业人员的资格。

（11）分包单位资格报审表应按《规范》表 B.0.4 的要求填写。

（12）项目监理机构宜根据工程特点、施工合同、工程设计文件及经过批准的施工组织设计对工程风险进行分析，并宜提出工程质量、造价、进度目标控制及安全生产管理的防范性对策。

16.4.2 工程质量控制

工程开工前，项目监理机构应审查施工单位现场的质量管理组织机构、管理制度及专职管理人员和特种作业人员的资格。

（1）总监理工程师应组织专业监理工程师审查施工单位报审的施工方案，符合要求后应予以签认。

施工方案审查应包括下列基本内容：

①编审程序应符合相关规定。

②工程质量保证措施应符合有关标准。

③施工方案报审表应按《规范》表 B.0.1 的要求填写。

（2）专业监理工程师应审查施工单位报送的新材料、新工艺、新技术、新设备的质量认证材料和相关验收标准的适用性，必要时，应要求施工单位组织专题论证，审查合格后报总监理工程师签认。

专业监理工程师应检查、复核施工单位报送的施工控制测量成果及保护措施，签署意见。专业监理工程师应对施工单位在施工过程中报送的施工测量放线成果进行查验。施工控制测量成果及保护措施的检查、复核，应包括下列内容：

①施工单位测量人员的资格证书及测量设备检定证书。

②施工平面控制网、高程控制网和临时水准点的测量成果及控制桩的保护措施。

③施工控制测量成果报验表应按《规范》表 B.0.5 的要求填写。

（3）专业监理工程师应检查施工单位为工程提供服务的试验室。试验室的检查应包括下列内容：

①试验室的资质等级及试验范围。

②法定计量部门对试验设备出具的计量检定证明。

③试验室管理制度。

④试验人员资格证书。

⑤施工单位的试验室报审表应按《规范》表 B.0.7 的要求填写。

（4）项目监理机构应审查施工单位报送的用于工程的材料、构配件、设备的质量证明文件，并应按有关规定、建设工程监理合同约定，对用于工程的材料进行见证取样、平行检验；对已进场经检验不合格的工程材料、构配件、设备，应要求施工单位限期将其撤出施工现场。

（5）专业监理工程师应审查施工单位定期提交影响工程质量的计量设备的检查和检定报告。

（6）项目监理机构应根据工程特点和施工单位报送的施工组织设计，确定旁站的关键部位、关键工序，安排监理人员进行旁站，并应及时记录旁站情况。旁站记录应按《规范》表 A.0.6 的要求填写。

（7）项目监理机构应安排监理人员对工程施工质量进行巡视。巡视应包括下列主要内容：

①施工单位是否按工程设计文件、工程建设标准和批准的施工组织设计、（专项）施工方案施工。

②使用的工程材料、构配件和设备是否合格。

③施工现场管理人员，特别是施工质量管理人员是否到位。

④特种作业人员是否持证上岗。

（8）项目监理机构应根据工程特点、专业要求，以及建设工程监理合同约定，对施工质量进行平行检验。

（9）项目监理机构应对施工单位报验的隐蔽工程、检验批、分项工程和分部工程进行验收，对验收合格的应给予签认；对验收不合格的应拒绝签认，同时应要求施工单位在指定的时间内整改并重新报验。对已同意覆盖的工程隐蔽部位质量有疑问的，或发现施工单位私自覆盖工程隐蔽部位的，项目监理机构应要求施工单位对该隐蔽部位进行钻孔探测、剥离或其他方法进行重新检验。隐蔽工程、检验批、分项工程报验表应按《规范》表 B.0.7 的要求填写。分部工程报验表应按《规范》表 B.0.8 的要求填写。

（10）项目监理机构发现施工存在质量问题的，或施工单位采用不适当的施工工艺，或施工不当，造成工程质量不合格的，应及时签发监理通知单，要求施工单位整改。整改完毕后，项目监理机构应根据施工单位报送的监理通知回复单对整改情况进行复查，提出复查意见。监理通知单应按《规范》表 A.0.3 的要求填写，监理通知回复单应按《规范》表 B.0.9 的要求填写。

对需要返工处理或加固补强的质量缺陷，项目监理机构应要求施工单位报送经设计等相关单位认可的处理方案，并应对质量缺陷的处理过程进行跟踪检查，同时应对处理结果进行验收。

对需要返工处理或加固补强的质量事故，项目监理机构应要求施工单位报送质量事故调查报告和经设计等相关单位认可的处理方案，并应对质量事故的处理过程进行跟踪检查，同时应对处理结果进行验收。

项目监理机构应及时向建设单位提交质量事故书面报告，并应将完整的质量事故处理记录整理归档。

（11）项目监理机构应审查施工单位提交的单位工程竣工验收报审表及竣工资料，组织工程竣工预验收。存在问题的，应要求施工单位及时整改；合格的，总监理工程师应签认单位工程竣工验收报审表。单位工程竣工验收报审表应按《规范》表 B.0.10

的要求填写。

工程竣工预验收合格后，项目监理机构应编写工程质量评估报告，并应经总监理工程师和工程监理单位技术负责人审核签字后报建设单位。项目监理机构参加由建设单位组织的竣工验收，对验收中提出的整改问题，应督促施工单位及时整改。对工程质量符合要求的，总监理工程师应在工程竣工验收报告中签署意见。

16.4.3　工程造价控制

（1）项目监理机构应按下列程序进行工程计量和付款签证：

①专业监理工程师对施工单位在工程款支付报审表中提交的工程量和支付金额进行复核，确定实际完成的工程量，提出到期应支付给施工单位的金额，并提出相应的支持性材料。

②总监理工程师对专业监理工程师的审查意见进行审核，签认后报建设单位审批。

③总监理工程师根据建设单位的审批意见，向施工单位签发工程款支付证书。

工程款支付报审表应按《规范》表 B.0.11 的要求填写，工程款支付证书应按《规范》表 A.0.8 的要求填写。

（2）项目监理机构应编制月完成工程量统计表，对实际完成量与计划完成量进行比较分析，发现偏差的，应提出调整建议，并应在监理月报中向建设单位报告。

（3）项目监理机构应按下列程序进行竣工结算款审核：

①专业监理工程师审查施工单位提交的竣工结算款支付申请，提出审查意见。

②总监理工程师对专业监理工程师的审查意见进行审核，签认后报建设单位审批，同时抄送施工单位，并就工程竣工结算事宜与建设单位、施工单位协商；达成一致意见的，根据建设单位审批意见向施工单位签发竣工结算款支付证书；不能达成一致意见的，应按施工合同约定处理。

工程竣工结算款支付报审表应按《规范》表 B.0.11 的要求填写，竣工结算款支付证书应按《规范》表 A.0.8 的要求填写。

16.4.4　工程进度控制

项目监理机构应审查施工单位报审的施工总进度计划和阶段性施工进度计划，在审查阶段性施工进度计划时，应注重阶段性施工进度计划与总进度计划目标的一致性。

提出审查意见，并应由总监理工程师审核后报建设单位。施工进度计划审查应包括下列基本内容：

①施工进度计划应符合施工合同中工期的约定。

②施工进度计划中主要工程项目无遗漏，应满足分批投入试运、分批动用的需要，阶段性施工进度计划应满足总进度控制目标的要求。

③施工顺序的安排应符合施工工艺要求。

④施工人员、工程材料、施工机械等资源供应计划应满足施工进度计划的需要。

⑤施工进度计划应符合建设单位提供的资金、施工图纸、施工场地、物资等施工条件。

施工进度计划报审表应按《规范》表 B.0.12 的要求进行填写。

在施工进度计划实施过程中，项目监理机构应检查和记录实际进度情况，发生施工进度计划调整的，应报项目监理机构审查，并经建设单位同意后实施。发现实际进度严重滞后于计划进度且影响合同工期时，项目监理机构应签发监理通知单、召开专题会议，要求施工单位采取调整措施加快施工进度。总监理工程师应向建设单位报告工期延误风险。

16.4.5 安全生产管理

（1）项目监理机构应根据法律法规、工程建设强制性标准，履行建设工程安全生产管理的监理职责，并应将安全生产管理的监理工作内容、方法和措施纳入监理规划及监理实施细则。

（2）项目监理机构应审查施工单位现场安全生产规章制度的建立和实施情况，并应审查施工单位安全生产许可证及施工单位项目经理、专职安全生产管理人员和特种作业人员的资格，同时应核查施工机械和设施的安全许可验收手续。

（3）项目监理机构应审查施工单位报审的专项施工方案，符合要求的，应由总监理工程师签认后报建设单位。超过一定规模的危险性较大的分部分项工程的专项施工方案，应检查施工单位组织专家进行论证、审查的情况，以及是否附具安全验算结果。项目监理机构应要求施工单位按已批准的专项施工方案组织施工。专项施工方案需要调整时，施工单位应按程序重新提交项目监理机构审查。专项施工方案审查应包括下列基本内容：

①编审程序应符合相关规定。

②安全技术措施应符合工程建设强制性标准。

专项施工方案报审表应按《规范》表 B.0.1 的要求填写。

（4）项目监理机构应巡视检查危险性较大的分部分项工程专项施工方案实施情况。发现未按专项施工方案实施时，应签发监理通知单，要求施工单位按专项施工方案实施。

（5）项目监理机构在实施监理过程中，发现工程存在安全事故隐患时，应签发监理通知单，要求施工单位整改；情况严重时，应签发工程暂停令，并应及时报告建设单位。施工单位拒不整改或不停止施工时，项目监理机构应及时向有关主管部门报送监理报告。

监理报告应按《规范》表 A.0.4 的要求填写。

16.5 工程变更、索赔及施工合同争议处理

16.5.1 一般规定

项目监理机构应依据建设工程监理合同约定进行施工合同管理，处理工程暂停及复工、工程变更、索赔及施工合同争议、解除等事宜。施工合同终止时，项目监理机构应协助建设单位按施工合同约定处理施工合同终止的有关事宜。

（1）总监理工程师在签发工程暂停令时，可根据停工原因的影响范围和影响程度，确定停工范围，并应按施工合同和建设工程监理合同的约定签发工程暂停令。

（2）项目监理机构发现下列情况之一时，总监理工程师应及时签发工程暂停令：

①建设单位要求暂停施工且工程需要暂停施工的；

②施工单位未经批准擅自施工或拒绝项目监理机构管理的；

③施工单位未按审查通过的工程设计文件施工的；

④施工单位违反工程建设强制性标准的；

⑤施工存在重大质量、安全事故隐患或发生质量、安全事故的。

（3）总监理工程师签发工程暂停令应事先征得建设单位同意，在紧急情况下未能事先报告时，应在事后及时向建设单位作出书面报告。工程暂停令应按《规范》表 A.0.5 的要求进行填写。

暂停施工事件发生时，项目监理机构应如实记录所发生的情况。总监理工程师应会同有关各方按施工合同约定，处理因工程暂停引起的与工期、费用有关的问题。因施工单位原因暂停施工时，项目监理机构应检查、验收施工单位的停工整改过程、结果。当暂停施工原因消失、具备复工条件时，施工单位提出复工申请的，项目监理机构应审查施工单位报送的工程复工报审表及有关材料，符合要求后，总监理工程师应及时签署审查意见，并应报建设单位批准后签发工程复工令；施工单位未提出复工申请的，总监理工程师应根据工程实际情况指令施工单位恢复施工。

工程复工报审表应按《规范》表 B.0.3 的要求填写，工程复工令应按《规范》表 A.0.7 的要求进行填写。

16.5.2 工程变更

（1）项目监理机构可按下列程序处理施工单位提出的工程变更：

①总监理工程师组织专业监理工程师审查施工单位提出的工程变更申请，提出审查意见。对涉及工程设计文件修改的工程变更，应由建设单位转交原设计单位修改工程设计文件。必要时，项目监理机构应建议建设单位组织设计、施工等单位召开论证工程设计文件的修改方案的专题会议。

②总监理工程师组织专业监理工程师对工程变更费用及工期影响作出评估。

③总监理工程师组织建设单位、施工单位等共同协商确定工程变更费用及工期变化，会签工程变更单。

④项目监理机构根据批准的工程变更文件监督施工单位实施工程变更。

（2）项目监理机构可在工程变更实施前与建设单位、施工单位等协商确定工程变更的计价原则、计价方法或价款。

（3）建设单位与施工单位未能就工程变更费用达成协议时，项目监理机构可提出一个暂定价格并经建设单位同意，作为临时支付工程款的依据。工程变更款项最终结算时，应以建设单位与施工单位达成的协议为依据。

（4）项目监理机构可对建设单位要求的工程变更提出评估意见，并应督促施工单位按会签后的工程变更单组织施工。

16.5.3　费用索赔

项目监理机构应及时收集、整理有关工程费用的原始资料，为处理费用索赔提供证据。

涉及工程费用索赔的有关施工和监理文件资料包括：施工合同、采购合同、工程变更单、施工组织设计、专项施工方案、施工进度计划、建设单位和施工单位的有关文件、会议纪要、监理记录、监理工作联系单、监理通知单、监理月报及相关监理文件资料等。

（1）项目监理机构处理费用索赔的主要依据应包括下列内容：

①法律法规。

②勘察设计文件、施工合同文件。

③工程建设标准。

④索赔事件的证据。

（2）项目监理机构可按下列程序处理施工单位提出的费用索赔：

①受理施工单位在施工合同约定的期限内提交的费用索赔意向通知书。

②收集与索赔有关的资料。

③受理施工单位在施工合同约定的期限内提交的费用索赔报审表。

④审查费用索赔报审表。需要施工单位进一步提交详细资料时，应在施工合同约定的期限内发出通知。

⑤与建设单位和施工单位协商一致后，在施工合同约定的期限内签发费用索赔报审表，并报建设单位。费用索赔意向通知书应按《规范》表 C.0.3 的要求填写；费用索赔报审表应按《规范》表 B.0.13 的要求填写。

（3）项目监理机构批准施工单位费用索赔应同时满足下列条件：

①施工单位在施工合同约定的期限内提出费用索赔。

②索赔事件是因非施工单位原因造成，且符合施工合同约定。

③索赔事件造成施工单位直接经济损失。

（4）当施工单位的费用索赔要求与工程延期要求相关联时，项目监理机构可提出费用索赔和工程延期的综合处理意见，并应与建设单位和施工单位协商。因施工单位原因造成建设单位损失，建设单位提出索赔时，项目监理机构应与建设单位和施工单位协商处理。

16.5.4 工程延期及工期延误

（1）施工单位提出工程延期要求符合施工合同约定时，项目监理机构应予以受理。当影响工期事件具有持续性时，项目监理机构应对施工单位提交的阶段性工程临时延期报审表进行审查，并应签署工程临时延期审核意见后报建设单位；当影响工期事件结束后，项目监理机构应对施工单位提交的工程最终延期报审表进行审查，并应签署工程最终延期审核意见后报建设单位。

（2）项目监理机构在批准工程临时延期、工程最终延期前，均应与建设单位和施工单位协商。项目监理机构批准工程延期应同时满足下列条件：

①施工单位在施工合同约定的期限内提出工程延期。

②因非施工单位原因造成施工进度滞后。

③施工进度滞后影响到施工合同约定的工期。

（3）施工单位因工程延期提出费用索赔时，项目监理机构可按施工合同约定进行处理。当发生工期延误时，项目监理机构应按施工合同约定进行处理。

16.5.5 施工合同争议

（1）项目监理机构处理施工合同争议时应进行下列工作：

①了解合同争议情况。

②及时与合同争议双方进行磋商。

③提出处理方案后，由总监理工程师进行协调。

④当双方未能达成一致时，总监理工程师应提出处理合同争议的意见。

（2）项目监理机构在施工合同争议处理过程中，对未达到施工合同约定的暂停履行合同条件的，应要求施工合同双方继续履行合同。

在施工合同争议的仲裁或诉讼过程中，项目监理机构应按仲裁机关或法院要求提供与争议有关的证据。

16.5.6　施工合同解除

（1）因建设单位原因导致施工合同解除时，项目监理机构应按施工合同约定与建设单位和施工单位按下列款项协商确定施工单位应得款项，并应签发工程款支付证书：

①施工单位按施工合同约定已完成的工作应得款项。

②施工单位按批准的采购计划订购工程材料、构配件、设备的款项。

③施工单位撤离施工设备至原基地或其他目的地的合理费用。

④施工单位人员的合理遣返费用。

⑤施工单位合理的利润补偿。

⑥施工合同约定的建设单位应支付的违约金。

（2）因施工单位原因导致施工合同解除时，项目监理机构应按施工合同约定，从下列款项中确定施工单位应得款项或偿还建设单位的款项，并应与建设单位和施工单位协商后，书面提交施工单位应得款项或偿还建设单位款项的证明：

①施工单位已按施工合同约定实际完成的工作应得款项和已给付的款项。

②施工单位已提供的材料、构配件、设备和临时工程等的价值。

③对已完工程进行检查和验收、移交工程资料、修复已完工程质量缺陷等所需的费用。

④施工合同约定的施工单位应支付的违约金。

（3）因非建设单位、施工单位原因导致施工合同解除时，项目监理机构应按施工合同约定处理合同解除后的有关事宜。

16.6　监理文件资料管理

16.6.1　一般规定

监理文件资料是实施监理过程的真实反映，既是监理工作成效的根本体现，也是工程质量、生产安全事故责任划分的重要依据，项目监理机构应建立完善监理文件资料管理制度，宜设专人管理监理文件资料，做到"明确责任，专人负责"。

项目监理机构应及时、准确、完整地收集、整理、编制、传递监理文件资料。宜采用信息技术进行监理文件资料管理。

16.6.2　监理文件资料内容

（1）监理文件资料应包括下列主要内容：

①勘察设计文件、建设工程监理合同及其他合同文件。

②监理规划、监理实施细则。

③设计交底和图纸会审会议纪要。

④施工组织设计、（专项）施工方案、施工进度计划报审文件资料。

⑤分包单位资格报审文件资料。

⑥施工控制测量成果报验文件资料。

⑦总监理工程师任命书，开工令、暂停令、复工令，工程开工或复工报审文件资料。

⑧工程材料、构配件、设备报验文件资料。

⑨见证取样和平行检验文件资料。

⑩工程质量检查报验资料及工程有关验收资料。

⑪工程变更、费用索赔及工程延期文件资料。

⑫工程计量、工程款支付文件资料。

⑬监理通知单、工作联系单与监理报告。

⑭第一次工地会议、监理例会、专题会议等会议纪要。

⑮监理月报、监理日志、旁站记录。

⑯工程质量或生产安全事故处理文件资料。

⑰工程质量评估报告及竣工验收监理文件资料。

⑱监理工作总结。

（2）监理日志应包括下列主要内容：

①天气和施工环境情况；

②当日施工进展情况；

③当日监理工作情况，包括旁站、巡视、见证取样、平行检验等情况；

④当日存在的问题及处理情况；

⑤其他有关事项。

（3）监理月报应包括下列主要内容：

①本月工程实施情况；

②本月监理工作情况；

③本月施工中存在的问题及处理情况；

④下月监理工作重点。

（4）监理工作总结应包括下列主要内容：

①工程概况；

②项目监理机构；

③建设工程监理合同履行情况；

④监理工作成效；

⑤监理工作中发现的问题及其处理情况；

⑥说明和建议。

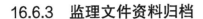

16.6.3　监理文件资料归档

项目监理机构应及时整理、分类汇总监理文件资料，并应按规定组卷，形成监理档案。工程监理单位应根据工程特点和有关规定，保存监理档案，并应向有关单位、部门移交需要存档的监理文件资料。

16.7　设备采购与设备监造

16.7.1　一般规定

（1）项目监理机构应根据建设工程监理合同约定的设备采购与设备监造工作内容配备监理人员，并明确岗位职责。

（2）项目监理机构应编制设备采购与设备监造工作计划，并应协助建设单位编制设备采购与设备监造方案。

16.7.2　设备采购

（1）采用招标方式进行设备采购时，项目监理机构应协助建设单位按有关规定组织设备采购招标。采用其他方式进行设备采购时，项目监理机构应协助建设单位进行询价。

（2）项目监理机构应协助建设单位进行设备采购合同谈判，并应协助签订设备采购合同。

（3）设备采购文件资料应包括下列主要内容：

①建设工程监理合同及设备采购合同；

②设备采购招投标文件；

③工程设计文件和图纸；

④市场调查、考察报告；

⑤设备采购方案；

⑥设备采购工作总结。

16.7.3　设备监造

（1）对项目监理机构的要求

①项目监理机构应检查设备制造单位的质量管理体系，并应审查设备制造单位报送的设备制造生产计划和工艺方案；

②项目监理机构应审查设备制造的检验计划和检验要求，并应确认各阶段的检验时间、内容、方法、标准，以及检测手段、检测设备和仪器；

③项目监理机构应对设备制造过程进行监督和检查，对主要及关键零部件的制造工序应进行抽检；项目监理机构应要求设备制造单位按批准的检验计划和检验要求进行设备制造过程的检验工作，并应做好检验记录。项目监理机构应对检验结果进行审核，认为不符合质量要求时，应要求设备制造单位进行整改、返修或返工；

④当发生质量失控或重大质量事故时，应由总监理工程师签发暂停令，提出处理意见，并应及时报告建设单位；

⑤项目监理机构应检查和监督设备的装配过程；

⑥在设备制造过程中如需要对设备的原设计进行变更时，项目监理机构应审查设计变更，并应协调处理因变更引起的费用和工期调整，同时应报建设单位批准；

⑦项目监理机构应参加设备整机性能检测、调试和出厂验收，符合要求后应予以签认；

⑧在设备运往现场前，项目监理机构应检查设备制造单位对待运设备采取的防护和包装措施，并应检查是否符合运输、装卸、储存、安装的要求，以及随机文件、装箱单和附件是否齐全；

⑨设备运到现场后，项目监理机构应参加设备制造单位按合同约定与接收单位的交接工作。

（2）对专业监理工程师的要求

①应审查设备制造的原材料、外购配套件、元器件、标准件，以及坯料的质量证明文件及检验报告，并应审查设备制造单位提交的报验资料，符合规定时应予以签认；

②专业监理工程师应按设备制造合同的约定审查设备制造单位提交的付款申请单，提出审查意见，并应由总监理工程师审核后签发支付证书；

③专业监理工程师应审查设备制造单位提出的索赔文件，提出意见后报总监理工程师，并应由总监理工程师与建设单位、设备制造单位协商一致后签署意见；

④专业监理工程师应审查设备制造单位报送的设备制造结算文件，提出审查意见，并应由总监理工程师签署意见后报建设单位。

（3）设备监造文件资料应包括的主要内容

①建设工程监理合同及设备采购合同。

②设备监造工作计划。

③设备制造工艺方案报审资料。

④设备制造的检验计划和检验要求。

⑤分包单位资格报审资料。

⑥原材料、零配件的检验报告。

⑦工程暂停令、开工或复工报审资料。

⑧检验记录及试验报告。

⑨变更资料。

⑩会议纪要。

⑪来往函件。

⑫监理通知单与工作联系单。

⑬监理日志。

⑭监理月报。

⑮质量事故处理文件。

⑯索赔文件。

⑰设备验收文件。

⑱设备交接文件。

⑲支付证书和设备制造结算审核文件。

⑳设备监造工作总结。

16.7.4　工程保修阶段服务

（1）承担工程保修阶段的服务工作时，工程监理单位应定期回访。

（2）对建设单位或使用单位提出的工程质量缺陷，工程监理单位应安排监理人员进行检查和记录，并应要求施工单位予以修复，同时应监督实施，合格后应予以签认。

（3）工程监理单位应对工程质量缺陷原因进行调查，并应与建设单位、施工单位协商确定责任归属。对非施工单位原因造成的工程质量缺陷，应核实施工单位申报的修复工程费用，并应签认工程款支付证书，同时应报建设单位。

第17章 全过程工程造价专业咨询

17.1 全过程工程造价专业咨询概述

全过程工程造价专业咨询是指造价咨询人员运用工程造价专业知识结合工程技术、经济管理、控制管理等相关知识，寻求解决建设项目在决策、设计、招采、施工、运维等各个阶段工程造价管理的最佳路径，对工程建设造价进行全过程监督与控制，并提供有关工程造价信息、造价决策等咨询意见的咨询服务。

全过程工程造价管控是项目管理机构运用计划（P）、实施（D）、检查（C）、纠偏（A）动态控制方法，在建设项目从筹备直至竣工验收乃至运维的全生命周期中，将每个阶段的造价目标作为计划造价控制目标，在具体实施过程中，定期或不定期地将实际造价与计划造价控制目标进行对比分析，检查实际造价与计划造价是否存在偏差，若出现偏差则及时采取措施纠偏，以保证造价目标的实现。

全过程造价管控主要路径是根据确定的设计要求和设计标准，合理确定造价目标；根据项目工作内容或合同结构进行项目的工作分解（WBS），通过对项目的工作分解确定建设项目的各组成分部分项的造价控制目标，以此作为限额设计之依据；通过在完善的以工程量清单为核心的招标文件基础上的市场充分竞标得到有竞争力的合同价款，使合同价款在造价控制目标之内；通过加强对施工过程中的变更控制、合同管理以及价值工程，有效地控制变更价款和索赔价款；结算价为合同价款加变更价款，通过变更价款的控制，将结算价控制在投资控制目标之内，从而实现项目造价的全过程动态控制。

17.1.1 建设工程总投资的构成

建设工程总投资，一般是指进行某项工程建设花费的全部费用。生产性建设工程项目总投资包括固定资产投资和铺底流动资金两部分；非生产性建设工程项目总投资则只包括建设投资。

固定投资的构成：由设备工器具购置费、建筑安装工程费、工程建设其他费用、预备费（包括基本预备费和涨价预备费）和建设期利息组成。

设备工器具购置费，是指按照建设工程设计文件要求，建设单位（或其委托单位）购置或自制达到固定资产标准的设备和新、扩建项目配置的首套工器具及生产家具所需的费用。

建筑安装工程费，是指建设单位用于建筑和安装工程方面的投资，它是由建筑工程费和安装工程费两部分组成。

工程建设其他费用，是指未纳入以上两项的，根据设计文件要求和国家有关规定应由项目投资支付的，为保证工程建设顺利完成和交付使用后能够正常发挥效用而发生的一些费用。

铺底流动资金是指生产性建设工程项目为保证生产和经营正常进行，按规定应列入建设工程项目总投资的铺底流动资金，一般按流动资金的 30% 计算。

建设投资可以分为静态投资部分和动态投资部分。静态投资部分由建筑安装工程费、设备工器具购置费、工程建设其他费和基本预备费构成。动态投资部分，是指在建设期内，因建设期利息和国家新批准的税费、汇率、利率变动以及建设期价格变动引起的建设投资增加额，包括涨价预备费、建设期利息（图 17-1）。

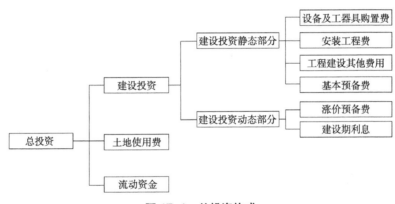

图 17-1 总投资构成

17.1.2 全过程造价控制的特点

（1）注重事前控制

全过程造价咨询管控的重点阶段是在工程实施前期，着重强化对前期设计阶段和招标投标阶段的造价控制，做到事前控制。另外，全过程造价咨询还通过深入了解施工过程，提前发现在项目施工期内可能产生争议的有关因素，将争议消灭在萌芽状态，使工程造价得以有效控制、工程建设得以顺利进展。

（2）强调主动控制

全过程造价咨询在事前确立项目的投资目标和编制投资计划时，就对工程建设中环境的不确定性、风险因素等进行了主动性预测和分析。分析各种环境因素对项目投资所产生的影响，预测在项目实施过程中目标和计划偏离的可能性，并采取相应的预控措施，积极主动对项目实施主动控制。

专业造价咨询人员通过主动、积极配合项目管理人员、设计人员，采用通过多方案比选、成本对标、优化设计、限额设计等价值分析手段，进行工程造价的主动控制与分析，确保建设项目在经济合理的前提下做到技术先进。

（3）"目标控制＋过程控制＋动态控制"三者结合

全过程造价咨询根据工程进展将投资控制目标逐步分解细化，通过招标阶段编制工程量清单和招标控制价、清标等一系列工作实现工程投资的"目标控制"。

在工程实施阶段，加强对合同执行情况的监管，严格对设计变更及现场签证进行把关，及时进行工程投资执行情况的对比和分析，把工程投资的"动态控制"和"过程控制"有机的融合起来。

在工程结算阶段，对承包商提交的结算资料进行审核和分析，进一步加强投资控制。

（4）注重技术和经济结合

全过程造价咨询从项目的前期就参与进来，主动配合项目管理人员和设计人员通过方案比选、优化设计和限额设计等分析手段，注重技术和经济结合对工程造价进行动态的主动控制，确保建设项目在经济合理的前提下做到技术先进。

（5）抓主要控制因素

全过程造价咨询是从前期决策、设计、招标投标、工程施工、工程结算等各个阶段对工程造价控制提供咨询服务，从而能有效地加强对影响投资的各主要因素加强有效控制，并综合考虑项目的质量、工期等要素对工程造价的影响。

（6）推动项目管理规范化

造价咨询在咨询活动中始终严格遵守上级审计部门的各项要求，确保项目能顺利通过国家有关部门的工程结算、财务竣工决算等各项专项审计工作。监督参建单位的项目管理、实施过程，确保设计意图、建设单位意愿完美实现，满足建设单位对工程的使用要求。从某种程度上造价咨询严肃认真的工作作风推动了项目管理的规范化。

（7）有效解决信息不对称问题

全过程工程造价咨询是在信息共享、协同工作的平台上完成的，减少了由于分阶段造价而导致的咨询工作界面跨界协调难的问题，有效解决了咨询信息不对称问题，使得工程造价管理的理念、目标和控制方式能够有效地融为一体。

17.1.3 各阶段的造价咨询对投资的影响

全生命周期工程造价咨询工作主要包括两大方面：一是基于对工程项目全生命周期的成本进行合理的预算，即成本分析；二是通过对建设项目的各个环节进行仔细的分析、考察，实施有效的造价管控措施，确保在全生命周期内各个阶段的成本目标得以实现。全生命周期内各阶段的造价咨询工作的特点如下：

（1）决策阶段

通过对大量工程的造价复盘分析可知，在工程项目决策阶段造价咨询对工程项目整个造价控制所产生的影响达到百分之八十以上，可以说项目决策阶段是造价控制的黄金阶段。虽然工程的实施阶段是一个项目资金流最大阶段，大量的资金会用于材料的采购、设备的购置、人工费的发放、税收的征缴等费用之中，但是在这些环节中对工程的造价控制所存在的空间范围已经相对较小了。因此，造价咨询专业人员在决策阶段对项目的造价进行科学的咨询，将对工程全生命周期的造价管理产生深远的积极影响。

（2）设计阶段

工程的设计阶段的造价咨询工作不仅对工程的工期、质量、安全等方面产生一定的影响，还会对整个工程项目的投资及投资效益产生深远的影响。设计阶段对投资的影响程度可以细分为三个层次：①在工程的初步设计阶段，对工程项目投资所产生的影响占 75% ~ 95%；②在工程的技术设计阶段，对工程项目投资所产生的影响占 35% ~ 75%；③在工程的施工图纸设计阶段，对投资所产生的影响占 5% ~ 35%。

（3）招投标阶段

本阶段造价咨询主要工作是利用施工设计图纸结合项目的施工环境，合理制定出工程招标控制价及完成工程招标文件的编制。工程投标书主要包括技术标、商务标，对技术标进行评价的主要依据是施工方案、使用维护方案；对商务标进行评价主要依据是保证建筑工程项目全过程的投资成本。

（4）施工阶段

在施工阶段对工程造价管控中，工程咨询机构需要对工程的施工方案之中的技术措施进行经济分析、对工程的投资目标进行有效分解、资金的使用方向进行充分的了解、对工程量以及价款结算科学的管理、对工程的变更以及索赔合理地进行控制管理、科学的对投资的偏差进行审核等。在这阶段造价咨询工程师通过对工程造价管理的统计，分析出由于工程的变更以及工程设计变更对工程造价波动所产生的影响。

在对工程的造价管理的工作中，咨询人员通过及时对工程造价、工程工期以及工程质量进行合理、有效的控制，促使相关咨询机构通力合作，进一步提高对工程造价的管理力度。

（5）竣工验收阶段

在全过程工程的造价管理环节中，工程项目竣工的验收环节对工程造价所产生的影响大致为5%以内。在竣工验收环节，造价咨询人员通过严格落实业主尾款会签制度，针对业主对账目中产生质疑及时给予解决，避免了工程的投标价格与决算价格相差太大的情况出现，科学合理地对工程进行造价有效管控。

（6）运维阶段

建设项目的运营维护阶段是一个工程项目全生命周期的尾声阶段，在这个阶段咨询专业人员通过制定出科学合理的运维方案，有效降低项目的全生命周期阶段的运营维护成本，实现项目的投资效益或社会效益。这个阶段是在确保工程项目安全、质量合格的前提下完成对工程项目的移交工作后，在项目运营过程中运维管理人员运用现代化的科学管理手段，通过对于建筑内的各种设施设备实施统一管理，使建设工程项目发挥自身应有价值。

17.1.4　工程造价咨询对项目管理的作用

（1）项目管理工作的投资决策阶段。全生命周期工程造价咨询立足于工程项目全生命周期，对项目的前期、建造、运营和后期维护成本进行综合性地考虑，在外部环境因素相同的情况下选取生命周期成本最小的方案。实现从众多项目方案中选择最佳的项目投资方案，实现科学的项目投资管控决策。

（2）项目管理工作的方案设计阶段。全生命周期造价咨询以指导项目设计工作以优化建设成本、实现投资效益最大化为出发点，精心甄选建筑材料，在保证工程设计质量的基础上，降低工程全生命周期成本。

（3）项目管理工作的招投标阶段。全生命周期造价咨询在项目招投标阶段，综合工程设计书面文件与工程环境因素的具体情况，选取合理的工程合同计价模式，立足于工程项目的全生命周期，对工程项目的招标、投标工作从全局出发，不仅考虑目前建设的方案的可操作性、经济合理性，同时，还对未来的运维方案加以分析，用可持续发展观对工程全生命准确造价进行控制。

（4）项目管理工作的施工阶段。造价咨询专业人员运用全生命周期工程造价管理理念，将方案设计阶段的造价成本控制额度作为施工阶段工程造价的目标值。在控制施工阶段工程造价成本的基础上，有利于进一步提升项目施工单位施工的效率，从而保证项目施工阶段的管理科学性、经济合理性。

（5）项目管理工作的竣工验收阶段。造价咨询人员通过对项目竣工结算与项目竣工决算进行造价控制，有利于增强项目竣工验收阶段的合理性。竣工验收阶段不仅是运维阶段的开端，也是检验决策阶段、设计阶段、施工阶段质量的重要环节，对工程质量进行严格的验收，可以为项目运营阶段打下良好的基础。

（6）项目管理工作的运营与维护阶段。在这个阶段运用全生命周期工程造价管理理论指导项目运营维护工作，有利于延长项目的生存周期。造价咨询专业人员在立足于工程项目的全生命周期造价管控的基础上，根据工程项目的实际情况，制定科学、合理的运维方案，有效控制工程运维阶段项目的生命周期成本。

17.2 项目决策阶段造价咨询

17.2.1 决策阶段造价咨询主要工作内容

（1）造价咨询机构协助业主确定投资目标；

（2）造价咨询机构将投资限额下达给方案设计单位；

（3）造价咨询机构（或设计单位）编制投资估算；

（4）造价咨询机构对投资估算编制单位提交的投资估算进行审查；

（5）造价咨询机构在综合审查结果与业主意见的基础上，要求编制单位调整估算；

（6）造价咨询机构将调整后的估算上报业主，如该估算不满足投资限额，要求设计单位调整设计标准或相关内容；

（7）设计修改完成后重复以上编制、审查、调整的过程，直到投资估算满足业主的投资限额为止；

（8）造价咨询机构将调整后的投资估算交由业主确认；

（9）经业主确认的投资估算为项目的投资控制目标。

17.2.2 项目决策阶段造价咨询基本流程图

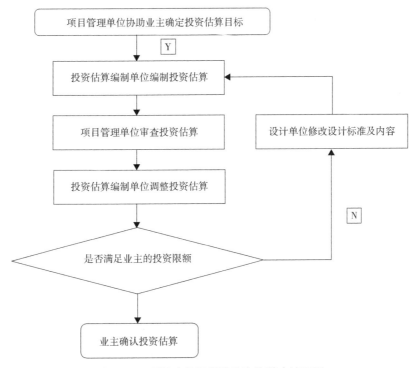

图 17-2 项目决策阶段造价咨询基本流程图

17.2.3 投资估算的编制

投资估算是在项目投资决策阶段，对建设地块和地质条件、项目的建设规模、技术方案、设备方案、工程方案及项目实施进度等进行研究并基本确定的基础上，估算项目投入的总资金，并测算出建设期内各年资金需要量。

投资估算是项目建设前期编制项目建议书和可行性研究报告的重要组成部分，是进行经济效益评价的基础，也是项目决策的重要依据之一。投资估算还作为制定融资方案、进行经济评价、编制初步设计概算的重要依据。因此，在编制投资估算时应遵循下列原则：①实事求是、科学合理原则；②合理利用资源原则；③效益最大化原则；④适度前瞻性原则。

（1）投资估算的编制主要依据

①国家行业和地方政府的相关规定；

②项目建议书；

③项目建设规模、产品方案；

④工程项目、辅助工程一览表；

⑤工程设计方案、图纸及有关专业提供的主要工程量和主要设备清单；

⑥工程所在地同期的工、料、机市场价格，建筑工艺及其附属设备的市场价格和有关费用等；

⑦类似工程的各种技术经济指标和参数；

⑧政府有关部门、金融机构等部门发布的价格指数、利率、汇率、税率等相关参数；

⑨委托人提供的技术经济资料。

（2）投资估算的构成

建设投资可分为静态投资和动态投资两部分。静态投资部分由建筑工程费、设备及工器具购置费、安装工程费、工程建设其他费用、基本预备费构成；动态投资部分由涨价预备费和建设期利息构成。其中建筑工程费是指为建造永久性建筑物和构筑物所需要的费用。

设备及工器具购置费，包括设备的购置费、工器具购置费、现场制作非标准设备费、生产用家具购置费和相应的运杂费。对于价值高的设备应按单台（套）估算购置费，价值较小的设备可按类估算。国内设备和进口设备的设备购置费应分别估算。

安装工程费，包括各种机电设备装配和安装工程费用，与设备相连的工作台、梯子及其装设工程费用，附属于被安装设备的管线敷设工程费用，安装设备的绝缘、保温、防腐等工程费用，单体试运转和联动无负荷试运转费用等。

工程建设其他费用估算，工程建设其他费用按各项费用科目的费率或者取费标准估算。

基本预备费，是指在项目实施中可能发生难以预料的支出，需要事先预留的费用，又称工程建设不可预见费，主要指设计变更及施工过程中可能增加工程量的费用。

涨价预备费是对建设工期较长的项目，由于在建设期内可能发生材料、设备、人工等价格上涨引起投资增加，需要事先预留的费用，亦称价格变动不可预见费。

建设期利息是指项目借款在建设期内发生并计入固定资产的利息。

流动资金是指生产经营性项目投产后，为进行正常生产运营，用于购买原材料、燃料，支付工资及其他经营费用等所需的周转资金。

（3）投资估算的阶段划分及精度要求

投资决策过程可划分为投资机会研究或项目建议书阶段、初步可行性研究阶段、详细可行性研究阶段，对应的投资估算工作也分为三个阶段。由于不同阶段所具备的条件和掌握的资料不同，因而投资估算所要求的准确程度不同，进而每个阶段投资估算所起的作用也不同。随着阶段的不断发展，调查研究不断深入，掌握的资料会越来越丰富，投资估算的精准度会逐步提高，其所发挥的作用也越来越重要。

①投资机会研究或项目建议书阶段的投资估算

这一阶段主要是选择有利的投资机会，明确投资方向，提出概略的项目投资建议，并编制项目建议书。该阶段工作比较粗略，投资额的估计一般是通过与已建类似项目的类比得来的，因而投资估算的误差率可控制在 ±30%范围之内。

这一阶段的投资估算是作为职能部门审批项目建议书、初步选择投资项目的主要依据之一，对初步可行性研究及投资估算起指导作用。

②初步可行性研究阶段的投资估算

这一阶段主要是在投资机会研究结论的基础上，进一步明确项目的投资规模、原材料来源、工艺技术、厂址、组织机构和建设进度等情况，进行经济效益分析评价，判断项目的可行性，作出初步投资评价。该阶段是介于项目建议书和详细可行性研究之间的中间阶段，投资估算的误差率一般要求控制在 ±20%之内。

这一阶段的投资估算是作为决定是否进行下一步详细可行性研究的主要依据之一，同时也是确定项目关键问题是否需要进行辅助性专题研究的依据之一。

③详细可行性研究阶段的投资估算

详细可行性研究阶段也称最终可行性研究阶段，是进行全面、详细、深入的技术经济分析论证重要阶段，评价选择拟建项目的最佳投资方案，对项目的可行性提出结论性意见。该阶段研究内容详尽，投资估算的误差率应控制在 ±10%以内。

这一阶段的投资估算是进行详尽经济评价、决定项目可行性、选择最佳投资方案的主要依据，也是编制设计文件、控制初步设计及概算的主要依据。

（4）投资估算的准确性

投资估算是拟建项目前期可行性研究的一个重要内容，是经济效益评价的基础，是项目决策的重要依据。投资估算编制质量如何，将决定着拟建项目能否纳入建设计划的前途"命运"。因此，投资估算不能太粗糙，必须达到国家或部门规定深度与精度要求。如果投资估算误差太大，则会导致投资者决策失误，带来不良后果。

对于每个工程在不同的建设阶段，由于其条件的不同，对估算准确度的要求也会出现不同。人们不可能超越客观条件，把建设项目投资估算编制得与最终实际投资（决算价）完全一致。但可以肯定，如果能充分掌握市场动态信息，并对其加以全面分析，那么投资估算准确性就能提高。一般说来，建设阶段愈接近后期，可掌握因素愈多，也就愈接近实际，投资估算也就愈接近于实际投资。比如：在设计前期，由于诸多因素的不确定性，所编投资估算偏离实际投资是在所难免的。

投资估算的各种客观因素可科学地划分为"可计算因素"和"估计因素"两大类。可计算因素系指估算的基础单价（如扩大指标和技术数据、概算指标、估算指标以及各种费率标准等）乘其相应的工程量求得的造价或费用；估计因素则是对各种不确定性因素加以分析判断、逻辑推理、主观估计而求得，这在很大程度上依赖于工程咨询师的水平和经验。

17.2.4 投资估算的审查

（1）投资估算审查内容

①审查投资估算是否符合业主要求的范围和深度；

②审查投资估算是否全面正确地理解设计理念；

③审查和分析投资估算所采用的资料的时效性、准确性和实用性；

④审查投资估算编制方法的科学性和可靠性，选用的经济指标是否科学适用；

⑤审查费用项目划分是否合理；

⑥审查投资估算的费用项目和费用数额的真实性。

（2）投资估算的审核要点

①审核和分析投资估算编制依据的时效性、准确性和实用性

估算项目投资所需的数据资料很多，如已建同类型项目的投资、设备和材料价格、运杂费率，有关的指标、标准以及各种规定等。这些资料可能随时间、地区、价格及定额水平的差异，使投资估算有较大的出入，因此要注意投资估算编制依据的时效性、准确性和实用性。针对这些差异必须作好定额指标水平、价差的调整系数及费用项目的调查。同时对工艺水平、规模大小、自然条件、环境因素等对已建项目与拟建项目在投资方面形成的差异进行调整，使投资估算的价格和费用水平符合项目建设所在地估算投资年度的实际。针对调整的过程及结果进行深入细致的分析和审查。

②审核选用的投资估算方法的科学性与适用性

投资估算的方法有许多种，每种估算方法都有各自适用条件和范围，并具有不同的准确度。如果使用的投资估算方法与项目的客观条件和情况不相适应，或者超出了该方法的适用范围，那就不能保证投资估算的质量。况且还应结合设计的阶段与深度要求，采用适用、合理的估算办法进行估算。

如采用"单位工程指标"估算法时，应该审核套用的指标与拟建工程的标准和条件是否存在差异，及其对计算结果影响的程度，是否已采用局部换算或调整等方法对结果进行修正，修正系数的确定和采用是否具有一定的科学依据。处理方法不同，技术标准不同，费用相差可能达十倍甚至数十倍，当工程量较大时，对估算总价影响甚大，如果在估算中不按科学进行调整，将会因估算准确程度差造成工程造价失控。

③审核投资估算的编制内容与拟建项目规划要求的一致性

审核投资估算的工程内容，包括工程规模、自然条件、技术标准、环境要求，与规定要求是否一致，是否在估算时已进行了必要的修正和反映，是否对工程内容尽可能的量化和质化，有没有出现内容方面的重复或漏项和费用方面的高估或低算。

如建设项目的主体工程与附加工程或辅助工程、公用工程、生产与生活服务设施、交通工程等是否与规定的一致。是否漏掉了某些辅助工程、室外工程等的建设费用。

④审核投资估算的费用项目、费用数额的真实性

审核各个费用项目与规定要求、实际情况是否相符，有否漏项或多项，估算的费用项目是否符合项目的具体情况、国家规定及建设地区的实际要求，是否针对具体情况作了适当的增减。

审核项目所在地区的交通、地方材料供应、国内外设备的订货与大型设备的运输等方面，是否针对实际情况考虑了材料价格的差异问题；对偏僻地区或有大型设备时是否已考虑了增加设备的运杂费。

审核是否考虑了物价上涨和对于引进国外设备或技术项目是否考虑了每年的通货膨胀率对投资额的影响，考虑的波动变化幅度是否合适。

审核对于"三废"处理所需相应的投资是否进行了估算，其估算数额是否符合实际。

审核项目投资主体自有的稀缺资源是否考虑了机会成本，沉没成本是否剔除。

审核是否考虑了采用新技术、新材料以及现行标准和规范比已建项目的要求提高所需增加的投资额，考虑的额度是否合适。

17.2.5　造价咨询成果文件

（1）投资估算（调整）汇总表（表17-1）

（2）投资估算审查流转表（表17-2）

投资估算（调整）汇总表 表 17-1

序号	工程和费用名称	建筑工程费	设备购置费	安装工程费	合计	技术经济指标		
						单位	数量	指标
一	建筑安装工程费用							
（一）	土建工程费用							
1	桩基工程							
2	地下室土建工程							
3	地上土建工程							
4	装饰工程							
	小计							
（二）	安装费用							
1	给水排水系统							
2	电气系统							
3	暖通空调系统							
4	动力系统							
5	弱电系统							
6	电梯							
	小计							
（三）	室外总体费用							
1	土石方工程							
2	道路围墙工程							
3	室外管线工程							
4	景观绿化工程							
	小计							
	合计							
二	工程建设其他费用							
（一）	土地费用							
（二）	勘察设计费用							
（三）	建设筹建费							
（四）	市政配套及增容费							
（五）	工艺设备费用							
	合计							
三	预备费							
四	建设期利息							
五	固定资产投资方向调节税							
六	铺底流动资金							
	总计							

投资估算审查流转表	表 17-2
项目名称	
项目内容	
编制范围	
编制单位意见	
项目管理公司意见	
业主代表意见	

17.3 设计阶段造价咨询

17.3.1 设计阶段咨询概述

从国内外工程实践及造价资料分析可知：在方案设计阶段，影响项目投资的可能性为 75% ~ 95%；在初步设计阶段，影响项目投资的可能性为 35% ~ 75%；在施工图设计阶段，影响项目投资的可能性为 5% ~ 35%。由此可见，重视对设计阶段的造价管控可以有效解决建设项目总造价偏高的问题。

在建设项目的工作分解结构中，建设项目的设计是决定建筑产品价值形成的关键性阶段，它对建设项目的建设工期、工程造价、工程质量以及建成后能否产生较好的经济效益和社会效益，都起到决定性作用。因此，在项目设计阶段造价咨询人员与设计咨询人员相互合作、进行设计方案的优化设计、经济分析、造价管控就显得非常重要。

造价咨询机构在设计阶段的主要工作任务是：方案设计估算、设计概算编制、施工图预算编制。此阶段造价咨询服务团队还应根据工程设计部门提供的各阶段设计文件，依据估算及概预算编制要求，向项目负责人及业主方提供相关的咨询成果，为全过程工程咨询服务提供限额设计、优化设计的专业造价咨询服务，满足相关方对工程造价控制需要。与此同时造价咨询服务工作团队还需要定期与工程设计服务团队进行工作沟通交流，当工程设计文件出现调整时应及时调整工程项目各阶段估算及概预算成果，供项目总负责人及业主方参考。

17.3.2　设计概算的编制与审核

在专业咨询工程师（设计）编制初步设计文件过程中，全过程工程咨询单位应安排专业造价咨询工程师参与并编制设计概算，在造价控制目标内进行估算调整及设计调整、组织初步设计概算内部评审、进行技术经济分析比较或调整概算，同时须考虑项目工期对概算的影响。专业咨询工程师（造价）应与专业咨询工程师（设计）密切配合、讨论和优化设计方案，以选出技术先进、经济合理的最佳设计方案，确保概算的质量，并且总咨询师应对设计概算的质量把关。

（1）设计概算编制依据

①国家设计规范、标准以及项目的勘察文件、初步设计文件；

②政府有关主管部门对项目的批文、可行性研究报告、立项书、方案文件等；规划、用地、环保、卫生、绿化、消防、人防、抗震等要求和依据资料；

③国家和地方政府有关工程建设和造价管理的法律、法规和方针政策；

④当地和主管部门颁布的概算定额、工期定额、指标（或预算定额、综合预算定额）、单位估价表、类似工程造价指标、工程费用定额、工期定额和相关费用规定的文件等；

⑤当地现行的建设工程价格信息；

⑥建设单位提供的有关概算的其他资料；

⑦工程建设其他费用计费依据；

⑧有关文件、合同、协议等；

⑨投资人提供的有关使用要求或生产工艺等资料；建设场地的自然条件和施工条件；

⑩《建设项目设计概算编审规程》及全过程工程咨询单位的知识经验积累和指标指数体系。

（2）设计概算编制主要内容

①建设项目总概算及单项工程综合概算；

②工程建设其他费用、预备费、专项费用概算；

③单位工程概算；

④如果设计概算经批准后调整，经过原概算审批单位同意，可编制调整概算。

（3）审查主要内容

①审查设计概算文件是否齐全；

②审查设计概算的编制依据，依据需满足合法性、时效性、适用范围的要求；

③审查概算编制深度；

④审查建设规模、标准，如概算总投资超过原批准投资估算10%以上，应进一步审查超估算的原因，确因实际需要投资规模扩大，需要重新立项审批；

⑤审查设备规格、数量和配置；

⑥审查建筑安装工程工程费，审查是否有多算、重算、漏算、错算情况；

⑦项目概算工期是否符合工期定额的规定；

⑧审查计价指标；

⑨审查其他费用。

（4）注意事项

①设计概算是编制建设项目投资计划、确定和控制建设项目投资、控制施工图设计和施工图预算的重要依据。为了确保概算编审质量，全过程工程咨询单位应对编审的专业咨询工程师（造价）进行认真考核；可采取送审值与审批值差额比率方法考核，规定总概算、综合概算、单位工程概算审核差额比率，以及责任人员。

②编审概算的专业咨询工程师（造价）须深入了解建设工程的概况，认真阅读设计说明书，充分了解设计意图，必要时到工程现场实地察看，而且必须充分考虑概算工期定额对造价的影响。

③若审查后初步设计概算超出立项批复的投资额，全过程工程咨询单位需要与投资人就是否降低建设标准还是调整建筑面积或其他指标，还是需要重新立项报批共同作出决策。

17.3.3　限额设计基本原理

拟建工程项目一经决策确定后，设计就成了工程建设和控制工程造价的关键，设计阶段对建设项目的建设工期、工程造价、工程质量及建成后能否产生较好的经济效益和社会效益都起着决定性作用。要实现在设计阶段对投资进行有效的控制，就需要从整体上加强对项目投资的控制，由被动反应变成主动控制，由事后核算变成事前控制，而限额设计就是根据上述要求提出的一种投资控制方法。

限额设计是指"按照批准的设计任务书及投资估算控制初步设计，按照批准的初步设计总概算控制施工图设计，同时各专业在保证达到使用功能的前提下，按分配的投资限额控制设计，严格控制技术设计和施工图设计的不合理变更，保证总投资限额不被突破"。

（1）限额设计依据

①国家关于设计方面出台的相关法律法规、政策文件、标准规范等；

②项目可行性研究报告、业主需求书、建设项目的设计文件，包括设计说明书、设计总平面图等；

③决策和设计阶段造价文件等；

④项目资金来源，项目性质，项目技术要求，投资人对工程造价、质量、工期的期望以及资金的充裕程度等。

（2）限额设计重点工作内容

限额设计的控制过程是合理确定项目投资限额，科学分解投资目标，进行分目标的设计实施，设计实施的跟踪检查，检查信息反馈用于再控制的循环控制过程。其重点过程包括以下几个方面：

①合理确定项目投资额

限额设计的"限额"是指经审批的设计任务书中的项目总投资额，在进行限额设计过程中把该数额作为造价控制的主要依据，投资限额的准确性与合理性将对后续工作产生极其重要的影响。设计任务书中的项目总投资额又是根据审批的项目可行性研究报告中的投资估算额下达的，所以，提高项目可行性研究报告中投资估算的科学性、准确性、可信性已成为合理确定投资限额的重要环节。这就要求咨询工程师在编制项目投资估算时，做细投资估算的准确度并结合各专业特点，对建设项目设计任务书的深度、准确度从技术、经济两个方面进行科学深入的论证，合理考虑工程造价的动态因素，做到科学、实事求是地编制项目投资估算，使项目的投资限额与单项工程的数量、建筑标准、功能水平相协调。

②科学分配初步设计的投资限额

专业咨询工程师（设计）在进行设计以前，总咨询师应将项目设计任务书中规定的建设方针、设计原则、各项技术经济指标等向专业咨询工程师（设计）交底，并将设计任务与规定的投资限额分工程分专业下达到专业咨询工程师（设计），亦即将设计任务书中规定的投资限额分配到各单项工程和单位工程，作为进行初步设计的造价控制目标或投资限额，并要求各专业设计人员认真研究实现投资限额的可行性，明确各分部分项工程的各项技术经济指标，根据投资限额按一定的原则，综合专业技术人员和经济管理人员的意见，科学合理地分配投资限额，对项目的总图方案、工艺流程、关键设备、主要建筑和各种费用指标提出方案比选，作出投资限额决定。控制额度的设置既不能过高，也不能过低。过高将不能约束工程造价，过低则导致限额被突破，失去其实施的意义。

③重视设计方案的选择

设计方案的确定应是多方案比选的结果，设计单位应先掌握相关工程的参考造价及工程量，然后再进行设计原则和技术方案的拟定。

④合理分配施工图设计的限额

施工图设计的造价控制限额是经审查批准的建设项目或单项工程初步设计及初步设计概算，在设计时再把限额合理分配给各单位工程专业设计上作为其造价控制限额，促使之设计咨询人员按造价控制额确定施工图设计，选用材料及设备等。

施工图的限额设计务必遵循严格按审批的初步设计所确定的投资额、原则、范围等进行设计。

（3）造价与设计的配合

限额设计强调技术与经济的统一，需要造价和设计的专业咨询工程师密切合作。专业咨询工程师（设计）进行设计时，应基于项目全过程、全生命周期，充分考虑工程造价的影响因素，对方案进行比较、优化设计；造价咨询工程师要及时进行造价评估和编审，在设计过程中协助专业咨询工程师（设计）进行技术经济分析和论证，从而到达有效管控项目工程造价的目的。

（4）"限额设计"要点

推行限额设计时应强化两项工作：纵向控制和横向控制。

①纵向控制

初步设计要重视方案选择，其投资要限制在设计任务书批准的投资限额内。如果发现设计方案某项指标超出任务书的投资限额应及时提出并解决，不能等到概算完成后再压造价或减项目和设备，以致影响设计进度，造成设计上的不合理，给施工图设计埋下超投资的隐患。施工图预算严格控制在批准的概算以内，设计单位的最终产品是施工图设计，设计部门要掌握施工图设计造价变化情况，使造价严格控制在批准的概算以内。这一阶段限额设计的重点应放在工程量控制上，控制工程量采用经审定的初步设计工程量，控制工程量一经审定，即作为施工图设计工程量的最高限额，不得突破。

加强设计变更管理，实行限额动态管控。在具体工程实践中，设计变更是不可避免的，但不同阶段的变更对工程造价的管控影响程度不同。变更发生得越早，损失越小；反之，损失就越大。如果在设计阶段变更，则只需修改图纸，其他费用尚未发生，损失有限；如果在采购阶段变更，不仅需要修改图纸，而且，设备、材料都须重新采购；若在施工阶段变更，除上述费用外，已施工的工程还须拆除，势必造成重大变更损失。尽可能把设计变更控制在设计阶段初期，尤其对影响工程造价的重大设计变更，更要用先算账后变更的办法解决，使工程造价得到有效控制。在"新咨询"业态环境下，须改变以往造价估算、概算编制习惯套定额、乘费率、算死账的静态管理模式。充分考虑时间变化因素对费用、汇率、利率、税率的影响，变静态控制为动态控制，保证限额设计得到有效实施。

②横向控制

横向控制是实现限额设计的一种管理模式，是建立健全设计咨询内部岗位责任体系的重要举措，是正确处理设计咨询人员责、权、利的有效路径。在责、权、利关系中，责是责任、是横向控制的核心。在具体的实施过程中必须明确设计咨询机构及设计咨询人员对限额设计所肩负的责任，在此基础上赋予设计咨询机构及设计咨询人员一定的权利，即对所承担的设计任务享有一定的决定权与处置权，充分实现咨询过程中的责、权对等统一与相互协调。同时，建立健全对完成设计咨询任务质量及执行限额设计指标成果的评估激励制度。

（5）限额设计注意事项

①为了科学合理分解投资目标，确定投资限额，各设计阶段投资总限额一般以满足投资人投资目标、兼顾使用人需求进行方案设计，确定投资估算；用设计方案和投资估算指导初步设计；用初步设计文件控制施工图设计。

为了有效进行限额设计，在初步设计阶段，总咨询师带领各专业咨询工程师明确建设项目各专业组成，通过分析各专业和所选用不同材料设备对使用功能的影响程度，分析不同材料设备对造价影响的敏感度，根据分析结果，共同对投资总额进行科学合理分解，并将分解后的投资目标作为初步设计的目标。在初步设计完成后，进一步调整完善投资目标分解，并将调整后的投资分解目标作为施工图设计的限额设计目标。

②坚持投资限额的严肃性。投资限额目标一旦确定，必须坚持其投资额的严肃性，不能随意变动。如有必要调整必须通过分析论证，按规定程序调整。

③对限额设计的执行情况进行及时跟踪、检查与纠偏。要求各专业设计咨询工程师根据其专业特点编制"各设计专业投资核算点表"，并确定各设计专业投资控制点的计划完成时间。造价咨询工程师按照投资核算点对各专业设计投资进行跟踪核算，若出现偏差分析产生偏差的原因，与设计咨询工程师进行及时沟通协调互动，有效实施限额设计任务。

17.3.4　设计方案优化与评审

设计方案优化是设计咨询过程的一个重要环节，在这个环节通过造价咨询工程师与设计咨询人员的密切配合，运用技术比较、经济分析与效益评价等方法，正确处理项目设计方案的技术先进与经济合理之间关系，力求达到技术先进与经济合理的和谐统一。

（1）优化依据

①国家及省市的经济和社会发展规划或纲要；

②国家或有关部门颁布的相关法律法规、政策文件、标准规范、参数和指标等；

③有关基础数据资料，包括同类项目的技术经济参数、指标等；

④项目设计说明书、设计文件；

⑤项目的项目建议书（初步可行性研究报告）和咨询合同的具体委托要求；

⑥项目的投资估算、设计概算等。

（2）方案评价与优化工作内容

建立方案评价与优化衡量标准，即建立起方案与优化的指标参数体系，是进行方案评价与优化的首要工作。其主要工作内容包括：使用价值指标体系的建立，即拟建项目满足功能的指标体系；社会劳动消耗量指标体系，反映创造使用价值所消耗的社会劳动消耗量指标。

方案评价：①对备选方案的筛选，剔除不可行的方案；②根据评价指标和参数体系，对备选方案进行全面的分析比较，注意各个方案之间的可比性，遵循效益与费用计算口径一致性原则。

方案优化：根据设计方案评价结果，综合考虑工程项目工程质量、造价、工期、安全和环保五大目标，基于全要素造价管控进行优化，力求达到整体目标最优化。在保证工程质量、安全和环保的基础上，追求工程项目全生命周期成本最低的方案。

评价与优化方法：设计方案评价与优化的方法有很多，主要有目标规划法、层次分析法、模糊综合评价法、价值工程法和人工智能网络法等。实际咨询工作中较为常用的是采用价值工程法进行方案比选与优化。

（3）注意事项

①对于单项工程或单位工程设计的多方案经济评价与优化，应将技术与经济相结合，配合委托人确定合理的建设标准，采用统一的技术经济评价指标体系进行全面对比分析。

②在进行多方案经济评价、编写优化设计造价咨询报告时，应与投资人、专业设计咨询工程师进行充分沟通。也可对标类似项目的技术经济指标，提出的优化设计方案的合理化建议，并得到投资人与全过程工程咨询机构技术负责人的认可。

17.3.5　施工图预算的编制与审核

（1）施工图预算编制依据

①国家、行业和地方政府有关从建设和造价管理的法律、法规和规定；

②经批准和会审的施工图设计文件，包括设计说明书、标准图、图纸会审纪要、设计变更通知单及经建设主管部门批准的设计概算文件；

③施工现场地质勘察、水文、地貌、交通、环境及标高测量等资料；

④施工组织设计或施工方案等文件；

⑤现行建筑工程与安装工程预算定额和费用定额、单位计价表、费用规定、企业定额等文件；

⑥工程量清单，招标文件，工程合同和协议书；

⑦全过程工程咨询单位的知识经验积累和指标指数体系。

（2）施工图预算的编制内容

①施工图预算文件的组成

施工图预算由建设项目总预算、单项工程综合预算和单位工程预算组成。建设项目总预算由单项工程综合预算汇总而成，单项工程综合预算由组成本单项各单位工程预算汇总而成，单位工程预算包括建筑工程预算和设备及安装工程预算。根据建设项目实际情况施工图预算可采用三级预算编制或二级预算编制形式。当建设项目有多个单项工程时，可采用三级预算编制形式，三级预算编制形式由建设项目施工图总预算、单项工程综合预算、单位工程施工图预算组成；当建设项目只有一个单项工程时，可采用二级预算编制形式，二级预算编制形式由建设项目施工图总预算和单位工程施工图预算组成。施工图预算的具体编制内容可参照《建设项目施工图预算编审规程》执行。

采用三级预算编制形式的工程预算文件包括：封面、签署页及目录、编制说明、总预算表、综合预算表、单位工程预算表、附件等内容。采用二级预算编制形式的工程预算文件包括：封面、签署页及目录、编制说明、总预算表、单位工程预算表、附件等内容。

②施工图预算的内容

建设项目总预算是反映施工图设计阶段建设项目投资总额的造价文件，是施工图预算文件的重要组成部分，是由组成该建设项目的各个单项工程综合预算和相关费用组成。具体包括：建筑安装工程费、设备及工器具购置费、工程建设其他费用、预备费、建设期利息及铺底流动资金。施工图总预算应控制在已批准的设计总概算投资范围以内。

单项工程综合预算是反映施工图设计阶段一个单项工程（设计单元）造价的文件，是总预算的组成部分，由构成该单项工程的各个单位工程施工图预算组成。其编制的费用项目是各单项工程的建筑安装工程费、设备及工器具购置费和工程建设其他费用总和。

单位工程预算是依据单位工程施工图设计文件、现行预算定额、单位估价表、费用定额以及人工、材料、设备、机械台班等预算价格资料，按照规定的计价方法编制的单位工程施工图预算文件。包括单位建筑工程预算和单位设备及安装工程预算。单位建筑工程预算是建筑工程各专业单位工程施工图预算的总称，按其工程性质分为一般土建工程预算，给排水工程预算，采暖通风工程预算，燃气工程预算，电气照明工程预算，弱电工程预算，特殊构筑物如烟囱、水塔等工程预算以及工业管道工程预算等。安装工程预算是安装工程各专业单位工程预算的总称，安装工程预算按其工程性质分为机械设备安装工程预算、电气设备安装工程预算、工业管道工程预算和热力设备安装工程预算等。

（3）施工图预算的审查

施工图预算审查的主要内容有：工程量的计算，定额的使用，材料设备及人工、机械费用的确定，相关费用的选取和确定等。

全过程工程造价咨询机构可按下列步骤对施工图预算进行审查：

①熟悉施工图纸；

②了解预算包括的范围，根据预算编制说明，了解预算包括的工程内容；

③明确预算采用的单位估价表；

④选择合适的审查方法，按相应内容审查；

⑤综合整理审查资料，并与编审单位交换意见，定案后编制调整预算。

（4）注意事项

①工程量的计算是编审施工图预算的基础和重要内容，施工图预算的准确与否，关键在于工程量的计算是否准确。造价咨询机构必须对施工图预算的编审程序进行严格把控，采取有力可行的措施避免重算、漏算等情况的出现，同时还应加强对编审人员的管理与考核。

②严格确定定额项目的选套。同一分项工程，如果由于对定额的理解偏差或对定额考虑的因素不清楚，很有可能造成工程造价的较大误差。

③认真做好人工、材料、设备价格的确定工作。材料价格的信息来源很多，可参照各级造价管理部门发布的材料指导信息价格、已完成交易的案例价格、有形市场和无形市场的同步价格等价格信息资料。另外，全过程工程咨询造价机构也应建立健全可靠的价格信息库及价格信息来源渠道，及时了解掌握建筑市场价格信息的动态变化合理确定价格。

④经审查的施工图预算不能超过设计概算。

17.3.6　设计阶段造价管控基本流程

设计阶段造价管控的基本工作流程见图 17-3。

17.3.7　方案设计阶段造价管控

在工程项目全生命周期内，从项目开始至项目结束，对项目资源的投入是由小变大、再逐渐变小，而项目的风险则是逐渐由大变小，项目管理人员对项目的控制力也由强变弱。在整个管控过程中，设计阶段的造价控制是整个控制活动的重中之重。虽然，设计费通常只占建设工程寿命费用的 1% 以下，而正是这 1% 以下的费用却对后期的工程造价产生高达 75% 以上的影响。传统的工程造价管理仅对工程完工后的决算投入

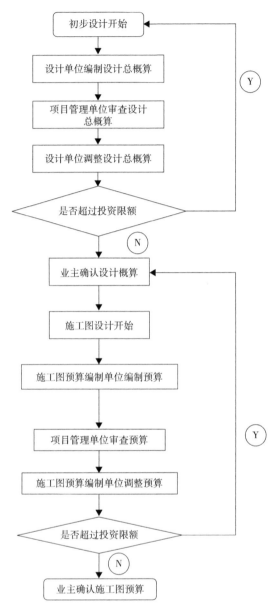

图 17-3　设计阶段造价管控基本流程图

很大的精力，而忽视对决策和设计阶段的造价控制，这样做除了对防止施工单位的高估冒算有作用外，未能做到对建设工程造价实施有效的控制。方案设计阶段的造价管控在全过程工程造价管控中起着非常重要作用。

业主在确定基本需求后再确定项目初期概念性方案，通常可采用设计方案招标、进行多方案比选、运用价值工程进行设计优化和限额设计。造价咨询专业服务机构在这阶段的主要工作任务如下：

（1）搜集与了解业主、营销、工程、成本、物业相关部门对设计方案的建议，对标同类工程作好各项成本及效益测算工作，运用价值工程理论方法协助业主选定性价比高的设计方案。

（2）运用大数据库及项目团队的执业经验为业主提供同类型项目的限额设计参考指标，如含钢量指标、混凝土指标、模板指标、成本指标等，协助业主建造高性价比的建筑产品。

（3）与设计咨询机构建立良好的合作关系，为设计咨询机构提供项目成本、造价咨询专业意见及建议。

（4）完成业主委托的设计概算审核工作，提出成本优化建议，并提出设计概算缺漏项的专业调整意见。

（5）以价值工程为造价管理平台，调动项目利益相关者（包括建设单位、设计咨询机构、监理单位、施工单位、市场营销部门及物业使用管理部门等）参与多方案的比选，最终项目价值及投资效益最大化，使项目真正做到"物有所值"。

17.3.8　扩初设计阶段造价管控

（1）主要工作内容

造价专业咨询机构应协助业主确定概算内容的 WBS 分解要求，下达给设计单位。其具体工作内容如下：

①设计咨询机构根据要求编制扩大初步设计概算；

②项目咨询机构对设计单位提交的扩初设计概算进行审查；

③项目咨询机构综合审查结果与业主意见、要求编制调整概算；

④项目咨询机构将调整后的概算上报业主，如该概算不满足投资限额，要求设计单位查找原因，修改设计；

⑤设计修改完成后重复以上编制、审查、调整的过程，直到设计概算控制在投资限额内为止；

⑥项目咨询机构将调整好的设计概算交由业主确认；

⑦扩初设计概算承上启下，将其作为下阶段投资控制最重要的计划文件。

（2）设计概算的编制内容

按照工作内容进行 WBS 分解的概算编制内容：

①工程费用（建筑安装工程和设备购置费用）；

②工程建设其他费用；

③预备费用；

④固定资产投资方向调节税；

⑤建设期贷款利息；

⑥铺底流动资金。

按照合同进行 WBS 分解的概算编制内容：

①土地合同；

②建设筹建费合同；

③勘察设计费合同；

④市政配套费合同；

⑤施工总包合同；

⑥专业分包合同；

⑦设备采购合同。

（3）设计概算的审查要点

①是否符合业主要求的编制深度和范围；

②是否按业主要求进行 WBS 分解编制；

③编制内容是否完整，对设计标准理解是否正确；

④是否确保编制依据的时效性准确性适用性；

⑤采用的定额或指标是否准确；

⑥费用项目划分是否合理，是否有漏项；

⑦工程量计算是否正确；

⑧材料选用价格是否合理；

⑨费用取费标准是否符合国家或地方规定。

17.3.9　施工图设计阶段造价管控

（1）主要工作内容

①项目管理单位向施工图预算编制单位下达要求，要求其编制预算时与概算子目一一对应，并加以细化。对于施工图设计中不明确或未做深化设计部分，金额可暂时按照概算金额处理。

②施工图预算编制机构（设计咨询机构、造价咨询机构或招标代理机构）编制施工图预算。

③项目管理单位对预算编制单位提交的施工图预算进行审查。

④项目管理单位综合审查结果与业主意见，要求编制单位调整预算。

⑤项目管理单位将调整后的预算上报业主，如该预算不满足投资限额，要求设计单位查找原因，修改设计。

⑥设计修改完成后重复以上编制、审查、调整的过程，直到施工图预算控制在设计概算的范围内为止。

⑦项目管理单位将调整后的预算交由业主确认。

（2）施工图预算的审查要点

①预算编制是否全面，是否与概算子目——对应；

②预算编制是否包括施工图设计中不明确或未做深化设计部分；

③定额或单价套用是否准确；

④工程量计算是否正确。

17.3.10 设计阶段造价管控的成果文件

①总概算（调整）汇总表（按工作内容分解）（表17-3）；

②总概算（调整）汇总表（按合同内容分解）（表17-4）；

③设计概算（施工图预算）审查流转表（表17-5）。

总概算（调整）汇总表（按照工作内容分解）　　　　表 17-3

序号	工程和费用名称	建筑工程费	设备购置费	安装工程费	合计	技术经济指标		
						单位	数量	指标
一	建筑安装工程费用							
（一）	土建工程费用							
1	桩基工程							
2	基坑围护工程							
3	地下建筑工程							
4	地下结构工程							
5	地上建筑工程							
6	地上结构工程							
7	装饰工程							
	小计							
（二）	安装工程费用							
1	给水排水系统							
2	消防系统							
3	暖通空调系统							
4	动力照明电气系统							
5	弱电系统							
6	动力系统							
7	电梯							
	小计							
（三）	室外总体费用							
1	土石方工程							
2	道路围墙工程							
3	景观绿化工程							
4	室外照明工程							

序号	工程和费用名称	建筑工程费	设备购置费	安装工程费	合计	技术经济指标		
						单位	数量	指标
5	室外电缆工程							
6	室外管道工程							
	小计							
	合计							
二	工程建设其他费用							
（一）	土地费用							
（二）	勘察设计费用							
1	工程勘察费							
2	建筑设计费							
3	设计招标补偿费							
4	室内设计及机电深化设计费							
5	景观及绿化设计费							
6	机房及智能化设计费							
7	人防设计费							
8	基坑围护设计费							
	小计							
（三）	建设筹建费							
1	建设单位管理费							
2	项目管理费							
3	施工图审查费							
4	工程监理费							
5	工程审价费							
6	工程保险费							
7	工程政府收费							
8	建设工程执照费							
9	建设工程交易服务费							
10	工程报监费							
11	初步设计评审费							
12	农民工综合保险费							
13	工程检验检测费							
14	工程测量费							
15	竣工图编制费							
16	竣工验收费							
17	城建档案馆归档费							
	小计							

续表

序号	工程和费用名称	建筑工程费	设备购置费	安装工程费	合计	技术经济指标		
						单位	数量	指标
（四）	市政配套及增容费							
1	供配电增容费							
2	供电外线费							
3	给水增容及排管费							
4	排水增容及排管费							
5	供气增容及排管费							
6	建设用地临时围挡、临时道路、土方平整费							
7	临时用水、用电费							
8	燃气调压站费							
9	污水纳管费							
10	电话通讯工程费							
11	有线电视安装费							
12	道路接口费							
	小计							
（五）	工艺设备费用							
	合计							
三	预备费							
四	建设期利息							
五	固定资产投资方向调节税							
六	铺底流动资金							
	总计							

总概算（调整）汇总表（按照合同内容分解） 表 17-4

序号	工程和费用名称	建筑工程费	设备购置费	安装工程费	合计	技术经济指标		
						单位	数量	指标
一	土地合同							
二	建设筹建费合同							
1	建设单位管理费							
2	项目管理费							
3	施工图审查费							
4	工程监理费							
5	工程审价费							
6	工程保险费							
7	工程政府收费							

序号	工程和费用名称	建筑工程费	设备购置费	安装工程费	合计	技术经济指标		
						单位	数量	指标
8	建设工程执照费							
9	建设工程交易服务费							
10	工程报监费							
11	初步设计评审费							
12	农民工综合保险费							
13	工程检验检测费							
14	工程测量费							
15	竣工图编制费							
16	竣工验收费							
17	城建档案馆归档费							
	小计							
三	勘察设计费合同							
1	工程勘察费							
2	建筑设计费							
3	设计招标补偿费							
4	室内设计及机电深化费							
5	景观及绿化设计费							
6	机房及智能化设计费							
7	人防设计费							
8	基坑围护设计费							
	小计							
四	市政配套费合同							
1	供配电增容费							
2	供电外线费							
3	给水增容及排管费							
4	排水增容及排管费							
5	供气增容及排管费							
6	建设用地临时围墙、道路、土方平整费							
7	临时用水、用电费							
8	燃气调压站费							
9	污水纳管费							
10	电话通信工程费							
11	有线电视安装费							
12	道路接口费							

续表

序号	工程和费用名称	建筑工程费	设备购置费	安装工程费	合计	技术经济指标		
						单位	数量	指标
	小计							
五	工艺设备合同							
六	施工总包合同							
(一)	土建费用							
1	地下室建筑							
2	地下结构							
3	地上建筑							
4	地上结构							
5	粗装修							
	小计							
(二)	安装费用							
1	给水排水							
2	暖通空调							
3	动力照明电气							
4	动力							
	小计							
(三)	室外总体费用							
1	土石方工程							
2	道路围墙工程							
3	室外照明工程							
4	室外电缆工程							
5	室外管道工程							
	小计							
	合计							
七	专业分包合同							
1	桩基							
2	基坑围护							
3	幕墙							
4	钢结构							
5	消防							
6	弱电							
7	变配电							
8	景观绿化							
9	精装修							
	小计							

续表

序号	工程和费用名称	建筑工程费	设备购置费	安装工程费	合计	技术经济指标		
						单位	数量	指标
八	设备采购合同							
1	冷冻机							
2	电梯							
3	冷却塔							
4	柴油发电机							
5	锅炉							
6	变配电设备							
7	低压配电箱							
8	精密空调							
9	UPS							
10	水泵							
	小计							
	总计							

设计概算（施工图预算）审查流转表　　　　　　　　表 17-5

项目名称	
项目内容	
编制范围	
编制单位意见	
项目管理公司意见	
业主代表意见	

17.4 招投标阶段的造价管控

17.4.1 招投标阶段造价管控概述

随着我国经济的不断发展，人们的生活水平得到日益提高，城市化进程的步伐也越来越快，工程项目建设投资规模也变得愈来愈大。随之而来的是招投标阶段的造价管控工作变得越来越重要。

对于一个工程项目，只有对招投标阶段的造价风险实施有效管控，才能为最终实现项目造价控制目标打下良好的基础。由于工程建设项目往往需要投入巨额资金及大量劳动力，再加之工程项目，实施过程与普通的生产经营活动存在较大差别，其实施周期之长、外部风险因素之多。这些都构成了影响项目造价管理的核心因素。在具体造价管控实践中，只有从全方位角度对工程造价实施动态管控，才能抓住全过程工程咨询的灵魂所在，实现项目的增值。

招标投标阶段是介于设计和施工之间的承上启下的阶段，是风险较集中的阶段。招标投标阶段的造价咨询管控主要表现在"协调管理"和"技术管理"两个层面。

（1）协调管理

一般建设工程项目特别是商业、公共建筑项目，往往投资巨大、环境影响因素复杂、建设周期长，在设计阶段有多家设计顾问同时在为项目服务。如何更好地协调各设计顾问的出图时间，计划招标时间、确定各施工单位的进场时间等事项，必须依靠科学、合理、严肃务实的招标规划和标段策划来实现。

咨询机构招标规划和标段策划是在专业造价咨询机构的主导下，综合设计咨询机构、工程项目部、配套部门以及市场经营部等各相关部门的意见制定的。此阶段造价咨询服务工作团队根据招标代理服务团队的要求提供标的物的工程量清单、最高投标限价。招标代理服务团队根据造价咨询提供的造价文件进行招标工作。

（2）技术管理

"技术管理"主要体现在严密的合同条款和清晰的界面划分两个层面。

①严密的合同条款

招标投标阶段的"技术管理"之一体现在严密的合同条款方面，目前市场上广泛应用的合同文本大致可以分为三类：

住房城乡建设部、国家工商总局制定的"国家标准施工合同"。

英国联合合同委员会颁布的"JCT 施工合同"。

国际咨询工程师联合会颁布的"FIDIC 施工合同"。

使用合适及成熟的合同文本是建立完整严密合约体系的关键。

②清晰的界面划分

招标投标阶段"技术管理"另一方面体现为清晰的界面划分，主要分为施工界面表和施工界面图。

a."施工界面表"是合同管理的重要文件。施工界面表的编制需在总承包工程招标前完成，它罗列了整个项目拟发包的所有合同标段，以及为完成整个项目所需的几百乃至上千条工作内容。其作用如下：

明确各标段承包人各自的工作范围及工作界面；

明确各承包人之间需要配合及协调的事项；

指导设计管理，使设计咨询机构清晰了解各标段所需的设计内容，以防招标图纸中对于工作范围的错漏碰缺；

指导施工管理，使工程项目管理机构时明确各项工作的实施方，使得管理者一目了然，心里有数，从而提高工作效率。

b."施工界面表"编制的过程需要各相关部门（包括成本合约部门、设计咨询机构、工程项目管理机构及相关配套部门等）的充分讨论以达成一致，编制时间需要充分前置，造价咨询机构必须在没有完整的施工图纸情况下编制出讨论初稿，这也是考验造价咨询机构的经验与实力的最好方式之一。

17.4.2　招投标阶段造价管控的主要工作内容

（1）审查招标范围（项目管理机构）。

（2）审查合同类型、风险范围、结算方法（造价咨询机构）。

（3）审查招标文件中规定的计价方式（造价咨询机构）。

（4）审查工程量清单及标底（造价咨询机构）。

（5）审查标底价、中标价（合同价）与预算、概算的对比情况（造价咨询机构）。

17.4.3　招投标阶段造价管控工作流程

招投标阶段造价管控工作流程见图 17-4。

17.4.4　审查要点

（1）审查招标范围是否与已经确定的项目合同结构相符，有无漏项；

（2）审查招标文件中规定的计价方式是否符合国家有关规定，是否有利于计价，有利于实施过程中的投资控制；

（3）审查工程量清单中主要项目的工程量是否合理，有没有漏项；

（4）审查标底中定额采项是否正确，换算是否正确，补充定额是否合理；

（5）审查标底中材料的补差价格是否符合有关规定，是否是规定时间的价格，各项材料指标有没有偏高、偏低现象和漏补现象；

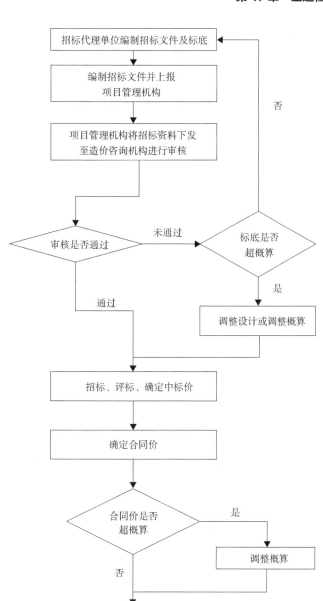

图 17-4　招投标阶段造价管控工作流程图

（6）审查标底中取费类别是否超出规定，有没有过分压低或者提高取费现象；

（7）审查标底价、中标价（合同价）与概算的对比情况，以确定投资是否在控制目标之内，如超出控制目标，应分析原因，并上报业主后进行设计调整或调整概算。

17.4.5　成果文件

（1）工程量清单或标底（由招标代理机构或造价咨询机构编制）；

（2）招标准备工作审查意见。

17.5 施工阶段造价管控

17.5.1 施工阶段造价管控概述

施工阶段的造价控制主要是事中投资管控，其主要工作是进行工程风险预控，采取相应的风险防范对策，尽量可能地减少施工中出现的索赔。在全面分析合同构成要素及条款的基础上，预测工程费用最易突破的部分与环节，以计划投资额作为工程项目投资控制的目标值，把项目建设过程中的实际支出与目标值进行分析比较，实施工程造价的动态管控。

这阶段的工作重点是围绕目标成本展开各项工作，其具体工作是编制施工图预算或工程量清单，进行各专业工程的招投标，通过招投标管理和合同管理、现场签证、变更管理等手段，把投资控制在目标成本范围内。

项目施工阶段全过程工程咨询服务总负责人要定期跟踪各阶段咨询服务团队，了解整个项目各服务阶段的进展，如：向项目管理咨询服务团队了解整个项目的整体情况，向项目管理负责人获取项目详细进度计划、审批后的施工组织设计、主要工程的施工方案、项目的周报月报，必要时为协调其他咨询服务团队提供支持，协调造价咨询负责人派驻造价咨询服务工作人员到现场，提高项目实施阶段造价咨询服务质量，给项目管理服务团队提供有力支持等。

项目管理咨询服务团队也应大力支持其他咨询服务团队的工作，如对于现场涉及影响工程造价的事项，需要按工程变更、工程签证的相应要求保留好相关资料。造价咨询服务团队根据工程设计文件、造价咨询管理文件做好项目实施阶段造价咨询服务工作。

17.5.2 主要工作内容

（1）造价咨询机构编制资金使用计划，项目管理机构对其进行审查后由业主确认；

（2）监理机构或造价咨询机构定期对质量合格的已完工程进行计量，项目管理机构对计量结果进行审查；

（3）造价咨询机构对施工单位提出的工程变更价款予以审核确认，项目管理机构对审核结果进行审查，对不合理或不必要的变更价款予以否决；

（4）造价咨询机构对施工单位提出的索赔金额予以审核确认，项目管理机构对审核结果进行审查，对不合理或不必要的索赔金额予以否决；

（5）造价咨询机构对甲供的材料设备采购合同价款予以审核确认，项目管理机构对审核结果进行审查；

（6）造价咨询机构对施工单位提出的结算价款予以审核确认，项目管理机构对审核结果进行审查；

（7）项目管理机构定期将动态的项目投资实际值与计划值相比较，及时掌握投资偏差的情况；

（8）当实际值偏离计划值时，项目管理机构应分析产生偏差的原因，采取适当的纠偏措施。

17.5.3　施工阶段造价管理基本流程

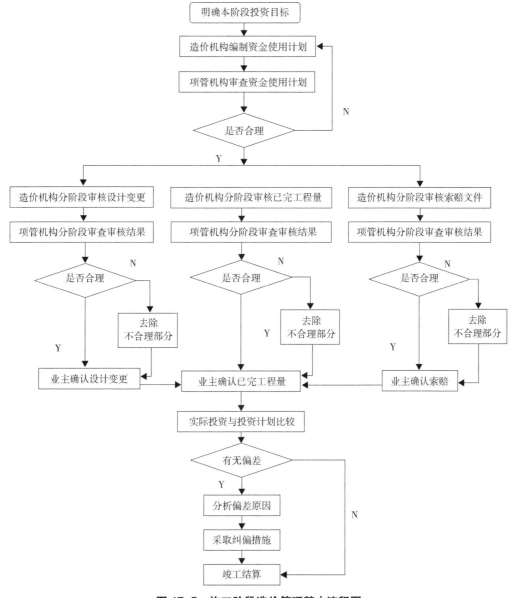

图 17-5　施工阶段造价管理基本流程图

17.5.4 审查要点

（1）审查资金使用计划时主要审查工作分解以及投资分配的合理性；

（2）审查计量结果主要检查计量是否符合承包合同要求，工程量是否属实，工程量计算规则是否正确，填报单价是否正确等；

（3）审查工程变更价款主要审查其变更价款确认方法是否正确，采用市场价格的材料价格是否合理等；

（4）审查索赔价款主要审查其是否符合合同要求，索赔金额计算方法是否合理等；

（5）审查甲供的材料、设备采购合同价款时，主要审查其单价及数量是否与合同一致，付款方式是否符合合同规定；

（6）审查结算价款时主要审查其是否根据合同要求，将各种动态因素考虑到结算过程中，使结算大致能反映实际的消耗费用；

（7）动态的项目投资实际值除了审核确认的施工单位上报的结算价款外，还必须包括甲供材料、设备价款等其他价款。

17.5.5 造价管控成果文件

（1）资金使用计划表（表17-6）；

（2）报价（变更价款、索赔价款）审核流转单（表17-7）；

（3）工程款支付（合同价款支付）审核流转单（表17-8）；

（4）实际费用支付情况表（表17-9）；

（5）投资计划与实际费用执行情况对比表（表17-10）。

资金使用计划表　　　　　　　　　　　　　　　　　　表17-6

序号	工程和费用名称	总价	各阶段应付费用（万元）											
			1月	2月	3月	4月	5月	6月	7月	8月	9月	10月	11月	12月
一	土地合同													
二	建设筹建费合同													
1	建设单位管理费													
2	项目管理费													
3	施工图审查费													
4	工程监理费													
5	工程审价费													
6	工程保险费													
7	工程政府收费													
8	建设工程执照费													

续表

序号	工程和费用名称	总价	各阶段应付费用（万元）											
			1月	2月	3月	4月	5月	6月	7月	8月	9月	10月	11月	12月
9	建设工程交易													
10	工程报监费													
11	初步设计评审费													
12	农民工综合保险费													
13	工程检验检测费													
14	工程测量费													
15	竣工图编制费													
16	竣工验收费													
17	城建档案馆归档费													
	小计													
三	勘察设计费合同													
1	工程勘察费													
2	建筑设计费													
3	设计招标补偿费													
4	室内设计及机电深化设计费													
5	景观及绿化设计费													
6	机房及智能化设计费													
7	人防设计费													
8	基坑围护设计费													
	小计													
四	市政配套费合同													
1	供配电增容费													
2	供电外线费													
3	给水增容及排管费													
4	排水增容及排管费													
5	供气增容及排管费													
6	建设用地临时围墙、道路、土方平整费													
7	临时用水、用电费													
8	燃气调压站费													
9	污水纳管费													
10	电话通信工程费													
11	有线电视安装费													
12	道路接口费													
	小计													

续表

序号	工程和费用名称	总价	各阶段应付费用（万元）											
			1月	2月	3月	4月	5月	6月	7月	8月	9月	10月	11月	12月
五	工艺设备合同													
六	施工总包合同													
（一）	土建费用													
1	地下室建筑													
2	地下结构													
3	地上建筑													
4	地上结构													
5	粗装修													
	小计													
（二）	安装费用													
1	给水排水													
2	暖通空调													
3	动力照明电气													
4	动力													
	小计													
（三）	室外总体费用													
1	土石方工程													
2	道路围墙工程													
3	室外照明工程													
4	室外电缆工程													
5	室外管道工程													
	小计													
	合计													
七	专业分包合同													
1	桩基													
2	基坑围护													
3	幕墙													
4	钢结构													
5	消防													
6	弱电													
7	变配电													
8	景观绿化													
9	精装修													
	小计													
八	设备采购合同													

续表

序号	工程和费用名称	总价	各阶段应付费用（万元）											
			1月	2月	3月	4月	5月	6月	7月	8月	9月	10月	11月	12月
1	冷冻机													
2	电梯													
3	冷却塔													
4	柴油发电机													
5	锅炉													
6	变配电设备													
7	低压配电箱													
8	精密空调													
9	UPS													
10	水泵													
	小计													
	总计													
	累计													

报价（变更价款、索赔价款）审核流转单　　　　　　　　　表 17-7

编号	
项目名称	
待批来文名称及编号	
内容	
监理公司意见	审核人：　　　　　　　　　　审核时间：
造价咨询公司意见	审核人：　　　　　　　　　　审核时间：
项目管理公司意见	审核人：　　　　　　　　　　审核时间：
业主代表意见	审核人：　　　　　　　　　　审核时间：

工程款支付（合同价款支付）审核流转单   表 17-8

编号	
项目名称	
待批来文名称及编号	
内容	
监理公司意见	审核人： 审核时间：
造价咨询公司意见	审核人： 审核时间：
项目管理公司意见	审核人： 审核时间：
业主代表意见	审核人： 审核时间：

实际费用支付情况表   表 17-9

序号	工程和费用名称	总价（万元）	各阶段应付费用（万元）											
			1月	2月	3月	4月	5月	6月	7月	8月	9月	10月	11月	12月
一	土地合同													
二	建设筹建费合同													
1	建设单位管理费													
2	项目管理费													
3	施工图审查费													
4	工程监理费													
5	工程审价费													
6	工程保险费													
7	工程政府收费													
8	建设工程执照费													
9	建设工程交易													
10	工程报监费													
11	初步设计评审费													

续表

序号	工程和费用名称	总价（万元）	各阶段应付费用（万元）											
			1月	2月	3月	4月	5月	6月	7月	8月	9月	10月	11月	12月
12	农民工综合保险费													
13	工程检验检测费													
14	工程测量费													
15	竣工图编制费													
16	竣工验收费													
17	城建档案馆归档费													
	小计													
三	勘察设计费合同													
1	工程勘察费													
2	建筑设计费													
3	设计招标补偿费													
4	室内设计及机电深化费													
5	景观及绿化设计费													
6	机房及智能化设计费													
7	人防设计费													
8	基坑围护设计费													
	小计													
四	市政配套费合同													
1	供配电增容费													
2	供电外线费													
3	给水增容及排管费													
4	排水增容及排管费													
5	供气增容及排管费													
6	建设用地临时围墙、道路、土方平整费													
7	临时用水、用电费													
8	燃气调压站费													
9	污水纳管费													
10	电话通信工程费													
11	有线电视安装费													
12	道路接口费													
	小计													
五	工艺设备合同													

序号	工程和费用名称	总价（万元）	各阶段应付费用（万元）											
			1月	2月	3月	4月	5月	6月	7月	8月	9月	10月	11月	12月
六	施工总包合同													
（一）	土建费用													
1	地下室建筑													
2	地下结构													
3	地上建筑													
4	地上结构													
5	粗装修													
	小计													
（二）	安装费用													
1	给水排水													
2	暖通空调													
3	动力照明电气													
4	动力													
	小计													
（三）	室外总体费用													
1	土石方工程													
2	道路围墙工程													
3	室外照明工程													
4	室外电缆工程													
5	室外管道工程													
	小计													
	合计													
七	专业分包合同													
1	桩基													
2	基坑围护													
3	幕墙													
4	钢结构													
5	消防													
6	弱电													
7	变配电													
8	景观绿化													
9	精装修													
	小计													
八	设备采购合同													
1	冷冻机													

续表

序号	工程和费用名称	总价（万元）	各阶段应付费用（万元）											
			1月	2月	3月	4月	5月	6月	7月	8月	9月	10月	11月	12月
2	电梯													
3	冷却塔													
4	柴油发电机													
5	锅炉													
6	变配电设备													
7	低压配电箱													
8	精密空调													
9	UPS													
10	水泵													
	小计													
	总计													
	累计													

投资计划与实际费用执行情况对比表　　　　　　　　表 17-10

序号	内容	各阶段费用（万元）											
		1月	2月	3月	4月	5月	6月	7月	8月	9月	10月	11月	12月
1	项目计划费用												
2	计划累计费用												
3	实际发生费用												
4	实际累计费用												

17.6 竣工阶段造价管控

17.6.1 竣工阶段造价管控概述

全过程工程造价咨询机构在项目竣工阶段，主要以工程资料整理，竣工验收、竣工结算为主要工作，整理和收集从决策、设计、发承包、实施阶段所形成的过程文件，以及图纸、批复文件等资料文件。同时，协助投资人完成工程竣工验收、竣工结算及项目移交等工作。

17.6.2 施工阶段造价咨询主要工作内容

（1）审核施工单位提交的结算资料的真实性、完整性并提交审价单位；

（2）组织审价单位向业主进行审价初稿情况的汇报；

（3）组织审价单位与施工单位对账、谈判；

（4）组织审价单位向业主进行审价最终结果的汇报；

（5）组织审价单位完成项目投资分析报告并向业主汇报。

17.6.3　工程竣工结算审核管控措施

（1）建立工程结算审查负责制

工程结算是造价管控的关键环节之一，结算阶段将确定出核电工程项目的建设成本。为确保工程结算的公平、合理、准确，业主应建立工程结算审查负责制，明确审查责任，设置合理的组织机构，确定结算审查人员的职责和任务分工。在结算审核过程中，审核人员应认真审核工程结算资料，对于结算中多计算的工程量和高套定额的部分进行严格审减，减少不切实际的工程签证和不合理的施工技术措施对工程结算的影响，合理控制工程项目竣工造价。

（2）建立工程造价信息资源系统

工程造价信息资源系统的建立对工程结算审核向智能化方向发展起到积极重要的推动作用。工程造价信息资源系统实现了对工程项目建设期间人工、材料、机械等造价信息的及时更新，为工程结算审核工作提供动态的数据信息资源，从而确保工程结算数据的准确性与时效性。工程结算数据经过信息系统的分析、处理、加工与输出，形成工程技术经济指标，对后续全过程工程造价咨询管理提供十分重要的参考价值。

（3）在审核结算的过程中进行控制

按照相关的规定和要求来进行审核，如按照施工图纸、竣工报告，严格对每一个环节进行把关。对于一些常容易出错的地方，引起关注，进行重点审核。对冒算多算、高套定额、提高材料价格、高套取费等一些经常出现的问题，须引起足够重视。一切应遵守国家相关法律法规和规定，结合工程项目的实际情况，认真核对施工单位编制的竣工结算书。

（4）使用筛选法和分组计算审查法

"筛选法"的审核是以单位建筑面积工程量、费用、用工基本数值为标准，归纳为工程量、费用、用工三个单方基本价值，属于华罗庚教授独创的统筹法中的一种。运用"筛选法"进行结算审核，需侧重于施工图纸工程量计算、定额费率套用、合同文件、材料签证、隐蔽工程验收资料等。在工程施工期间，需进行全过程的跟踪审核，以便控制好工程的造价，如某建筑工程竣工结算报告中选用大型吊装机械设备，而实际实施中使用的是普通的塔式起重机设备，因此在结算造价审核时，应扣除多余的工程量。"分组计算审查法"对于具有内在联系的分部分项工程结算审核，能够利用工程相近计算基础的关系，对工程数量进行准确判断。如将地面面层、楼面找平层、底层地面建筑面积、楼板体积、顶棚涂料面层等作为一组，在求解出工程面积后，利用这些工程规定的基数进行统一计算，能够有效提高竣工结算审核的效率，特别对于商品房等存在重复和类似工序建设的工程尤为适用。

（5）不断提升造价咨询人员执业水平

为适应工程项目竣工结算审核的要求，造价咨询人员应在熟悉工程合同价款调整说明的基础上，结合政府和行业制定的调价政策，力求做到准确、合理和公正地对工程结算进行审核。工程造价咨询人员只有通过不断地业务学习，熟悉造价管理相关文件要求，不断更新工程造价信息，全面掌握工程造价咨询知识和技能，才能不断提高工程造价与咨询水平，做好工程项目竣工结算审核工作。

17.6.4　竣工结算审核内容

（1）合同文件审核

①审核合同文本是否符合相关的法律手续；

②审核合同的主要条款规定是否明确；

③实际竣工工期、质量、安全事宜以及相应的工程奖罚是否按合同中的有关规定得到有效执行；

④根据合同条款确定工程结算审核计价方式、计量原则是否得到实施；

⑤合同双方是否有违背合同条款约定行为。

（2）工程量审核

①审核工程量计算是否符合施工合同条款约定的计算原则或招标文件规定的计算原则；

②是否依据有效设计文件核对结算工程量；

③审核有关工程内容是否有重复计算现象。

（3）项目单价审核

①审核项目单价是否与当地定额子目相符或符合招标文件单价计算规定；

②审核项目单价中的人、机、料是否与定额或招标文件所定单价相符；

③审核补充项目单价或定额换用的项目单价是否有有效依据；

④审核项目单价取费标准是否依据合同规定及当地有关规定，费率套取是否合理。

（4）材料、设备价格审核

①审核承包商所申报的材料、设备价格是否符合合同条款或其他有效文件条款的规定；

②审核业主批复的材料、设备价格是否符合合同条款或其他有效文件条款规定的批复程序；

③审核各项有效材料、设备批复价格中涉及的材料、设备的类别、型号、等级是否在实际施工中得到落实、使用；

④审核各种材料、设备价批复文件中涉及的材料、设备数量是否与实际应用或设

计图纸数量相符合；

⑤审核各种材料、设备批复后是否有其他材料替代以前已批复材料的情况，如有此情况，应核实其与原价格的差和替代数量；

⑥审核各项有效材料、设备的批复价是否与市场价存在较大的价差，在业主的要求下，应与各材料厂家联系核实其价格的真实性；

⑦审核各种材料、设备批复价中涉及的材料、设备是否符合原定选材要求和定价原则；

⑧对数量上或价格上有明显差异的材料及设备，应审查其原始采购发票的数量及价格；

⑨对于已经批复的材料及设备单价，在确定材料的消耗量上应加以限定，能依据定额消耗量的必须执行，不能直接套用定额消耗量的，应参照定额相应子目，结合实际情况进行测定；

⑩对于已经批复的材料及设备单价中，如发生批复材料单价的单位与定额相应子目中材料含量单位不符合时（如批复材料单价为元/kg，而定额含量材料单价为元/L），在审核换算过程中应注意：套用的定额子目中材料是否与选材材料相适应；与定额子目中的材料性能（比重、材质等）相一致；选材批复材料中是否含其他材料或零配件。

（5）技术经济洽商审核

①审核和统计技术洽商和经济洽商的分类；

②审核洽商变更是否为有效洽商；

③审核洽商变更是否属施工措施洽商；

④审核技术经济洽商是否属施工原因造成的技术补救措施；

⑤审核技术经济洽商费用类别是否属措施费范围；

⑥审核技术经济洽商额度是否已包含在合同包干费内或合同规定洽商额度不可调内，属不应计取的范围；

⑦审核技术洽商是否存在设计减项，使得实物工程量减少，而在决算中却未反映的工程内容。

（6）索赔费用审核

①索赔是在合同履约过程中，对非已方过错，应由对方承担责任的情况造成的实际损失向对方提出经济补偿、时间补偿的要求。对于承包商而言，其索赔的费用应该是承包商履约所必需，不应由于索赔事件而额外受益或损失。

②工期、费用、质量的索赔归根结底是工程价款费用的索赔。索赔是双向的，索赔方应向被索赔方提供索赔文件，对事实提供真实、关联、及时、可靠的证据，并符合时效性的要求。

17.6.5 结算审核工作流程

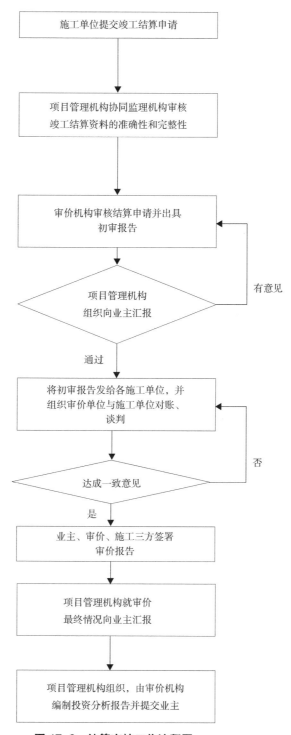

图 17-6 结算审核工作流程图

17.6.6 竣工结算成果文件

（1）结算送审流转表（表17-11）

结算送审流转表 表 17-11

序号	送审资料	份数	备注
1	结算书（共＿＿页）		
2	竣工图（建施—建施）		
3	签证单（＿＿号—＿＿号）		
施工单位：			
监理单位：			
项目管理单位：			
审价单位：			

（2）结算报告审核流转表（表17-12）

结算报告审核流转表 表 17-12

项目名称	
项目内容	
审核范围	
审价机构意见	
项目管理机构意见	
业主代表意见	

（3）审价结算与概算对比表（表17-13）

审价结算与概算对比表　　　　　　　　　　　　表 17-13

序号	项目名称	施工单位	概算金额	送审金额	核定价	减率	核定价与概算差额	备注
合计								

第18章　运营阶段专业咨询服务

18.1　建筑运维管理概述

近年来，随着新一轮城镇化建设步伐的加速推进，我国的城市面积越来越大，新建高层建筑鳞次栉比，城市中的建筑不断增多，智能化子系统越来越丰富，建筑内部设备的智能化水平越来越高，这给我们建筑的运行维护与管理提出了更高的要求与挑战。

建筑运维管理，是指建筑在竣工验收完成并投入使用后，整合建筑内人员、设施及技术等关键资源，通过运营充分提高建筑的使用率，降低它的经营成本，增加投资收益，并通过维护尽可能延长建筑的使用周期而进行的综合管理。

在国家推行全过程工程咨询服务的大背景下，2019年作为建筑运维专业咨询服务纷纷落地的元年，与建筑配套的服务行业一起得到了迅猛的发展，迎来了又一个崭新的春天。建设工程咨询业在提供设计和施工阶段咨询服务的同时，也将建筑运维咨询纳入到咨询服务体系之中，为业主（或投资人）提供更加完整的一体化服务，实现建设工程全生命周期管理。建设项目运维阶段专业咨询，是从建筑运维方面入手，运用多学科知识帮助企业实现持续运营与健康管理，让建筑产品实现保值、增值。比如：通过运维咨询可以使商业综合体吸引更多的租铺和终端消费者，写字楼可以吸引更多的租户，住宅可以进行更多的升级包装，从而提升住宅的品质及售价等。

随着市场对建筑运维咨询服务要求的不断提高，新时代的运维管理需要在信息化和智能化方面进行全面的提升，提升的目的并不是为了信息化而信息化，也不是为了标准要求而信息化，而是在标准及规范要求的范围内，从建筑运维的实际需求以及各类实际场景的闭环应用方面进行综合考虑，通过加装的智能化硬件、传感器，能够实时感知各类设备或者建筑内部环境的动态情况，基于综合的分析与判断，实现建筑预测式的运维管理。通过此种方式的运维管理，可以大大降低人员成本，提升运维管理的效率，将"事后维修"转变为"事前预防"，使建筑能够以健康的状态持续运行。

全过程工程咨询单位在本阶段的主要任务是：①检验建设项目是否达到预期目标。在这个阶段全过程工程咨询单位一方面通过对项目运营的分析评估，总结建设项目全过程中的经验教训，提炼项目决策要点，为下一个建设项目提供更完善的决策参考依据。②协助运营人为建设项目提供影响运营主要设备材料清单，及设备材料的使用要求和使用寿命，协助进行运营阶段的费用估算。③收集运营人的运营管理需求和意见以及使用人的需求和意见，为下一次决策提供参考。

18.2 项目运营管理策划

工程项目运营是指在工程项目建成投产后，工程项目运营主体根据既定的效益目标，通过有效利用各种资源，对工程项目的运营过程进行计划、组织与控制，运营出满足社会需要、市场需求的产品或服务的管理活动总称。

工程项目运营策划是指在工程项目运营前期对项目运营过程进行计划、组织、实施和控制的活动，是与产品生产和服务创造密切相关的各项管理工作的总称。

项目运营策划按照时间的不同，可以分为运营前的准备策划和运营过程的策划；按照内容的不同，分为运营管理的组织策划和项目的经营机制策划等；按照项目性质的不同，分为民用建设项目的运营策划和工业建设项目的运营策划，而民用建设项目的运营策划又可以进一步划分为办公楼项目的运营策划、商业项目的运营策划和酒店项目的运营策划等。

全过程工程咨询机构要根据项目的特点，配合运营人制定不同的运营方式。工程项目运营方式策划主要包含以下几方面内容：

18.2.1 项目背景分析

项目的背景分析主要包括市场背景分析和政策背景分析。在具体分析过程中，需要充分研究、政策、行业、竞争者、客户、技术等方面的动态变化情况，使得项目的运维及管理具有科学性和前瞻性。

18.2.2 项目运维可行性分析

可行性分析主要用来阐述项目运维阶段在各个层面上的可行性与必要性。项目运维可行性分析对于项目运维方案审核通过、获取资金支持、理清项目运维管理方向、规划抗风险策略都具有相当重要的作用。

18.2.3 项目运营模式及操作方案

项目的运营模式是企业根据企业的经营宗旨，为实现企业所确认的价值定位所采取 一类方式、方法的总称，包括企业为实现价值定位所规定的业务范围，企业在产业链的位置，以及在这样的定位下实现价值的方式和方法。

18.2.4 品牌规划及实施方案

品牌规划其核心在于建立与众不同的品牌识别，为品牌建设设立目标、方向、原则与指导策略。在充分研究市场环境、行业特性、目标消费群、竞争者以及企业本身情况的基础上，提炼高度差异化、清晰的、明确的、易感知、有包容性、能触动和感染消费者内心世界的品牌核心价值，并在传播过程中，将其贯穿至整个企业经营活动中。

18.2.5 项目运维资源管理及计划

项目资源运维管理是指为了降低项目运维成本，而对项目所需的人力、材料、机械、技术、资金等资源所进行的计划、组织、指挥、协调和控制等活动。项目资源管理的全过程包括项目资源的计划、配置、控制和处置。

18.2.6 机构规划及人员配置

主要是对于组织结构进行设计，并对各部门进行人员设置和规划。

18.2.7 市场营销拓展方案

市场营销主要是营销人员针对市场开展经营活动、销售行为的过程。完善的市场营销拓展方案能够促进项目产品和服务的市场占有份额。

18.2.8 产品价格定位方案

产品的价格定位是与产品定位紧密相连的，通常分为高价定位、低价定位、市场平均定位三种方案。高价定位需要借助良好的品牌优势、质量优势和售后服务优势。低价定位通常由于该企业要么具有绝对的低成本优势，要么是企业形象好、产品销量大，要么是出于抑制竞争对手、树立品牌形象等战略性考虑，这种定位的产品质量和售后服务并非都不如竞争者，有的可能比竞争者更好。市场平均价格定位，即把价格定在市场同类产品的平均水平上。企业的价格定位并不是一成不变的，在不同的营销环境下，在产品的生命周期的不同阶段上，在企业发展的不同历史阶段，价格定位可以灵活变化。

18.2.9 项目风险识别及规避

主要通过风险识别、风险分析和风险评价，识别工程项目运维风险，并以此为基础合理地使用各种风险应对措施、管理方法、技术和手段对项目的风险实行有效控制，妥善处理风险事件造成的不利后果，以最少的成本保证项目运营总体目标的实现。

18.3 工程项目后评价

可行性研究和项目前评价是在项目建设前进行的，其判断、预测是否正确，项目的实际效益如何，需要在项目竣工投产后根据现实数据资料进行再评估来检验，这种再评估称为项目后评价。通过项目后评价可以全面分析总结项目决策与实施阶段的经验教训，为后续改进项目管理和制订科学的投资计划提供依据。

18.3.1 项目后评价概述

（1）工程项目后评价及特点

工程项目后评价是在项目建成并投入使用或运营一段时间后，衡量和分析项目实际情况与预测（计划）情况的差距，确定项目预测和判断是否正确，并分析出现问题的原因，不断总结经验教训，提出合理化建议，不断提高投资项目的决策水平和投资效益。

工程项目后评价特点：

①现实性。工程项目后评价分析研究的对象是项目实际情况，所依据的数据资料是现实发生的真实数据或根据实际情况重新预测的数据。而项目可行性研究和项目前评价分析研究的是项目未来的状况，所用的数据都是预测数据；

②全面性。在进行工程项目后评价时，既要分析其投资过程，又要分析运维过程。不仅要分析项目投资经济效益，而且要分析其运维管理情况，充分发掘项目潜力；

③探索性。工程项目后评价不仅要分析项目运维现状，同时还要发掘并探索未来的发展方向与路径。要求项目后评价人员不但具有较高的职业素养和创造性，还应把握影响项目运营效益的主要因素，对项目的运维提出切实可行的改进措施；

④反馈性。项目可行性研究和前评价的目的在于为决策层投资决策提供依据，而项目后评价的目的在于为运维机构反馈信息，为后续项目投资计划的制定和投资决策的实施提供依据，并用来检测项目投资决策正确与否；

⑤合作性。项目可行性研究和项目前评价一般只通过评价单位与投资主体间的合作，由专职的评价人员就可以提出评价报告，而后评价需要更多方面的合作，如专职技术经济人员，项目经理，企业经营管理人员，投资项目主管部门等，各方融洽合作，项目后评价工作才能顺利进行。

工程项目后评价与前评价的区别：

①在项目建设中所处的阶段不同。工程项目可行性研究和前评价属于项目前期工作，它决定项目是否可以启动。工程项目后评价则是项目竣工投产并达到设计生产能力后对项目进行的再评价，是项目管理的延伸。

②依据的标准不同。工程项目可行性研究和项目前评价依据定额标准、参数来衡量建设项目的必要性，合理性和可行性。后评价主要是直接与项目前评价的预测情况或其他同类项目进行对比，检测项目的实际情况与预测情况的差距，并分析其形成原因，提出改进措施。

③在投资决策中的作用不同。项目可行性研究和前评价直接作用于项目决策，前评价的结论是项目取舍的重要依据。后评价则是间接作用于项目投资决策，是投资决策的信息反馈。项目后评价反映出项目建设过程和投产阶段（乃至正常生产时期）出现的一系列问题，将各类信息反馈到投资决策部门，从而提高未来项目决策科学化的水平。

④评价内容不同。项目前评价分析研究的内容是项目建设条件、设计方案、实施计划以及经济、社会效益。而工程项目后评价主要内容是针对除前评价内容以外进行的再评价，还包括对项目决策、项目实施效率等进行评价以及对项目实际运营状况进行深入的分析研究。

（2）后评价的目的与意义

工程项目后评价的目的是通过项目投产后的有关实际数据资料或重新预测的数据，衡量项目的实际经营情况和实际投资效益，分析和衡量项目实际经营状况和投资效益与预测情况或其他同类项目的经营状况和投资效益的偏离程度及其原因，系统地总结项目投资的经验教训，并为进一步提高项目投资效益提出切实可行的建议。实施项目后评价的意义主要表现为以下几个方面：

①全面衡量项目实际投资效益；

②系统地总结项目投资的经验教训，指导未来项目投资活动；

③通过采取一些补救措施，提高项目运营的实际经济效益。

18.3.2 项目后评价的作用

工程项目后评价对提高建设项目决策科学化水平，改进项目管理和提高投资效益等方面发挥着极其重要的作用。项目后评价的作用主要表现在以下几个方面：

（1）总结项目管理的经验教训，提高项目管理的水平；

（2）提高项目决策科学化的水平；

（3）为国家投资计划，政策的制定提供依据；

（4）为银行部门及时调整信贷政策提供依据；

（5）可以对企业经营管理进行"诊断"，促使项目运营状态的正常化。

18.3.3 项目后评价的基本程序

尽管因项目规模，复杂程度的不同，而导致每个项目后评价的具体工作程序也有所区别，但从总的情况来看，一般工程项目的后评价都遵循以下几个关键步骤与基本程序：

（1）组织项目后评价机构

项目后评价组织机构的建立实际上是解决由谁来组织项目后评价工作的问题，这也正是具体实施项目后评价首先要解决的问题。

（2）选择项目后评价的对象

项目后评价应纳入管理程序之中，原则上对所有投资项目都要进行后评价。但实际上往往由于条件的限制，只能有选择地确定评价对象。

（3）收集相关数据、资料

项目后评价需要以大量的数据、资料作为评价依据，后评价需要收集的数据和资料如下：

①档案资料：如规划方案、项目建议书和批文、可行性研究报告、评估报告、设计任务书、初步设计材料和批文、施工图设计和批文、竣工验收报告、工程大事记、各种协议书和合同及有关厂址选择、工艺方案选择、设备方案选择的论证材料等。

②项目生产经营资料：主要是生产、销售、供应、技术、财务等部门的统计年度报告。

③分析预测用基础资料：主要是工程项目开工后有关的利率、税种、税率、物价指数变化资料。

④与项目后评价有关的其他资料：如国家、地方产业结构调整政策及长远规划、国家、地方颁布的有关规定和法律文件等。

（4）对资料、数据进行分析加工：对所收集的资料、数据进行汇总、整理及分析加工，对需要完善、补充及调整的资料及时进行完善、补充与调整。此时往往需要进一步补充测算有关的资料，以满足验证的需要。

（5）评价及编制后评价报告

编制评价报表、计算评价指标，并与前评价进行对比分析，找出差异及其原因。由工程项目后评价机构编制后评价报告。

（6）上报后评价报告

把编制的正式后评价报告上报给项目运维机构、项目咨询管理机构及相关职能部门。

18.3.4 项目后评价方法

（1）前后对比法

前后对比是指将项目实施之前与完成之后的情况进行对比，以确定项目作用与效益的一种评价方法。在项目后评价中，则是指将项目前期的可行性研究和评估的预测结论与项目的实际运行结果相比较，以发现变化和分析原因，这种对比用于揭示计划，

决策和实施的质量，也是项目过程评价应遵循的基本评价原则。

（2）有无对比法

是指将项目实际发生的情况与若无项目可能发生的情况进行对比，以度量项目的真实效益、影响和作用。对比的重点是要分清项目作用的影响与项目以外作用的影响。这种对比常用于项目的效益评价和影响评价，是项目后评价的一个重要方法。对于大型社会经济类项目，实施后的效果不仅仅是项目的效果和作用，还有项目以外多种因素的影响，因此，简单的前后对比不能得出项目真正的效果。

（3）逻辑框架法

逻辑框架法（简称 LFA）是美国国际开发署（USAID）在 1970 年开发并使用的一种设计、计划和评价工具，目前已有三分之二的国际组织把 LFA 作为援助项目的计划管理和后评价的主要方法。

逻辑框架法（LFA 法）是一种概念化论述项目的方法，即用一张简单的框图来清晰地分析一个复杂项目的内涵和关系，使之更易理解。LFA 是将几个内容相关，必须同步考虑的动态因素组合起来，通过分析其相互之间的关系，从设计策划到目的目标等方面来评价一项活动或工作。LFA 为项目计划者和评价者提供了一种分析框架，用以确定工作的范围和任务，并对项目目标和达到目标所需要的手段进行逻辑关系的分析。

（4）项目成功度评价法

项目成功度评价法也就是传统的打分法。依靠专家或项目参与者的经验，根据个人或集体的认知标准，据项目的实际情况用一定的系统方法和判断标准来评价项目总体的成功度，或者说得分高低。成功度法主要通过判断项目目标的实现程度和各种影响、效益的大小来评价项目的好坏，以事先确定好的评价指标体系和评分标准进行专家打分，通过权重配比及一定的统计方法，以得分高低来衡量项目的综合等级和成功程度。

成功度评价是以逻辑框架法分析的项目目标的实现程度与经济效益分析的评价结论为基础，以项目的目标和效益为核心所进行的全面系统的评价。项目评价的成功度可分为五个等级，即：完全成功、成功、部分成功、不成功、失败。

18.3.5 项目运营后评价的内容

项目运营阶段包括从项目投产到项目生命期结束的全过程。由于项目后评价的时机一般选择在项目达到设计生产能力 1～2 年内，许多大型项目的实际投资效益还未得到充分体现，所以项目运营后评价除了对项目实际运营状况进行分析和评价外，还需要根据投产后的实际数据来预测项目未来发展状况，以及对项目未来发展趋势进行科学的推理。其评价主要内容包括：

（1）企业经营管理状况评价

①企业投产以来经营管理机构的设置与调整情况，机构的设置是否科学合理、调

整的依据是否充分、调整前后运行效率的比较分析、是否适应企业生存和发展的需要等；

②企业管理领导班子是否健全；

③企业管理人员配备是否满足运维需要；

④经营管理的主要战略的选择是紧缩型战略、稳定型战略还是发展型战略；

⑤企业现行管理规章制度的建立及运行情况；

⑥企业责任制的落实情况；

⑦从企业经营管理中可以吸取哪些经验教训，并提出改善企业经营管理，进一步发挥项目投资效益的切实可行的建议。

（2）项目产品方案的评价

①项目投产后到项目后评价时为止的产品规格和品种的变化情况；

②产品方案调整对发挥项目投资效益有何影响，产品方案调整的成本有多大；

③现行的产品方案是否适应消费对象的消费需求，现行产品方案与前评价或可行性研究时设计的产品方案相比，有多大程度的变化，产品方案的变化在多大程度上影响到项目投资效益；

④产品销售方式的选择是否得当。

（3）项目达产年限的评价

项目达产年限是指投产的建设项目从投产之日起到其生产产量达到设计生产能力时所经历的全部时间，一般以年来表示。项目达产年限有设计达产年限与实际达产年限之分。设计达产年限是指在设计文件或可行性研究报告中所规定的项目达产年限；实际达产年限是指从项目投产起到实际产量达到设计生产能力时所经历的时间。建设项目的设计达产年限与实际达产年限由于受各种因素的影响，难免出现时间偏差的情况，所以在项目后评价时，有必要对项目达产年限进行单独评价。

项目达产年限评价内容及步骤：

①计算项目实际达产年限；

②计算实际达产年限的变化情况。主要与设计或前评价预测的达产年限进行比较，以实际达产年限变化率或实际达产年限与设计或预测的达产年限的差来表示；

③实际达产年限与设计达产年限相比发生变化的原因分析；

④计算项目达产年限变化所带来的实际效益或损失；

⑤针对项目达产年限评价结论，总结经验教训，为促使项目早日实现达产，提供可行的对策措施。

（4）项目产品生产成本评价

产品生产成本是反映产品生产过程中物资资料和劳动力消耗的一个主要指标，是企业在一定时期内，为研制、生产和销售一定数量的产品所支出的全部费用。项目产品生产成本的高低对项目投资效益的发挥会产生显著作用，生产成本高，则项目销售利润减少，项目投资效益降低；生产成本低，则项目销售利润增多，项目投资效益增多。项目后评价时，进行项目产品生产成本评价的目的在于考核项目的实际生产成本，衡量项目实际生产成本与预测生产成本的偏离程度，分析产生这种偏离的原因，为今后项目投资进行成本预测提供经验，同时为提高项目实际投资效益提出切实可行的建议。

项目产品生产成本评价内容与步骤：

①计算项目实际产品生产成本，包括生产总成本和单位生产成本。在项目后评价时，产品生产成本也可以不重新计算，而从企业有关财务报表中查得；

②分析总成本的构成及其变化情况；

③分析实际单位生产成本的构成及其变化情况；

④与项目前评价或可行性研究中的预测成本相比较，计算实际生产成本变化率并分析实际生产成本与预测成本的偏差及其产生的原因；

⑤项目实际生产成本发生变化对项目投资效益的影响程度的分析评价，降低项目实际生产成本的有效措施有哪些。

（5）项目产品销售利润评价

销售利润是综合反映项目投资效益的指标。对其进行评价的目的在于考核项目的实际产品销售利润和投产后各年产品销售利润额的变化情况，比较和分析实际产品销售利润与项目前评价或可行性研究中的预测销售利润的偏离程度及其原因，提出进一步提高项目产品销售利润，从而提高项目投资效益的有效措施。

产品销售利润评价内容及程序：

①计算投产后历年实际产品销售利润变化的原因；

②计算实际产品销售利润变化率；

③分析项目实际产品销售利润偏离预测产品销售利润的原因，计算各种因素对实际产品销售利润的影响程度；

④提高实际产品销售利润的对策和建议。

（6）项目经济后评价

项目经济后评价是项目后评价的核心内容之一。项目经济后评价的目的是衡量项目投资的实际经济效果，比较和分析项目实际投资效益与预测投资效益的偏离程度及其原因；另一方面通过经济后评价的信息反馈，为今后提高项目决策的科学化水平提供基础数据与科学依据。经济后评价可分为项目财务后评价和国民经济后评价。

18.4 设施管理

按照国际设施管理协会（IFMA）和美国国会图书馆的定义，"设施管理（FM）"是指"以保持业务空间高品质的生活和提高投资效益为目的，以最新的技术对人类有效的生活环境进行规划、整备和维护管理的工作"。设施管理"将物质的工作场所与人和机构的工作任务结合起来，综合运用了工商管理、建筑学、行为科学和工程技术的基本理论与原理"。

根据国际设施管理协会的定义，设施管理者需要负责组织内所有的与设施相关的业务，因此，其所涉及的功能和职责非常的广和复杂。国际设施管理协会（IFMA）所定义的设施管理有如下九大职能：

（1）长期设施管理计划；

（2）短期设施管理计划；

（3）设施融资分析及财务管理；

（4）不动产处置和管理；

（5）内部空间规划，空间标准及空间管理；

（6）新建改建项目的建筑规划和设计；

（7）新建与改建项目的建设工作；

（8）设施的日常运行和维护；

（9）通信、安保支持服务。

设施管理从 20 世纪 70 年代末在美国诞生以来，在全世界范围内得到飞速发展。越来越多的企业和政府部门期待通过设施管理达到在降低设施运营成本、保持高品质的业务空间的同时，能整合所有的设施相关的业务活动及其支持组织发展战略和核心业务，从而提高组织经济效益和核心竞争力。

设施管理不单为了延长设施的使用年限，确保其功能的正常发挥，扩大收益、降低运营费用，同时也是为了提高企业形象，为用户的各种高效的服务，改善与优化用户的业务流程，使其达到合理化和简洁化。

18.4.1 设施管理的内容

设施管理综合利用管理科学、建筑科学、行为科学和工程技术等多种学科理论，人、空间与流程相结合，对人类工作和生活环境进行有效的规划和控制，保持高品质的活动空间，提高投资效益，满足各类企事业单位、政府部门战略目标和业务计划的要求。其所含的基本内容主要有：

（1）所有权的费用。设施所有权由最初的和正在发生的费用。管理时，应该知道需要的费用，并通过计划分配，提供这些费用。

（2）生命周期内的花费。一般说来，所有的经济分析和比较都应该基于生命周期花费。如果只考虑资本费用和最初的费用，经常会做出错误的决定。

（3）服务的融合。优质的管理意味着不同服务的融合。

（4）运营和维护的设计。运营者和维护者，即使他们是承包商，也应该积极参与到运维的设计审查之中。

（5）委托的责任。项目管理的功能应该归入到预算项目中去，由一位经理对各项工作负责。

（6）费用的时效性。关键是识别和比较这些费用的时效性，通过定时、定阶段地进行有规律的比较来实现。

（7）提高工作效率。应该时常通过特定的比较、使用者的反馈以及管理来判断其效率。

（8）提高生活质量。设施经理应该设法提高和保护设施管理职员的生活质量。最低的要求是有一处安全的工作场所，努力的目标是有一处可以提高个人和团体工作效率的工作环境。

（9）设施的冗余和灵活性。因为工作的本身经常是部分在变化的，设施经理必须进行设施的冗余和灵活性分析。

（10）作为资产的设施。设施应该被看作是可以通过各种途径给公司带来收益的有价值的资产。

（11）设施管理的商业职能。值得用一种商业的办法来进行设施管理。设施应该和公司的业务同时发展、同步规划。

（12）设施管理是一个连续的系统。设施管理从开始计划到进行处理，是一个连续系统的过程，而不是一系列分立项目的简单组合。

（13）设施管理的本质希望是强调权利和服从，同时也应该具有灵活性和服务性。质量计划是基于消费者怎样才能获得服务的问题制定的。一项成功的质量计划要依赖于各种层次客户的长期联系和约束。

18.4.2　设施管理的特点

设施管理作为一项新兴行业，具有自己独特的管理特点，即专业化、精细化、集约化、智能化、信息化以及定制化特点。

（1）专业化特点：设施管理提供策略性规划、财务与预算管理、不动产管理、空间规划及管理、设施设备的维护和修护、能源管理等多方面内容，需要专业的管理知识，大量的专业技术人员参与。另外，化工、制药、电子技术等不同的行业和领域，对水、电、气、热等基础设施以及公共服务设施的要求各不同，所涉及的设施设备也不同，就需要专业化的设施管理团队来进行管理。

（2）精细化特点：设施管理以信息化技术为依托，以业务规范化为基础，以精细化流程控制为手段，运用科学的方法对客户的业务流程进行研究分析，寻找控制重点并进行有效的优化、重组和控制，实现质量、成本、进度、服务总体最优的精细化管理目标。

（3）集约化特点：设施管理致力于资源能源的集约利用，通过流程优化、空间规划、能源管理等服务对客户的资源能源实现集约化的经营和管理，以降低客户的运营成本、提高收益，最终实现提高客户营运能力的目标。

（4）智能化特点：设施管理充分利用现代5G技术，通过高效的传输网络，实现智能化服务与管理。设施管理智能化的具体体现是智能家居、智能办公、智能安防系统、智能能源管理系统、智能物业管理维护系统、智能信息服务系统等。

（5）信息化特点：设施管理以信息化为基础和平台，坚持与高新技术应用同步发展，大量采用信息化技术与手段，实现业务操作信息化。在降低成本提升效率的同时，信息化保证了管理与技术数据分析处理的准确，有利于科学决策。

（6）定制化特点：专业的设施管理团队应根据客户的业务流程、工作模式、经营目标，以及存在的问题和需求，为客户量身定做设施管理方案，合理组织空间流程，提高物业价值，最终实现客户的经营目标。

18.4.3 物业设备设施管理

物业设备设施管理是指物业服务企业的工程管理人员通过熟悉和掌握设备设施的原理性能，对其进行正确的使用、保养与维修，使之保持最佳运行状态，从而为业主和使用人提供一个舒适、安全的环境。物业设备设施管理不仅能确保设备设施的正常运行，延长使用寿命，降低物业管理成本，更重要的是能够充分发挥设备设施的使用功能，使业主和使用人得到最大限度的满足。随着物业设备设施的推陈出新和人们对物业使用功能要求的提高，物业设备设施的正确使用与完善管理，更能体现出物业服务企业的技术水平与管理水平。

由于不同的物业设备设施有不同的特点，物业设备设施管理的内容也各不相同，但其基本管理内容一般都包括以下几个方面。

（1）档案资料管理

物业设备档案资料管理的基本任务包括两个方面：一是作好设备技术档案资料的保管；二是为设备运行、维护、管理等提供信息资料。物业设备档案资料主要包括以下内容：

①设备原始资料

设备原始资料包括设备清单或装箱单，设备发票，产品质量合格证明书，开箱验收报告，产品技术资料，安装、试验、调试、验收报告等。

②设备维修资料

设备维修资料包括报修单、事故记录、中大修工程记录、更新记录等。

③设备管理资料

设备管理资料包括设备卡片、设备台账、运行记录、普查记录、考评记录、技术革新资料等。

（2）安全运行管理资料

物业设备种类繁多，涉及面广，且部分设备具有一定的危险性。为保障业主的利益及设备操作人员的生命安全，必须制定设备安全运行的有关规定。其内容包括以下三项：

①安全作业培训教育。设备维修操作人员是安全管理的重点对象，必须对其进行安全作业的培训教育，使维修人员参加学习培训考核后持证上岗。

②安全使用宣传教育。对业主、使用人进行宣传教育，使其了解安全使用一些危险设备（如电梯）的知识，提高自我保护意识，为安全管理建立广泛的群众基础。

③建立安全运行制度。建立安全运行制度和安全操作规程，建立定期检查运行情况和规范服务制度，建立安全责任制等。

（3）保养与维修管理资料

①建立设备档案登记卡。参考设备使用说明书、使用手册、安装调试质量说明书中的有关维护保养内容，对要进行维护保养的设备建立设备档案登记卡，并按说明书中规定的维护保养项目设计表格，建立维护保养记录。

②编制设备计划维护总表。将全部维护保养记录表中的任务和时间汇总到计划维护总表中，制定出年度设备维护保养一览表。

③发出维护保养指令工作单。维护保养指令工作单是根据计划维护总表及维护保养一览表的安排，按时间向员工发出的工作命令。

④维护保养计划的落实跟踪检查。员工根据指令完成任务后必须在工作单上做好记录，包括所用时间、检查结果等，并签字交回。技术主管及主管工程师要对维修工的工作进行检查或抽查，考核其工作质量。

⑤有计划地组织巡查。坚持和完善设备的巡查制度，安排员工根据不同的设备及运行状况进行有计划的巡查，发现设备初期问题，要及早解决、降低维修成本。

18.5 项目资产管理

18.5.1 资产管理概述

经过竣工验收和检验后的建设项目已转化为合格的建设项目产品，即建筑物或构筑物。一方面在竣工阶段，对建设项目产品进行验收，并将完整的、合格的建设产品移交给投资人或产权人，将建设项目产品转化为资产进行管理，同时通过运营发挥其投资作用；另一方面在运营阶段，通过资产管理实现建设项目的资产价值，是投资人要实现其目标的基础。因此，无论资产管理方是哪个角色，只有对建设项目开展良好的资产管理，才能最大限度地提高资金的价值和利益相关方期望的满意度。

全过程工程造价咨询机构在资产管理的工作内容要求下，在策划和评估方面出具咨询方案。一方面，全过程工程造价咨询机构对资产的增值和运营进行分析，为委托人提供管理依据；另一方面，全过程工程造价咨询机构需充分了解各方需求，为资产管理制定清晰的目标，并为委托人提供合理化建议。

资产管理主要从建设项目的资产增值、运营安全分析和策划、运营资产清查和评估、招商策划和租赁管理等方面进行策划。

建设项目的资产增值。一是把竣工验收和检验合格后的建设项目转化为固定资产，实现资产价值；二是设备材料使用年限分析。建筑物中的设备材料的使用年限和建筑物的全生命周期各有不同，所以在建筑物全生命周期存在着设备材料的常规维护、中修和大修情况；三是运营成本分析。在建设项目移交后，应研究工程资料，根据建设项目的功能和营造标准，准确确定运营管理的范围内容和特点，进而分析建筑物维护费用标准的构成，对费用的影响因素和费用可量化程度和量化进行分析。有利于实现资产增值。

建设项目的运营安全分析和策划。一是形成建筑物的运营维护指导书，以保证建筑物正常运营和保证其品质，确保资产的增值和保值；二是维修应急方案策划。编制建筑物的大、中修及常规维护的规划，及时安排资金，准备备品、备件，做好边维修边使用的应急方案。有利于体现资产的价值。

建设项目的运营资产清查和评估。一是根据建设项目情况对资产进行清查并形成资产清单，为资产评估提供基础数据；二是结合决策阶段设定的目标及优质建设项目评判标准对建设项目形成的固定资产进行评估、调整、维护等工作，有利于实现资产保值。

建设项目的招商策划和租赁管理。为了建筑物的保值和增值，需要设置使用人员准入条件，加强建筑物的招商策划和（或）租赁管理。首先，确定合格的使用单位或人员的要求，尽可能使用建筑物或建筑小区的单位的经营范围产生聚集效应，通过良好的聚集效应，使其建筑物的功能得到更好提升；其次，规范租赁人员的行为和义务，营造共同保护建筑物的意识；再次，借助信息化物联网等先进技术，协调服务。有利于提高建筑物的物业管理水平以及利益相关方的满意度。

18.5.2　资产管理的目的

通过资产管理实现资产价值是任何组织实现其组织目标的基础。无论是公共或私人部门，无论资产是有形的，还是无形的，只有良好的资产管理，才能最大限度地提高资金的价值和利益相关方期望的满意度。资产管理涉及协调和优化规划、资产选择、采集、开发、利用、服务（维修）和最终处置或更新相应的资产和资产系统。资产管理是关于什么是我们想要达到的资产。如何做到这一点，除了评估与资产相关的风险外，它需要有一个长期战略。这种长期战略方法还迫使我们去更好地了解我们的资产。识别资产和管理资产，对资产存在的问题进行深入地了解，将有助于提高经营决策和组织的总体绩效。

18.5.3 资产管理的工作内容

（1）在建工程转固定资产

在建工程转固定资产的前提条件是必须有工程支出发票，倘若没有工程支出发票则不能计入在建工程科目。在固定资产完工后，要有工程验收记录、工程结算单（竣工结算单），需要强制检测安全性的固定资产（如压力管道、配电设备等）还必须取得相关主管部门的检查认定报告。单据齐全，即可将在建工程结转为固定资产。

对已完工需要结转的项目、工程或是设备需要进行确认，明确在建工程确已完工，已达到可用状态。同时，还需对在建工程成本支出进行汇总，明确该在建工程全部成本是否已完全计入，如果有部分项目内容因尚未决算不能明确的，则需要组织进行工程验收、项目决算，需要强制检测安全性的固定资产（如压力管道、配电设备等），在固定资产完工后，还必须取得相关主管部门的检查认定报告。这个过程即是要对即将结转固定资产的在建工程成本核算的完整性进一步进行确认，以明确结转固定资产的成本造价总额。在此基础上，要求对尚未取得的项目支出及时取得结算发票，如果因合同约定限制等原因不能及时取得结算发票入账，则可以根据上述项目决算数据对尚未结算入账的在建工程内容进行估算，以便及时结转固定资产。

为明确责任，确保在建工程结转数据的准确性，建议对所有加工安装，或是土建类项目建设的结转，由总咨询师负责项目完工及数据的确认，要求他们在"在建工程完工结转报告单"上签字确认。在建工程转固定资产的条件是：工程完工达到预定可使用状态。

（2）设备材料使用年限分析

设备材料使用年限分析是指固定资产更新，即对技术上或经济上不宜继续使用的在用固定资产，用新的固定资产进行更换，目的在于使投资人获得更大的收益。固定资产更新决策则是通过财务分析，决定是否需要更新固定资产的管理行为。该决策属于长期投资决策（资本预算），对企业的长期发展产生重要的影响，因此必须进行科学、合理的决策分析。

（3）运营成本分析

通过项目前期各阶段及其运营管理主体前期介入方式等综合形成的项目交付成果，已经发生了项目LCC中的全部建设成本，并且已形成了影响后期运行维护成本发生的项目、设施实体。由于项目的运行维护成本的实际发生毕竟是在运行维护阶段，因此，运行维护管理主体对项目进行基于LCC的日常运行维护管理将进一步实现LCC的总目标。

本阶段的另一方面重要工作是基于设施质量功能目标与性能监测的全生命周期运行维护成本规划与控制。

形成运营成本规划必须依据三个方面的因素：一、设施的质量与功能目标标准及运行过程中的动态性能监测参数的对比结果；二、类似项目运行维护阶段的可供参考的相关信息；三、基于 LCC 的项目成本分析。基于此，项目、设施的运行维护管理主体可以制定出详细的运行维护成本规划并予以执行。若执行过程中，发生较大偏差，则进行相关的分析与控制，以保障科学的运行维护成本规划的落实，对所形成的数据资料进入相应数据库。

18.6　智能化在运维管理中的应用

随着物联网技术的迅猛发展，BIM 技术在运维管理阶段的应用也迎来一个新的发展阶段。物联网被称为继计算机、互联网之后世界信息产业的第三次浪潮。在"互联网+"新运维时代，结合大数据、云计算、移动化应用、物联网、5G 技术等关键性技术，构建现代化、智能化的楼宇运维、智慧工厂运维以及智慧园区运维已成为可能，在智能化到来的时代"人"，"物"，"设备"高效率低成本的协同工作、全方位的资产管理及智慧运维体系的建立与运营，将会改变运营企业"过于依赖人"的传统模式，实现以科技手段向运维管理要人力、要成本、要效率的构想。

BIM 主要功能在建筑物生命周期中，建立并使用内部共通可存取与项目相关的信息，在这经整合过的数字环境中，前者输入之数据可供后续其他人员使用，有助于提高项目质量、节省时间、减低成本与错误；透过 BIM 建立的图说及相关信息，将建筑物相关设施数据自 BIM 中撷取出来，以建立设施管理的数据库，作为设施管理的主要内容，透过管理软件可查询相关设施的数据，能降低维修之不便并避免错误，让使用者在使用阶段的维护管理更方便且更有效率。

BIM 在运维的应用，通常可以理解为运用 BIM 技术与运营维护管理系统相结合，对建筑的空间、设备资产等进行科学管理，对可能发生的灾害进行预防，降低运营维护成本。具体实施中常将物联网、云计算技术等将 BIM 模型、运维系统与移动终端等结合起来应用，最终实现如设备运行管理、能源管理、安保系统、租户管理等。BIM 在运营阶段应用主要体现在以下几个方面：

（1）空间管理

空间管理主要应用在照明、消防等各系统和设备空间定位。获取各系统和设备空间位置信息，把原来编号或文字表示变成三维图形位置，直观形象且方便查找。如通过 RFID 获取大楼安保人员位置；消防报警时，在 BIM 模型上快速定位所在位置，并查看周边疏散通道和重要设备等。此外，应用于内部空间设施可视化。传统建筑业信息都存在于二维图纸和各种机电设备操作手册上，需要使用时由专业人员去查找、理解信息，然后据此决策对建筑物进行一个恰当动作。利用 BIM 技术将建立一个可视化三维模型，所有数据和信息可以从模型中获取和调用。如装修时可快速获取不能拆除的管线、承重墙等建筑构件的相关属性。

（2）设施管理

设施管理主要包括设施装修、空间规划和维护操作。美国国家标准与技术协会（NIST）于 2004 年进行了一次研究，业主和运营商在持续设施运营和维护方面耗费的成本几乎占总成本的三分之二。而 BIM 技术能够提供与建筑项目协调一致、可计算的信息，该信息在 BIM 平台能实现共享和重复使用，解决了业主和运营商由于缺乏互操作性而导致的成本损失。

（3）隐蔽工程管理

建筑设计时可能会对一些隐蔽管线信息不能充分重视，特别是随着建筑物使用年限的增加，这些数据的丢失可能会为日后的安全工作埋下很大的安全隐患。基于 BIM 技术的运维可以管理复杂的地下管网，如污水管、排水管、网线、电线及相关管井，并可在图上直接获得相对位置关系。当改建或二次装修时可避开现有管网位置，便于管网维修、更换设备和定位。内部相关人员可共享这些电子信息，有变化可随时调整，保证信息的完整性和准确性。

（4）应急管理

基于 BIM 技术的管理杜绝盲区的出现。公共、大型和高层建筑等作为人流聚集区域，突发事件的响应能力非常重要。传统突发事件处理仅仅关注响应和救援，而通过BIM 技术的运维管理对突发事件管理包括预防、警报和处理。如遇消防事件，该管理系统可通过喷淋感应器感应着火信息，在 BIM 信息模型界面中就会自动触发火警警报，着火区域的三维位置立即进行定位显示，控制中心可及时查询相应周围环境和设备情况，为及时疏散人群和处理灾情提供重要信息。

（5）节能减排管理

通过 BIM 结合物联网技术，使得日常能源管理监控变得更加方便。通过安装具有传感功能的电表、水表、煤气表，可实现建筑能耗数据的实时采集、传输、初步分析、定时定点上传等基本功能，并具有较强的扩展性。系统还可以实现室内温湿度的远程监测，分析房间内的实时温湿度变化，配合节能运行管理。在管理系统中可及时收集所有能源信息，并通过开发的能源管理功能模块对能源消耗情况进行自动统计分析，并对异常能源使用情况进行警告或标识。

第19章 BIM 技术辅助全过程工程咨询

19.1 BIM 技术的起源

BIM 是 Building Information Modeling 的简称，意即"建筑信息模型"。BIM 技术最早在 1975 年是由"BIM 之父"——美国乔治亚技术学院（Georgia Tech College）建筑与计算机专业的查克·伊斯曼（Chuck Eastman）博士提出的"建筑描述系统"概念，设想采用三维技术实现建筑工程的可视化和全周期的量化分析，对建筑工程项目进行全生命周期管理，提高工程建设效率。1986 年 Robert Aish 提出关于目前 BIM 的诸多特点。1999 年 Chuck Eastman 将"建筑描述系统"发展为"建筑产品模型"，建筑信息模型包含了不同专业的所有的信息、功能要求和性能，把一个工程项目的所有的信息包括在设计过程、施工过程、运营管理过程的信息全部整合到一个建筑模型。2002 年 Jerry Laiserin 发表《比较苹果与橙子》，使得 BIM 一词在工程建设行业中得到广泛应用。经过数十年的应用和发展，BIM 已由概念普及阶段进入到了应用普及的阶段。

19.2 BIM 技术的概念

BIM 它通过收集建设工程项目整个过程的详细数据来建立模型，然后利用建好的 3D 建筑模型模拟建筑物的真实参数对项目进行设计、施工和运营。BIM 集成了建设工程项目全生命周期（包括设计、建设、运营、维护等）的工程数据，以数字化的方式表达工程项目的实施实体与功能特性。在建设工程项目进展的不同阶段，不同的参与主体可以通过 BIM 更新、修改、获取所需要的信息和数据，实现建设工程项目的协同作业。

美国国家标准对 BIM 的定义是：一个设施（工程项目）物理和功能特性的数字表达；BIM 是一个共享的知识资源，是一个分享有关这个设施的信息，为该设施从概念到拆除的全寿命周期所有决策提供可靠依据的过程；在项目不同阶段，不同利益相关方通过在 BIM 中插入、提取、更新和修改信息，以支持和反应其各自职责的协同作业。

BIM 是通过现代计算机技术以多种数字技术为依托的。建筑工程与相关的工作均可以从建筑信息模型中获得各自需要的信息，可以指导相应工作又能将相应工作的信息反馈到模型中。

BIM 不只是简单将数字信息进行集成，还是一种数字信息的应用，它可以用于设计、建造、管理的数字化应用，这种应用可以使建筑工程在其整个进程中显著提高效率，大量减少风险。

BIM 可以在建筑工程整个寿命周期中实现集成管理，这个模型既包括建筑物的信息模型，同时又包括建筑工程管理行为的模型。将建筑物的信息模型与建筑工程的管理行为模型进行完美组合。可以在一定范围内模拟实际的建筑工程建设行为，例如：建筑物的日照、外部围护结构的传热状态等。

目前，各类 BIM 软件由不同厂家开发，运用于满足项目全生命周期中各个阶段的业务需求。主要分为：①建模软件：土建、机电、市政等。②展示软件：轻量化软件、渲染软件等。③分析模拟软件：设计碰撞分析、能耗分析、结构分析等。④运维管理平台：基于 BIM 的智慧楼宇、智慧园区、智慧城市的运维平台，BIM 报建管理平台等。

鉴于 BIM 应用覆盖不同类型的建设项目和建设项目的整个生命周期，涉及项目所有参与方和利益相关方以及需要使用不同厂家研发的数十上百种软件工具。由此，项目实施过程中需要制定统一的标准，满足于各个部门各个阶段的数据共享与有效传递。包括数据格式标准、模型深度标准、数据存储调用标准等。

BIM 模型和信息是由遵守 BIM 标准的 BIM 工具在实施 BIM 应用的过程中产生的工作成果，这个成果用来解决 BIM 用户的具体业务需求，典型的 BIM 模型包括设计模型、特定系统的分析模型、协调综合模型、施工模型、4D 模型、5D 模型、加工预制模型、竣工验收模型、运维模型等。

BIM 模型的技术核心是一个由可由计算机识别的数据库，但也不仅是数据库的应用，而是一种借助于信息化技术来对项目进行管理的理念。它创造了一个工作平台或载体，贯穿项目的设计、施工和运营管理等整个生命周期，实现各种信息资源的一体化项目管理与实施，最终实现项目的精细化管理。

19.3　BIM 技术主要特点

BIM 具有可视化、协调性、模拟性、优化性、可出图性等五大特点。

19.3.1　可视化

BIM 的可视化包括：效果可视化与信息可视化。

建筑作为艺术性与实用性的结合，在设计阶段效果的可视化显得尤为重要。相较于现有效果图的做法，BIM 的可视化不但保证了数据的联动性与及时性，保证了项目整个设计过程中效果的直观展示。BIM 还结合了结构、机电、景观、精装、市政等各个专业的信息，效果更加真实丰富，最终实现"所见即所得"。

在 BIM 中，由于整个过程都是可视化的，不仅可以用来展示效果，还可生成所需要的各种报表。更重要的是，在工程设计、建造、运营过程中的沟通、讨论、决策，都可在可视化状态下进行。

19.3.2　协调性

"协调"是建设行业的一个核心特点，包括业主与施工单位之间、施工单位与供应商之间、施工单位与设计院之间、建设方与使用者之间、资金方与建设方之间的协调，等等。可以说，"协调"贯穿于建设项目从设计到建设再到运营的全生命周期。

传统的工作模式下，各个部门的工作成果和信息是离散的，围绕管理部门（通常是业主单位）为中心进行网状沟通。这样的模式一方面加大了管理部门的工作量，另一方面可能导致信息传递的延后，例如我们常见的各单位图纸版次不匹配导致的错漏碰缺都是由此形成。这种"出现问题，解决问题"的思路具有明显的滞后性，会大大影响工程的设计和建设进度。因为在问题没有得到解决之前，工程肯定无法继续推进。

BIM 协作模式下，各个部门的工作成果和信息同步上传到云端的中心模型，其他人可以即时看到信息的更新变动。其在协调性方面的优点有了用武之地，最突出的优点就是未雨绸缪，即在问题出现之前就开始发挥作用：BIM 建筑信息模型可在建筑物建造前期对各专业的碰撞问题进行协调，生成协调数据并提供给各相关参与方。BIM 技术除了可以解决各专业之间的碰撞问题，还可以对空间布局、防火分区、管道布置等问题进行协调处理。

19.3.3　模拟性

3D 模拟，BIM 软件建立的 3D 空间模型可以通过各种平面、立面、剖面、空间建筑图以及 3D 动画完成。由于各个图纸都来自同一个模型，各图纸之间存在关联互动性，即任何一处图纸的参数发生变化，其他图纸的参数也会发生相应的改变，因此可以将建筑的整体变化直观展现出来，便于设计人员工作。

4D 模拟即在三维模型中加上项目的发展时间，在招投标和施工阶段进行 4D 模拟，可以根据施工的组织设计模拟实际施工，从而来确定合理的施工方案来指导施工。基于 BIM 平台的 4D 模拟，可以随时随地直观快速地将施工计划与实际进展进行对比，使建筑工程相关各方对工程项目的各种情况了如指掌，从而减少建筑质量问题和安全问题。

5D 模拟即基于 3D 模型的造价控制，通过创建 5D 关联的数据库，可以准确快速地计算建设项目的工程量，提升施工预算的精度和效率，有效提升施工关联效率。

此外，在建设项目后期运营阶段应用 BIM 技术，可对日常紧急情况的处理进行模拟，如地震人员逃生模拟及火灾时人员疏散模拟等。

19.3.4 优化性

工程设计、施工、运营过程均可应用 BIM 技术进行优化。

BIM 为优化提供了强有力的数据支撑，让优化更加便捷、可靠。BIM 模型中附带的几何信息、物理信息、系统信息、成本信息、生产采购信息等，可以对应服务于设计、施工、运维等各个阶段，使得各个阶段对项目的优化都有据可依，并通过数据向下游传递。目前，基于 BIM 的优化可完成以下工作：

（1）项目方案优化：把项目设计和投资回报分析结合起来，设计变化对投资回报的影响可以实时计算出来；这样业主对设计方案的选择就不会主要停留在对形状的评价上，在对方案、外型、结构等要素进行调整的过程中，能够快速了解到变动对成本带来的影响，这样业主能够做出更理性、实际的方案选择。

（2）特殊项目的设计优化：例如裙楼、幕墙、屋顶、大空间到处可以看到异形设计，这些内容看起来占整个建筑的比例不大，但是占投资和工作量的比例和前者相比却往往要大得多，而且通常也是施工难度比较大和施工问题比较多的地方。BIM 可以借助三维轴侧图纸、点云、构件加工详图等技术对设计及施工进行精准管控及优化，确保原本的设计高质量落地。这也是目前国内一些复杂的重点大型项目纷纷采用 BIM 设计的原因（例如上海中心大厦、国家体育场等）。

（3）项目可行性的优化：传统设计由于设计深度、报批要求等原因，往往出现一些图纸无法直接指导施工的情况，需要根据现场情况实测实量，还可能导致各专业直接的冲突。BIM 模式中设计师可以在模型中对各专业的施工位置、施工顺序等进行模拟，在施工之前提前解决冲突问题，降低现场的返工与变更，缩短工期节约成本。

19.3.5 可出图性

利用 BIM 对建筑物进行可视化展示、协调、模拟、优化以后，可以帮助输出如下图纸或报告：

（1）综合管线图（经过碰撞检查和设计修改，消除了相应错误以后）；

（2）综合结构留洞图（预埋套管图）；

（3）碰撞检查侦错报告和建议改进方案；

（4）装配式构件深化图；

（5）净高分析图；

（6）复杂节点三维轴侧图等。

19.4　BIM 技术的应用现状

在美国 BIM 的研究和应用起步较早并初具规模。各大设计事务所、承包商和业主纷纷主动在工程项目中应用 BIM。政府和行业协会也出台了各种 BIM 标准。在美国 BIM 标准中主要包括关于信息交换和开发过程等方面的内容。

在日本 BIM 应用已扩展到全国范围，并上升到政府推进层面。2010 年 3 月日本国土交通省的官厅营缮部门宣布，在其管辖的工程项目中推进 BIM 技术。目前主要在工程设计阶段应用为主。

在韩国已有多家政府机关致力于 BIM 应用标准的制定，如韩国公共采购服务中心（Public Procurement Service Center）下属的建设事业局制定了 BIM 实施指南和路线图：2011 ~ 2015 年 500 亿韩元以上的工程项目全部采用 4D 设计管理系统；2016 年实现全部公共设施使用 BIM 技术。韩国国土海洋部制定的《建筑领域 BIM 应用指南》于 2010 年 1 月发布实施，是业主、建筑师、设计师等采用 BIM 技术时必须执行的标准。

在我国随着 BIM 技术在我国的逐渐兴起，BIM 为公路、铁路、桥梁、大厦等基础设施建设提供了先进的辅助工具。然而，现实情况却是，在很多标志性建筑、大型公建项目运用了 BIM 技术，但是仍然局限于单方面运用，而且相对于国内庞大的建筑市场，BIM 技术在建筑行业的应用还有很长的路要走。

在"政府有要求，市场有需求"的背景下，BIM 技术已不仅是一种建筑工具，而且是新技术条件下一种新的管理手段和管理模式的变革产物。随着 BIM 和互联网、大数据、云技术、物联网等技术的叠加应用，BIM 的应用领域将大大拓展。我国正处于现代化、信息化和工业化不断转型升级的关键时期，BIM 技术以其高度可视化、参数化、集成化及仿真性的优势，作为国内工程建设领域最受追捧的应用技术，给建设领域带来了第二次革命，BIM 注定成为未来建筑业发展的必然选择。

19.5　BIM 技术的常用应用点介绍

19.5.1　基于 BIM 的技术管理

（1）碰撞检查

通过 BIM 模型对设计图纸进行审核，及时发现设计图纸问题，定位出本专业内部及各专业之间的碰撞点，导出碰撞检查报告，使得图纸问题的发现、讨论、修改和验证过程的周期大为缩短，提高多方沟通效率，协同工作，保证施工质量和进度要求，同时减少了施工阶段可能存在的返工风险。

（2）管线综合优化

针对各专业间的碰撞问题及时组织召开管线协调会议，确定基本的排布原则，采用最佳方案，通过 BIM 技术分析查找在实际施工时可能出现的碰撞点，进行管线优化，避免影响工程进度，减少关键部位返工造成的材料损耗。碰撞检查发现通风管、强电桥架、消防管等专业存在碰撞问题，并采用预留洞口的方式解决管线与结构的碰撞。利用 BIM 技术输出深化设计管道剖面图，交予施工班组指导施工。深度模拟大型设备吊装运输进场，提前预警，优化施工方案。通过 BIM 模型对管线进行综合优化设计，为后续施工避免因图纸问题造成的工期延误、工程质量和使用上的缺陷，避免二次开洞。

（3）工艺工法库

将各项技术交底、施工方案等上传至 BIM 系统工艺工法库，形成项目级工艺工法库平台。现场技术人员能够随时在手机端查看当前施工工艺流程，保证施工质量。利用 BIM 技术对施工工艺进行动画技术交底，使施工人员快速了解和掌握施工顺序，提高施工效率。

（4）资料协同管理

将模型数据集成在云平台，资料员将项目工程资料、会议纪要、图纸等上传至云空间，项目全体参与人员通过不同端口，随时随地查看项目相关资料，基于资料生成二维码实现资料共享，以实现无纸化办公，指导施工。解决了项目资料丢失问题，以保证工程资料的安全性，方便存档随时查看。

（5）可视化技术交底

项目建立施工关键节点的三维模型，对施工人员进行可视化技术交底，使施工作业人员更加直观地了解施工工艺、质量控制要点及保证措施，从事前控制出发保证施工质量。采用三维模型进行可视化交底，实现施工方案技术交底的无损传递，指导现场精准施工，提高施工效率，保证建筑品质。

（6）二次结构排砖

应用 BIM 技术对现场的砌体进行自动排布，生成对应墙体的砌体排布图，导出砖砌体材料需求表，根据排布的砌块规格进行现场集中加工定尺砌块或工厂化加工定制，以精确控制砌体的材料用量，减少材料浪费并缩短施工时间。

19.5.2　基于 BIM 的进度管理

项目应用 PDCA 循环管理的原则进行生产进度管控。

（1）进度计划编制（Plan）：应用 Project 编制项目进度计划，直观查看关键路径和自由时差。任务之间的逻辑关系直观，特别有利于发现漏洞、优化工期、平衡资源、预防风险。抓住工程主要矛盾、调整计划、优化工期。将进度计划与合同清单导入

BIM 系统与模型关联，项目总工在 BIM 系统中模拟选定的任意时间段资源曲线、资金曲线、进度计划，根据曲线数据分析进度计划排定的合理性。

（2）将总进度计划精细分解成周进度计划，进行现场进度管控（Do）：在网页端排布周进度计划，并推送至各楼栋施工员手机，施工员在手机端每日填报现场实际进度与劳动力数量，采集现场照片。项目领导层通过手机端实时查看本周生产任务已完数量、延迟情况、劳动力消耗情况和物资收发料情况。安全质量问题数据，及时发现施工生产过程中的问题并实时督导，采取对应解决措施。项目部每周固定时间应用 BIM 系统自动生成的数字周报，检视、汇报本周生产任务完成百分比及延期原因，与会人员根据不同流水段内进度、劳动力数量情况以及安全质量分布情况，制定优化方案，调整施工进度。

（3）进度计划与实际进度差异分析（Check）：通过 BIM 平台，项目部人员对各工区人员的工作进展情况实时管控，每周及月初进行工作安排，月末应用前锋线动态管控功能，进行实际进度与计划进度对比分析。

（4）通过调整资源配比，对进度偏差进行动态纠偏（Action）：在 BIM 生产周例会上，分析进度差异原因，安排下周工作。根据项目奖惩制度，系统自动对人员、分包单位进行排名，相关奖惩实时兑现，高效辅助项目管理。

利用 Project 生成进度计划，将 BIM 模型与进度计划相关联，对构件赋予时间属性。通过模拟对比实际进度与计划进度的偏差，及时调整人员、材料、机械的使用计划，进行动态纠偏，结合人、材、机等资源供应计划，根据现场实际情况，随时调整，使进度管理精细到每一个构件。

19.5.3　基于 BIM 的质量、安全管理

现场工程管理人员发现问题直接用移动端 APP 记录和拍照上传问题并指定责任人，质量安全部门通过 BIM 平台生成整改通知单，形成管理闭环。项目管理人员通过授权账号登录移动端（手机、IPAD）APP，在施工现场发现任何质量、安全问题第一时间利用移动端发送至相关管理人员及责任方，并对整改情况进行查看，使项目质量、安全管理更加透明。对现场安全预控进行策划，建立安全体验馆，不再把安全教育停留在口头或纸面上，在施工前就对现场重大危险源进行公示，模拟各种紧急情况，设置各种体验装置等措施，为建设高品质的工程提供了安全保障。同时在施工过程中，安全员可将检查出的安全隐患及时拍照上传 BIM 平台，对现场人员做出警示，做好安全防护措施，确保安全生产。

19.5.4　基于 BIM 的物资管理

利用 BIM 模型提取实物量，进行限量运输，避免二次搬运和降低材料损耗，减少

建筑垃圾。同时可对经营采购相关数据进行快速查询,制定精确的物资计划,精准采购,降低库存,减少资金占用量。利用 BIM 软件挂接价格后,进行施工图预算、目标成本、实际成本多算对比,在项目进行的过程中分析偏差原因,进行动态纠偏。通过模型与现场实际情况对比动态控制成本,并通过 BIM 技术进行物资提量。可以按多个维度设置查询范围,并且以构件工程量和清单工程量两种方式输出报表。

19.5.5　基于 BIM 的成本管理

将三维模型分别与进度计划、合同清单进行关联,进行成本管控。

(1)产值统计:应用 BIM 系统根据当月实际形象进度进行产值统计,极大节约统计时间,提高数据准确性。

(2)资金资源分析:动态进行资金计划与实际的对比分析以及资源消耗计划与实际的对比分析,形成资金、资源曲线,用数字化手段为项目的成本控制提供有效支撑。

(3)产值看板:项目负责人在网页端可以查看当期产值数据,并及时掌握清单指标分析、钢筋指标分析、混凝土指标分析、经济指标分析等核心数据,为项目的经济决策提供支持。

(4)进度报量:通过模型与进度的挂接,在完成施工任务后,将工程实际进度传回 BIM 系统,成本负责人可以按照进度报量的区间,进行完工量对比、物资量对比、清单量统计分析、形象进度对比,及时准确输出进度报量,相比传统报量方式,更加精确且缩短了 50% 的耗时。

(5)工程量对比分析:成本部门通过对模型工程量、合同清单量、实际消耗量做出对比分析,并召开工程量对比分析会议。

(6)项目收益率核算:基于手机端录入的材料出入库与设备台班消耗情况,项目管理人员在网页端调取材料收支表与设备报表,统计材料和设备成本。根据已完工建筑面积,乘以平方米指标,估算劳务费成本。项目管理人员依据人、材、机成本,乘以相应费率,估算管理费、利润、税金等成本。通过产值和成本的对比,快速估算项目当期盈亏情况,制定相应措施遏制亏损,确保实现项目收益目标。

19.5.6　基于 BIM 的场地规划

通过 BIM 模型对临建设施建立 BIM 构件库,通过对场地临建设施的施工前 BIM 技术模拟,根据场地实际情况对场地布置、物料堆放及现场环保设施的布置等进行合理优化,指导场地临建设施规划及施工。

19.5.7　基于 BIM 的 CI 标准化

根据标准化 CI 要求,建立匹配的族构件,将现场临建所有元素建模形成统一现场虚拟临建，满足对临建统一标准要求，体现高标准的企业形象。同时根据临建设计 BIM 模型，提取相关临建工程量，辅助材料预定和统计。

19.5.8　基于 BIM 的构件跟踪

利用 BIM 平台，运用构件跟踪，现场从业人员通过手机端记录设备构件的进场情况、安装进度、质量情况等信息，管理层也可以通过 WEB 端、PC 端的构件跟踪查看进场构件的批次、设备成本花费、安装等情况，掌握进度偏差。

19.5.9　基于 BIM 的劳动力管理

与传统统计方式相比，可运用手机端对现场劳动力的工种、用工时间、数量进行实时统计，计算出各班组的实际工效，辅助生产决策，同时建立网络用工黑名单，提高管理效率。

19.5.10　基于 BIM 的实名制管理

通过安全帽内镶入智能芯片以及工地宝进行定位，可将不同工种一天的行进路线、施工区域、作业时间直观反映在现场平面图上，同时进行分区域设置，警示重难点施工内容、危险施工区域等，实现对现场全面细致化的管理。同时可对人员考勤、劳务花名册，劳务实名制进行管理，及时掌握工人进出场情况。

19.5.11　基于 BIM 的 VR

将 Revit 模型导入到 VR 设备中，可根据模型情况进行实景漫游体验设计效果，理解设计意图，辅助后期装修决策。同时模拟现场可能会产生的安全事故，有针对性的亲临体验，提前预防。

19.6　全过程工程咨询 BIM 技术应用

全过程咨询单位应根据工程项目的特点借助于 BIM 技术，以 BIM 模型作为信息管理有效载体，协调工作，实现信息资源共享，全生命周期信息集成化管理。BIM 在项目全生命周期各阶段的技术应用如下：

19.6.1　项目决策阶段的应用

项目决策阶段应用 BIM 创建的信息化模型，并根据项目全生命期 BIM 应用策划作出规划，将繁琐的文字、图纸资料、碎片化与抽象化的需求整合到建筑信息模型文件中，以实现模型及信息在后续环节中的充分利用。

19.6.2 勘察设计阶段的应用

（1）在设计阶段，宜将 BIM 技术用于优化设计方案，提高各专业沟通效率，通过各专业的协同设计提高设计质量。

（2）依据方案设计阶段相关要求，完善初步设计阶段的各专业建筑信息模型，并利用各专业建筑信息模型进行设计优化。

（3）为项目建设的批复、核对、分析提供准确的工程项目设计信息，并为施工图设计阶段提供数据基础。

（4）设计阶段的 BIM 应用，宜结合设计成果交付要求，基于模型形成设计图档，使 BIM 交付模型与设计图档相一致。

19.6.3 招标采购阶段的应用

（1）基于 BIM 模型优化成果的施工标段划分，减少各标段之间的工作冲突，消除传统施工过程中，由于工作界面冲突而导致效率低下等问题。

（2）根据 BIM 模型编制准确的工程量清单，达到清单完整、快速算量、精确算量，有效地避免漏项和错算，最大程度地减少施工阶段因工程量问题而引起的纠纷。

（3）对施工组织设计方案分析，并针对施工过程中的重点难点加以可视化虚拟施工分析，并在 BIM 数据平台下按时间顺序进行施工方案优化。

（4）快捷地进行施工模拟与资源优化，进而实现资金的合理化使用与计划。

19.6.4 工程施工阶段的应用

（1）施工阶段的模型应基于设计阶段交付的模型，并根据 BIM 施工应用需要，创建形成施工模型、专项施工模型等子模型。

（2）施工总承包方宜负责管理专业分包方的 BIM 应用，并按照施工组织设计要求整合专业分包施工模型在各个施工阶段的 BIM 应用。

（3）施工阶段的 BIM 应用应结合工程实施的需求和不同施工阶段的特点进行。

（4）施工阶段采用 BIM 技术进行 4D 施工进度模拟，对比现场实际进度，实施调整施工计划，便于对施工情况进行审核。

（5）通过 BIM 模型配合传统造价软件进行成本辅助管理，增加项目的可控性，降低造价。

（6）将 BIM 模型结合手持终端带入施工现场，通过模拟施工单位上报的施工方案、技术交底及运营方案等，对现场施工质量状况进行检查，便于投资人的管理与监督。

19.6.5　竣工验收阶段的应用

（1）竣工验收时，将竣工验收信息添加到施工过程模型，并根据项目实际情况进行修正，以保证模型与工程实体的一致性，进而形成竣工模型。

（2）验收过程借助 BIM 模型对现场实际施工情况进行校核，譬如管线位置是否满足要求、是否有利于后期检修等。

（3）竣工 BIM 模型搭建将建设项目的设计、经济、管理等信息融合到一个模型中，便于后期的运维管理单位使用，更好、更快地检索到建设项目的各类信息，为运维管理提供有力保障。

（4）BIM 模型进行建筑空间管理，其功能主要包括空间规划、空间分配、人流管理（人流密集场所）等。

（5）利用 BIM 模型对资产进行信息化管理，辅助投资人进行投资决策和制定短期、长期的管理计划。

（6）将建筑设备自控（BA）系统、消防（FA）系统、安防（SA）系统及其他智能化系统和建筑运维模型结合，形成基于 BIM 技术的建筑运行管理系统和运行管理方案，有利于实施建筑项目信息化维护管理。

（7）利用 BIM 模型和设施设备及系统模型，制定应急预案，开展模拟演练。利用 BIM 模型和设施设备及系统模型，结合楼宇计量系统及楼宇相关运行数据，生成按区域、楼层和房间划分的能耗数据，对能耗数据进行分析，发现高耗能位置和原因，并提出针对性的能效管理方案，降低建筑能耗。

19.6.6　运维阶段的应用

BIM 在运维阶段的推广与应用对提高设施管理企业的运作和维护水平、设法利用设施提供舒适安全的工作场所、改善员工的工作强度和提高生产效率等方面都发挥着积极的作用。

在运维阶段设备、设施出现故障而进行的恢复性能的维修活动（也称之为故障维修）需要的是快速查找故障根源，此时，可用到 BIM 的分析和可视化功能。

预防性维护是为了延长系统的使用寿命，使其保持在指定的性能水平上，根据计划对其反复检查和操作。预测寿命是相当前沿的科学，BIM 能够发挥其重要作用。

预测性维护（预测性测试和检查）与 BIM 结合是一个丰富有挑战性的课题。在我国已经有一些桥梁和大型的工程项目使用了结构检测技术，其目的是为了对部件进行连续或定期检测和诊断，从而对故障作出预测。

在维护过程中，几乎所有的设备、装饰材料、空间等非结构构件都会经历至少一次更新。这就是建筑物寿命周期内的新陈代谢，是运营管理专业的重要研究课题，

BIM 能很好的支持该过程。

目前市场上能够进行运行维护模拟的 IBM 工具已经越来越多，大致有以下几种类型：

①人群行为（Crowd behavior）；②疏散模拟（Evacuation simulation）；③运行模拟（Run simulation）；④能耗模拟（Energy simulation）；⑤应急预案（Emergency plan）；⑥环境模拟（Environmental simulation）。

所有这些模拟都可以在工程设计的早期、设计进行过程中及运营期间进行，其输入的参数和输出的结果可能不同，但都有其利用价值。整合到 CAFM 就能够进行建筑绩效分析，尤其是将运维成本和一系列性能指标引入，无论是能源消耗，还是维修费用、人员开支等都可录入到一个集成的 BIM 系统中，通过分配计算，能得到很多关于建筑设施的绩效指标，用于衡量运维管理工作成果，这种衡量是运维过程中控制成本的基本工作。

参考文献

[1] 中国建设监理协会.建设工程投资控制.北京:中国建筑工业出版社,2014.

[2] 王雪青.工程估价(第三版).北京:中国建筑工业出版社,2019.

[3] 全国一级建造师执业资格考试用书编写委员会.建设工程经济.北京:中国建筑工业出版社,2019.

[4] 全国造价工程师执业资格考试培训教材编审委员会.建设工程计价.北京:中国计划出版社,2019.

[5] 全国造价工程师执业资格考试培训教材编审委员会.建设工程造价管理.北京:中国计划出版社,2019.

[6] 全国咨询工程师(投资)职业资格考试教材编写委员会.工程项目组织与管理.北京:中国统计出版社,2018.

[7] 全国咨询工程师(投资)职业资格考试教材编写委员会.项目决策分析与评价.北京:中国统计出版社,2018.

[8] 王雪青主编.工程成本规划与控制.北京:中国建筑工业出版社,2011.

[9] 规范编写组.建设工程工程量清单计价规范 GB 50500—2013.北京:中国计划出版社,2013.

[10] 规范编写组.2013 建设工程计价计量规范辅导.北京:中国计划出版社,2013.

[11] 吴佐民.工程造价概论.北京:中国建筑工业出版社,2019.